Norbert Seitz

DOPPELPÄSSE

Norbert Seitz

DOPPELPÄSSE

**Mit Aufsätzen
und Kommentaren von**

Joep M. Bik,

Helmut Böttiger,

Tissy Bruns,

Jürgen Busche,

Lucas Delattre,

Volker Finke,

Klaus Hansen,

Thomas Helmer/Matthias Frank,

Lars und Gunter Hofmann,

Hubert Kleinert,

Jürgen Leinemann,

Sabine Leutheusser-Schnarrenberger,

Klaudia Martini,

Volker Mauersberger,

Robert Misik,

Friedbert Pflüger,

Herbert Riehl-Heyse,

Rudolf Scharping,

Gerhard Schröder,

Walter Schumacher

und Rolf Uesseler.

 **Eichborn.**

Die Deutsche Bibliothek – CIP-Einheitsaufnahme

Seitz, Norbert:
Doppelpässe : Fußball und Politik / Norbert Seitz. – Überarb. und erg.
Neuausg. – Frankfurt am Main : Eichborn, 1997
ISBN 3-8218-1471-3

© Vito von Eichborn GmbH & Co. Verlag KG, Frankfurt am Main,
Oktober 1997
Umschlaggestaltung. Christina Hucke
Lektorat: Carmen Linse/Palma Müller-Scherf
Satz: Fuldaer Verlagsanstalt GmbH, Fulda
Druck und Bindung: Wiener Verlag, Himberg
ISBN 3-8218-1471-3

Verlagsverzeichnis schickt gern:
Eichborn Verlag, Kaiserstraße 66, D-60329 Frankfurt am Main
http://www.eichborn.de

Inhalt

Staatshandwerk und Fußballkunst

Wahlverwandtschaft

Die »nahtlose Übereinstimmung zwischen Fußball und Politik« als Resultat einer langjährigen Annäherung habe ich erstmals 1987 in meinem Buch »Bananenrepublik und Gurkentruppe« beschrieben. Eine populistischer werdende Politik und durchrationalisierter Fußball trafen sich zu dieser Zeit gleichsam auf halbem Wege. Die Bonner Politik befand sich gerade in der Schleifspur der frühen Kanzlerschaft Helmut Kohls. Die Nationalelf reüssierte unansehnlich zum Vizeweltmeister in Folge. Sichtbarer Ausdruck der »nahtlosen Übereinstimmung« waren die Bruderküsse von Azteka. So gemein hatte sich noch kein Kanzler mit Kickern gemacht. Als ob es eine Schicksalsgemeinschaft zu besiegeln galt, herzte der unter Dauerbeschuß geratene Regent alle unterlegenen deutschen Finalisten, von Schumacher bis Rummenigge. Und Kohl gewann auch die nächste Wahl.

»Bananenrepublik und Gurkentruppe« waren gängige polemische Titel, die seinerzeit zwischen der Bonner Flick-Spendenaffäre und Uli Steins Rauswurf in Mexiko die Runde machten. Ehe Weizsäcker und Beckenbauer als Lichtgestalten ins Bild drängten, vollzog sich die Wahlverwandtschaft beider Sphären als wahres Elitenproblem. Ideenarmut und Stildefizite von Parteien und Vereinen, Nationalmannschaft und Bundesregierung, von Ministern und Nationalkickern, Managern und Generalsekretären, Mitläufern und Funktionären schienen verblüffend ähnlich.

Das Verhältnis zwischen Politik und Fußball wurde Jahrzehnte hindurch von Pannen seitens der um die Gunst des Fußballvolkes buhlenden Politiker überschattet. Die peinlichsten seien hier genannt:

- Als Fritz Walter vor dem Länderspiel gegen Österreich 1953 in Köln dem Bundespräsidenten die Mannschaft vorstellte, sprach »Papa« Theodor Heuss Halbstürmer Max Morlock mit den Worten an: »Und Sie sind sicher der Torwart?« Mit diplomatischem Geschick half der Nürnberger Kapitän dem arg- wie ahnungslosen Staatsoberhaupt aus der heiklen Situation: »Ja, Herr Bundespräsident, ich bin der Torwart.« Der flinke Franke wollte den behäbigen Schwaben nicht im Regen stehen lassen.

- Heuss' Nachfolger, der unglückliche Sauerländer Heinrich Lübke, verscherzte sich 1966 alle Sympathien bei bundesdeutschen Fußballfans, als er während des Empfangs für die unterlegene WM-Elf unbekümmert den ominösen Lattenknaller Geoffrey Hursts »drin« gesehen haben wollte. Wo doch zur gleichen Zeit alle professionellen Fototechniker der Welt bemüht wurden, um das Gegenteil zu beweisen!

- Erst recht miserabel beraten schien CDU-Kanzlerkandidat Rainer Barzel 1972, als er den frisch gebackenen bundesdeutschen Star der siegreichen Europameisterschaftself, Günter Netzer, hofierte, um den Mönchengladbacher »Rebell am Ball« in die Schlammschlacht der bevorstehenden Bundestagswahl einzuspannen. Netzer, von eher apolitischer Arroganz, zeigte dem Unionsprofi logischerweise die kalte Schulter.

- Auch Kanzler Kohl blamierte sich während der WM 1986 in Mexiko. Vollmundig gab er zum besten:
»Das Spiel Argentinien–Frankreich gehört zu den schönsten Spielen, an die ich mich überhaupt erinnern kann.«
Beim grandiosen Viertelfinalmatch in Guadalajara verwechselte er Brasilianer mit Argentiniern, was in etwa so schlimm ist, wie wenn hierzulande Bayern für Preußen gehalten würden.

Selten starrten Politiker sehnsüchtiger auf das euphorische Signal im Fußballstadion als gerade in Zeiten der Politikverdrossenheit und des Bundesliga-Booms. »Keine Weltmeister-schaft ohne Politikerdelegation«, bemerkt die frühere Justiz-ministerin Leutheusser-Schnarrenberger in diesem Buch. Doch fehlendes Charisma läßt sich Gott sei Dank kaum durch populistische Anbiederung im Stadion ersetzen. Längst wird der Spitzenpolitiker in der Ehrenloge als Schmeißfliege empfunden. So schreibt der Kapitän des Deutschen Meisters Bayern München, Thomas Helmer (mit Matthias Franck): »Auf der Tribüne sitzen Politiker, die gerne ihre Volksverbundenheit demonstrieren. Sie sind häufiger bei Feiern als bei Niederlagen zu Gast, und manche versuchen, einen freundschaftlich zu erdrücken. Männerschweiß verbindet.«

Aber auch der frühere Borusse Helmer weiß, daß der politisch abstinente Kicker – vor allem in Krisenregionen – der Vergangenheit angehört: »Ich finde es richtig, daß die Spieler sich auf die Seite ihres Publikums stellen, wenn Tausende von Jobs drohen verloren zu gehen...«

Bislang hatte noch jede Ära bundesdeutscher Geschichte die Nationalmannschaft, die sie verdiente:

- Artig waren deutsche Nationalkicker in den Aufbaujahren – von Rahns Eskapaden einmal abgesehen. Adenauer hatte mit Fußball nichts am Pepitahut, und die Kicker mieden die allseits verpönte Politik.
- Von der Blütezeit des Wirtschaftswunders bis zum dritten Tor von Wembley 1966 galt Uwe Seelers selbstlose Devise, wonach es wichtiger sei, sauber gekämpft als gesiegt zu haben. Rechtzeitig erhielt die neugegründete Bundesliga mit dem ballverliebten Franken Ludwig Erhard ihren ersten Fußball-Kanzler.
- Zur symbolischen Geste von neudeutscher Liberalität geriet die einst so verfemte »welsche Raffinesse«, mit der Günter Netzer als theatralischer Freistoßbeschwörer posierte. In der sozialliberalen Ära gewann der Fußball eine ästhetische Note.

9

- Dreiste Überheblichkeit entwickelten deutsche Kicker anno '82 in Spanien, als Keeper Schumacher dem malträtierten französischen Gegner die Zahlung von Jacketkronen anbot. Das Bild vom »häßlichen Deutschen« geisterte wieder durch Europa.
- Teamchef Beckenbauer verwandelte den Nationalspieler in einen mediengewandten Jasager und Hymnensänger. Kanzler Kohl umarmte in Mexiko unterlegene deutsche WM-Finalisten.
- Berti Vogts kreiert derzeit den postdeutschen Sonderweg der selbstlosen Charakterdarstellung. In der Bundesliga jedoch ist der Auswahlkicker seine eigene Werbeagentur. Bundeskanzler und Bundestrainer fraternisierten in Old Trafford.

Fußball und Politik in Europa

Als »Bananenrepublik und Gurkentruppe« erschien, frotzelte der Kritiker des Wiener PROFIL, die Fußball-Analogie träfe wohl nur auf Deutschland zu. Wollte er doch nicht glauben, daß das »Wiener Wunderteam« ausgerechnet zu Zeiten des Austrofaschisten Engelbert Dollfuß Anfang der 30er Jahre seine beste Zeit gehabt haben soll. Landsmann Robert Misik weist ihm nun freilich nach, daß der Weg zum österreichischen Nationalstaat sehr wohl über die Fußballfelder führte. Das 3:2 gegen die Deutschen 1978 in Córdoba verdankte seinen identitätsstiftenden Effekt der »Verösterreicherung« des Teams, dem einträchtigen Nebeneinander von Wienern, Salzburgern und Innsbruckern – Gott hab' ihn selig, den »Kaiser Bruno« Pezzey!

In Italien scheint die Verzahnung zwischen Politik und Fußball noch dichter: von Mussolinis Betrugs-WM 1934 über den Catenaccio der sechziger Jahre, das 4:3-Kultspiel der 68er *Italien gegen Deutschland* in Mexiko bis zu den Triumphen Berlusconis und Agnellis mit Milan und Juve. Italien wurde nicht nur unter dem grimmigen *Duce*, sondern auch unter dem fröhlichen Antifaschisten Pertini Weltmeister. Der westfälische Neu-Römer Rolf Uesseler konstatiert denn auch, die Politik könne es sich auf der Apenninenhalbinsel kaum leisten, »ohne Fußball auszukommen«.

Joep M. Bik, selber früher Fußballer in Den Haag, expliziert am Mythos Cruijff die niederländische Fußball- und Sozialgeschichte. Der ebenso begnadete wie komplizierte Ausnahmekicker brachte die Fans in Verzückung und Vereinsbosse, Trainer sowie Mit- und Gegenspieler zur Verzweiflung.

1973 wechselte Cruijff zum FC Barcelona. Dort dribbelte er mit an der Spitze der katalanischen Autonomiebestrebungen. Als der verhaßte Carrero Blanco ermordet wurde, gewann Barca bei Real sensationell 5:0. Kurz vor dem Ende des Franco-Regimes sprach man von einem Sieg des »Heute« gegen das »Gestern«. Denn auch in Spanien werden Fußballtriumphe politisch instrumentalisiert. Volker Mauersbergers Geschichte ist dem »blonden Engel« Bernd Schuster gewidmet. Als einziger internationaler Star brachte dieser das Kunststück fertig, für die drei Erzrivalen Real, Barca und Atletico zu kicken, weil er auch das Spiel hinter den Kulissen mit der postfranquistischen Präsidentenherrlichkeit verstand.

Im Mutterland des Fußballs ist neuerdings nicht nur ödes *Kick and Rush*, sondern auch kluges Doppelpaß-Spiel gefragt. Erinnern wir uns düster: Als England 1966 Weltmeister und Harold Wilson Premierminister wurde, soll – einem Ondit zufolge – der siegreiche Labour-Chef seinen linken Parteirebell Tony Benn zur Seite genommen haben: »Glaub' mir, Tony, der *World Cup* ist gut für Labour, selbst wenn du Nobby Stiles nur für die häßliche Fratze des Manchester-Kapitalismus halten magst.« Unter Maggie Thatchers eisernem Regiment verbreitete der Hooliganismus Angst und Schrecken. Englands Fußball wurde disqualifiziert, die Lehrmeister galten als Sündenböcke. Kaum, daß die vielgescholtene englische Nationalmannschaft beim WM-Vorbereitungsturnier in Frankreich gegen die Gastgeber und Italien siegte, tönte der Sportminister der neuen Blair-Regierung: »Der Regierungswechsel hat die Moral verändert.«

Beim nächsten WM-Gastgeber Frankreich schwört man darauf: Den besten und erfolgreichsten Fußball spielte die *équipe tricolore* 1958 mit Kopa und Fontaine, als de Gaulle zurückkehrte, und 1984 mit Platini und Tigana, als Mitterrand die Kommunisten wegschickte. Zufall oder nicht: Unter Pompidou und Giscard d'Estaing landeten französische Kicker international bestenfalls unglückliche Finalniederlagen – wie St. Etienne 1976 gegen die Bayern.

Für Michel Platini, den Mitorganisator von France '98, ist die WM im eigenen Lande auch ein Deutschland-Verhinderungsturnier. Wie oft beklagte sich der frühere Mittelfeldstar über die ästhetisch so defizitären deutschen WM-Erfolge in Serie. »Spielen die Deutschen mittelmäßig, kommen sie wenigstens ins Finale«, seufzte er vor Jahren. Ernüchternd die jüngsten deutschen Pokale – Bayerns Erfolge gegen Bordeaux im letztjährigen UEFA-Cup-Finale, Vogts' Sieg in Wembley, Dortmunds Triumph über Platinis alten Klub. Ein schwacher Trost bleibt dem Franzosen: Frankreich ist für die deutsche Nationalmannschaft ein ungünstiges Meisterschaftsterrain. Beim WM-Turnier 1938 – damals in »großdeutscher« Besetzung – und bei der Europameisterschaft 1984 flog das DFB-Team bereits in der Vorrunde aus dem Wettbewerb. LE-MONDE-Korrespondent Lucas Delattre schätzt Frankreichs Chancen für die WM im eigenen Lande ziemlich nüchtern ein. Zwischen Tapies Absturz und dem Bosman-Urteil mangele es den französischen Fußball-Parvenues immer noch an der nötigen Ausgeglichenheit. Auch die Spanier (1982) und Italiener (1990) konnten als Veranstalter dem Erwartungsdruck in heimischen Stadien nicht entsprechen.

Seit der epochalen Wende in Mittel- und Osteuropa sind täglich neue Horrorgeschichten über die politische Instrumentalisierung und Manipulation des Fußballs im real existierenden Sozialismus zu erfahren. In der DDR verhalf Erich Mielke seinem Stasi-Klub Dynamo Berlin zu manch unverdientem Meistertitel im Kampf gegen die stärkere Konkurrenz aus Dresden, Leipzig und Magdeburg. »Primitivität« und »Brutalität« wurden auch dem rumänischen Fußballsport zu Zeiten des unseligen Diktators Ceaușescu attestiert. Über die abhängigen Teams von Dinamo und Steaua Bukarest haben sich die Rivalen Securitate und Armee größtenteils manipulierte Gladiatorenkämpfe geliefert, die gefeierten Stars waren bloß »staatliche Unterhaltungskünstler von Innen- und Verteidigungsministerium« oder die »reichsten Knechte des grausamen Systems«.

Am glücklichen Ende 1989 kam die Revolution in Rumänien mit »Schlachtenbummlerparolen« daher. Der Fußball wurde über alles gepriesen. Die FAZ zitierte damals einen Oppositionellen: »In Ceaușescus letzter Nacht hat uns der Fußball gerettet.« Als die Rumänen nicht mehr nur »Wir sind das Volk« und »Libertate«, sondern »Olé, olé, olé – Steaua« riefen, sei klar gewesen, daß sich die Armee auf die Seite des Volkes gestellt hatte. »Da habe ich den Fußball gesegnet. Wir wußten, daß jetzt kein Tienanmen (blutige Niederschlagung studentischer Proteste auf dem ›Platz des Himmlischen Friedens‹ 1989 in Peking, N. S.) mehr geschehen würde. Die Armee, da waren wir sicher, unterstützte uns jetzt.« Einer der »staatlichen Unterhaltungskünstler vom Innenministerium« war übrigens kein Geringerer als der verspielte Supertechniker Georghe Hagi, dessen hohe Fußballkunst 1994 bei der WM in den USA nur von den brasilianischen Weltmeistern übertroffen wurde.

Der Streit der Fußball-Intellektuellen

Helmut Böttiger kritisiert die geringe Bewegungsorientierung der Fußball-Politik-Analogie, das »allzu Sozialdemokratische«, wie er es nennt. Klaus Hansen drückt es diplomatischer aus: Der »panoramatische Parallelblick« zwinge »zusammen, was zusammengehört«. Jürgen Busche hält indes allen bewegungsorientierten Sozialromantikern entgegen, daß für das neue spielerische Selbstbewußtsein der späten 60er und frühen 70er Jahre »die Beatles wichtiger sind als die Studentenbewegung«. Daß Netzer oder George Best wohl mehr an Popidole denn an sogenannte Rädelsführer erinnerten, wird von Klaus Hansen höchst achtbar bestritten: Best sei 1968 als Che Guevara wiedererschienen und Fußballer des Jahres geworden.

Der Beitrag von Böttiger liest sich wie ein kulturpessimistischer Nachruf auf die abgewickelte Geschichte des Fußballs. Ist also die Posthistorie des Fußballs angebrochen, in der Beweglichkeit nur noch auf stationärer Basis stattfindet und »der Synkretismus des Durcheinanders aller Stile und Möglichkeiten« (*Arnold Gehlen*) mittlerweile auch das Geschehen auf dem Rasen bestimmt?

Medialer Ausdruck dieser Entwicklung ist für den Berliner Korrespondenten der FRANKFURTER RUNDSCHAU die *ran*-Sendung bei SAT 1. Der Kritiker beklagt die unerträgliche »Zerdehnung des Moments« durch »heftige grassierende Superzeitlupen«. Damit werde Fußball als »endlos fließendes Kontinuum, ohne einen Hauch von Geschichtlichkeit« und abseits des Utopischen produziert.

Vor Jahren hoffte Böttiger noch auf eine Rettung des Fußballs von den Rändern her: mit Dänemark als Europameister, dem SC Freiburg als UEFA-Cup-Teilnehmer und Nigeria als Olympiasieger. Vor allem im »brasilianischen Breisgau« schien der verblaßte Mythos des 70er-Jahre-Angriffsfußballs wiederbelebt zu werden. Doch nach vier turbulenten Bundesligajahren hat es nunmehr auch den Freiburger »Erlebnisfußball« erwischt, den Coach Volker Finke nicht mit gängigen politischen Kategorien als »linker« oder »rechter« Fußball interpretiert haben möchte. Nach dem mit Fassung getragenen Abstieg aus dem Oberhaus hält der Trainer an seiner auf Kreativität und Phantasie basierenden Maßgabe fest: »Alles ist möglich«.

14

Im Jahr davor ist mit Eintracht Frankfurt ein weiterer Hoffnungsträger der Utopie des schönen Kickens aus der Bundesliga verschwunden. Hubert Kleinert widmet sich der »Hochbegabtentruppe, die lieber gelegentlich glänzen als dauerhaft zweckrationale Durchschnittskost anbieten wollte«. Letztendlich sei »die launische Diva vom Main« – so der grüne Realo – den »Gefahren der postmodernen Vorherrschaft des schönen Scheins und der Unterschätzung fußballerischer Sekundärtugenden« erlegen. Die frustrierende Eintracht scheint aus Altspontis wahre Wertkonservative geformt zu haben.

Kein Zweifel, die Netzer-Nostalgien und Happel-Hymnen der Fußball-Achtundsechziger sind nicht mehr gefragt. Denn die letzte Fußball-Europameisterschaft in England förderte es wieder einmal zutage: Alles Jammern über die ästhetischen Defizite der deutschen Tretkünste macht wenig Sinn, wenn die angehimmelten Künstlernaturen mediterraner Provenienz vor den Pokalen verzagen. Was Wunder, wenn nunmehr auch die Fußball-Denke umzuschlagen scheint. So hält etwa TAZ-Autor Christoph Biermann das Einklagen eines »schönen Fußballs« für infantil, »wo doch in erster Linie gewonnen werden muß«. Die Ästhetisierung des Spiels verfehle eine »schicksalhafte« Fußballbegeisterung und Fankurvenleidenschaft. Nach der Enttabuisierung des bloßen Siegens à la FC Bayern durch den Philosophen Norbert Bolz zeigt sich auch FAZ-Redakteur Dirk Schümer von der verklärten Fußballkunst der goldenen 70er Jahre ziemlich unbeeindruckt: »Welche lendenlahmen Zitterpartien haben uns die damaligen Fußballheroen geboten«, Fußball sei »Schwachsinn«, »unsere Ideologie«, ein Sport von »Männern ohne Eigenschaften«.

Helmut Böttiger strebt gegen derlei Ketzerei »kleine Koalitionen« an, »damit die Verhältnisse wieder zum Tanzen gebracht werden«.

Wie bemerkte ein Kritiker: Die Fußball-Politik-Analogie lebe von der Gleichzeitigkeit der Weltmeisterschaft und der Bundestagswahl. Knapp daneben! Als das Buch in seiner Erstfassung 1987 erschien, lagen die Termine noch auseinander. Erst mit der Vorverlegung des Wahltermins nach der deutschen Einheit finden Wahl und WM im gleichen Jahr statt.

Der CDU-Bundestagsabgeordnete Friedbert Pflüger ist für die Bundestagswahl recht optimistisch, wegen Kapitän Kohl, dem Rasenpendant von Uwe Seeler, der sich 1970 in Mexiko nochmals für Deutschland geopfert habe – wie »der Dicke« im Kanzleramt mit seiner bevorstehenden letzten Kandidatur 1998. Vergessen wird dabei gern, daß Seeler in Leon nur noch zurückgezogene zweite Spitze spielte. Spannende Frage also: Wer in der Union ist Kohls »kleines, dickes« Müller? Rudolf Scharping dürfte mit der Kohl-Seeler-Analogie kaum einverstanden sein, denn für den SPD-Fraktionschef steht Uwes vierte WM 1970 eher für einen Aufbruch als für ein letztes Gefecht.

Mit Doppelspitzen nach bayerischer Art setzt sich Herbert Riehl-Heyse auseinander: Stoiber/Waigel, Matthäus/Klinsmann, Beckenbauer/Hoeneß. Die Doppelspitze der weißblauen SPD, Schmidt/Schmid, war ja ziemlich kläglich gescheitert. Doch die Staatspartei wollte aus der Negativerfahrung der Opposition nicht lernen. So soll Hoeneß mit Stoiber um zehntausend Mark gewettet haben, daß Waigel die Maastricht-Kriterien nicht schaffe. Wer keine Opposition hat, muß sie sich selber organisieren. Gewisse Unterschiede zwischen dem FC und dem Freistaat Bayern erkennt der Betrachter vor allem im solideren Haushalt des Fußballvereins: »Der Handel mit Stoiber-Trikots und Waigel-Bettwäsche ist bisher noch nicht richtig in Schwung gekommen.«

Doch weder von sportlichen Erfolgen noch von einträglichem Merchandising will sich Jürgen Busche blenden lassen.

Er bleibt dabei, auch wenn die Demoskopie längst Gegensätzliches belegt: »Der FC Bayern ist unbeliebt. Dieser Satz könnte einen süchtig machen.« Der Ruhrgebiets-Doppelschlag im Europacup beweist für Busche einmal mehr, daß die »Tugenden aus grauer Vorzeit« immer noch gültig sind: »Mut statt Geld, am Torpfosten Blut statt Tausendmarkscheine«. Und vor allem Treue: Die Dortmunder Fans verlangten beim Stand von 3:1 im Champions-League-Finale nach dem in die Jahre gekommenen Altstar: »Susi, Susi!« Zorc. Hätten die Bayern-Fans im Hamburger Volksparkstadion bei ähnlicher Gelegenheit auch »Lothar, Lothar!« gerufen?

Für die engen Bezüge zwischen dem FC Bayern und der bayerischen Staatsregierung gibt es auf Länderebene sicher auch sozialdemokratische Entsprechungen, so z. B. in Rheinland-Pfalz zwischen der SPD-geführten Landesregierung und dem 1. FC Kaiserslautern. In diesem Buch beschreiben Walter Schumacher und Klaudia Martini ihre politisch infizierte Liebe zu den »Roten Teufeln«. Der Landessprecher wuchs unweit des »Bezze« auf, die Umweltministerin ist treues FCK-Mitglied.

Das Engagement der Politikerinnen Leutheusser-Schnarrenberger und Martini beweist es: Die Fankurven werden weiblicher. Der selbstgerechte Männerspott über Carmen Thomas' legendären Versprecher »Schalke 05« gehört der Vergangenheit an. Schließlich gab es unlängst einen DFB-Vizepräsidenten, der die frühere ZDF-Moderatorin bei weitem übertreffen sollte. So ehrte Otto Andres den Deutschen Pokalsieger von 1992, Hannover 96, mit den Worten:

»DFB-Pokalsieger 1982 ist Hannover 93.« *(FRANKFURTER RUNDSCHAU, 25. 5. 92)*

Auch Ministerpräsident Gerhard Schröder unterscheidet plakativ zwischen der High-Tech-Truppe aus München und den Ruhrgebietsmalochern aus Dortmund. Die erfolgreichen

»global players« des Leverkusener Bayer-Konzerns nicht zu vergessen! Die Globalisierung dürfte den Fans in absehbarer Zeit eine TV-Europaliga bescheren. Doch regionale »Gegenbewegungen zeichnen sich ab«. Schröders Verein Hannover 96 steht für eine überwältigende Zuschauerresonanz an der Spitze der Regionalliga. Währenddessen fiebert Sabine Leutheusser-Schnarrenberger mit ihrem FC Starnberg, der erst seit fünf Jahren existiert und um den Aufstieg in die Regionalliga kämpft. Die Niedersachsen verpaßten nur knapp den Aufstieg, ein böses Omen für den Kandidaten? Falls es ihn beruhigt: Der 1. FC Saarbrücken verpaßte das Klassenziel ziemlich deutlich.

Symbolisieren die Pötte im Pütt eine Renaissance der Linken, wie sie sich in Europa in höchst unterschiedlicher Gestalt anzudeuten scheint? Für Tissy Bruns setzen die internationalen Erfolge der Kohlenpottkicker kein progressives Signal. Ausgerechnet das abzuwickelnde Ruhrgebiet triumphiere fußballerisch, »während die deutsche Politik beim kleinsten Modernisierungsschritt stolpert«.

Kohls Team mauert weiter bis zur Weltmeisterschaft 1998 in Frankreich – dem Jahr der Bundestagswahl. Nach den Erfolgen von Blair und Hitzfeld, Jospin und Stevens werden schon erste Wetten auf einen Sieg der SPD gesetzt. Doch was CDU-Modernisierer Warnfried Dettling 1990 dem damaligen Kanzlerkandidaten Lafontaine mit auf den Weg gab, scheint nunmehr genauso auf Gerhard Schröder zuzutreffen: »Er schlägt weite Pässe aus der Tiefe des Raumes, die seine Partei wieder ins politische Spiel bringen könnten. Die Frage ist nur, ob sie diese Vorlagen aufnimmt und verwandelt ... «

Lars und Gunter Hofmanns frappierender Vergleich zwischen der SPD und dem 1. FC Köln dämpft allzu euphorische Hoffnungen auf einen Regierungswechsel: Beide agierten permanent unter ihren Möglichkeiten. Kölscher Klüngel und Enkelchaos sind sich nicht unähnlich. Das gilt auch hinsichtlich Überalterung, mangelnder Beständigkeit der Mannschaft und fehlerhaftem Management. 1978, zu den Hochzeiten des Helmut Schmidt, gewannen die Geißböcke nicht nur ihre letzte Deutsche Meisterschaft, sondern sogar das Double. Der Trainer hieß Weisweiler.

Doch als es international ernst wurde, versagte das Team um Schumacher, Cullmann und Flohe daheim im Semifinale des Europacups gegen Nottingham. Leichtfertig, d. h. typisch kölsch, wurde die Riesenchance auf ein Finale in München gegen die Außenseiter aus Malmö vergeben. Die Dortmunder mußten 18 Jahre später ebenfalls im Halbfinale gegen den englischen Meister – Manchester United – antreten. Sie nutzten die einmalige Gelegenheit und bekamen ihr Münchner Endspiel und den Cup.

Vor dem Wahltag im September kämpfen aber erst Bertis Buben in Frankreich. Und auf den Coach möchte Herberger-Biograph Jürgen Leinemann nicht mehr allzu viel Häme kommen lassen. Er plädiert für ein noch wenig erschlossenes Kapitel – quasi eine politische Fußball-Genealogie von Opa Seppl über Vater Kohl zum wahren Enkel namens Berti.

Bad Honnef, August 1997   Norbert Seitz

4. Juli gegen 8. Mai

In einem merkwürdigen Achtzehnjahresrhythmus ereignen sich hierzulande epochale Wahlverwandtschaften zwischen Politik und Sport:

- 1936 in Berlin täuschte das Nazi-Regime den Rest der Welt mit dem Schein eines friedfertigen Festes der Jugend;
- 1954 in Berlin traf sich das nachkriegsdeutsche Aufbaustreben mit dem sensationellen WM-Erfolg;
- 1972 in München präsentierte sich ein weithin unbeschwertes modernes Deutschland – ehe auch dieses von den Folgen seiner Vergangenheit heimgesucht werden sollte;
- 1990 wird der Weltmeistertitel rechtzeitig zur Wiedervereinigung erkämpft.

Das nationale Erfolgserlebnis des 4. Juli 1954 hat politisch wohl am meisten bewirkt. Für die Fans ist es *das* Gründungsdatum der alten Bundesrepublik; für die Fußballmuffel *die* Heimatschnulze aus den fünfziger Jahren – nichts als heile Welt. Letztere Einschätzung kann freilich nur Fußball-Laien unterlaufen, denn – der Kalauer sei gestattet – in Heimatfilmen regnet es normalerweise nicht pausenlos, sondern meist nur, wenn die Haustochter schmählich verlassen oder der Wilddieb gejagt wird.

Das »Wunder von Bern« traf den nachkriegsdeutschen Nerv. Als totaler Außenseiter war die Herberger-Elf gegen die seit über drei Jahren ungeschlagenen Ungarn ins Finale gekommen, in dem sie nach nur acht Minuten Spielzeit bedenklich in Rückstand geriet. Doch die Mannschaft berappelte sich, glich bis zur Pause aus und schaffte nach einer dramatischen Abwehrschlacht am Ende sogar noch das siegbringende 3:2. Damit hatte die Berner Elf für viele das nachkriegsdeutsche Exempel statuiert, wie man sich, am Boden liegend, selbst gegen eine Übermacht doch noch erfolgreich behaupten kann. Orientierte man sich in der jungen Bundesrepublik an einem »Heroismus an sich als Ideal richtigen Menschentums« *(Hermann Glaser)*, so lieferte die Berner Elf dafür das strahlende Vorbild.

Als Fritz Walter und seine Mannen am 4. Juli 1954 Fußball-Weltmeister wurden, gerieten deutsche Gemüter millionenfach in Ekstase; die Scharte des 8. Mai 1945 schien doch noch ausgewetzt worden zu sein. In die Jubelchöre des »Wir sind wieder wer« mischten sich gewiß auch dumpfe Töne des »Wir sind halt doch die Größten!« Bei der Anreise in die Schweiz waren sie noch von eidgenössischen Zöllnern gehänselt worden: »Ihr wollt doch nicht etwa ins Endspiel kommen?!« *(Fritz Walter, Der Chef)*

Neun Jahre nach dem 8. Mai 1945 wurde in Bern erstmals wieder deutsches Nationalgefühl auf dem Fußballrasen losgetreten:

»Und das war auch eine Atmosphäre, in der ich zum ersten Mal so etwas erlebt habe wie ein Bewußtsein, daß ich ein Deutscher bin, so was wie ein Nationalgefühl. Das war sonst überhaupt nicht ausgeprägt. Aber da gab's zum erstenmal so eine sehr, sehr große Übereinstimmung unter den Leuten.« *(Martin Siegler)*

»Es war für mich nach dem Weltmeisterschaftsspiel sehr schwierig, in unserer Jugendgruppe beim Fußballspiel mit meiner Rolle Puskas als Mittelstürmer fertigzuwerden. Ich wollte viel lieber Fritz Walter sein. Aber um Fritz Walter zu sein, war ich als Ausgebombter, als aus der Stadt Zugezogener nicht stark genug … Aber ich war ein guter Fußballspieler – und da war es gerade noch gerechtfertigt, daß ich den Gegner, daß ich Puskas spielen durfte. Und mit dieser Einteilung ist natürlich auch klargeworden, daß die siegreiche

deutsche Mannschaft, und daß damit Deutschsein, was viel Höherstehendes ist, als Ungar zu sein – Puskas eben!«
(Harald M., Lehrer, Jahrgang 1941, in: Siegler)

Nach der vergeblichen Hoffnung auf die deutsche Wunderwaffe (»Der Sieg ist wirklich ganz nahe«) schien die gespaltene Nation nunmehr einem allumfassenden mythischen Wunderglauben verfallen zu sein. Man redete vom »Wirtschaftswunder«, vom »Wundergreis« (Haffner über Adenauer), vom »Fräuleinwunder« – vor allem aber vom »Wunder von Bern«, vom »Wundertrainer« und seinen »Konditionswundern«, von Toni, dem »Fußballgott« und von Liebrich: »Ein Wundermann, dieser Blonde«, schrie ein italienischer Journalist während des Finales ins Telefon.

Im KICKER-Sonderheft nach dem Finalsieg schwelgte Friedebert Becker: »Laßt uns an Wunder glauben (daß Deutschland Weltmeister wird!), riefen wir vor drei Wochen in die Welt hinein! Wie hat man spöttisch gelächelt! Ja, und nun geschah dieses ›Wunder‹: Daß unser Traum Wirklichkeit wurde, unser Traum, Herbergers Traum, Fritz Walters Traum, aller unserer Spieler Traum ... Die Hymne erklingt. Träumen wir? Eben nicht!«

Der 54er Mythos umfaßt drei Essentials, Trainer, Kapitän und Mannschaft betreffend: den »Geist von Spiez«, »em Fritz sei' Wetter« und die Liebe zum »Chef«.

Der »Geist von Spiez«
oder: Männer machen Geschichte

Die politische Geschichte des bundesdeutschen Fußballs begann in Bern. In den sauberen und braven Kämpen um Fritz Walter sah sich eine ganze Nation als weltgeschichtliches Stehaufmännchen idealisiert. »Wir haben den Krieg, nicht aber Mut und Charakter verloren«, hatte in den fünfziger Jahren ein gewisser Frank Seiboth den beleidigten Deutschen ins angebräunte Stammbuch geschrieben. Eine Nation schien sich 1954 reinzuwaschen durch das Vorzeigen von grundanständigen und politisch unauffälligen Kickern, die nur »ihr Bestes geben« wollten und sich artig daran hielten, daß der Bessere gewinnen möge und Fehlentscheidungen des Schiedsrichters unwidersprochen hinzunehmen seien. »Von Eitelkeit oder ähnlichen Anfechtungen waren wir völlig frei« *(Fritz Walter)*.

Bern wurde zum Symbol unzerstörbarer deutscher Tugenden. Auf dem Spielfeld hieß das: »Einsatz bis zum letzten« – »vorzügliche Kondition« – »konsequente Bewachung« (im Herberger-Klartext: »Keiner weicht von seinem Mann, selbst wenn er Kaffee trinken geht«) – »verstärkte Defensive« oder zusammengefaßt: die »innere Konzentration auf das Wesentliche«.

Typisch für die bundesrepublikanische Orientierung an immergültigen Werten war, daß sich die WM-Kämpfer gefallen lassen mußten, mit politisch neutralisierten »Helden« der Wehrmacht verglichen zu werden. Mit einer gehörigen Portion Landsermoral beschrieben zum Beispiel die damals unter Schülern so beliebten »Göttinger Jugendbände« den Welterfolg der Walter-Elf. So wird in »Das Spiel ihres Lebens. Deutsche Fußballer erkämpfen die Weltmeisterschaft« behauptet, daß die Spieler, »sich durch ihre Leistungen einen Ruhm erworben haben, der sie besonders für uns – die deutsche Jugend – mehr sein läßt als bloße Fußball-Lieblinge. Sie sind für uns Vorbilder im echtesten Sinne geworden, die sich durchaus mit den leuchtenden Namen der kühnen Kriegshelden messen können, für die die Jugend sich begeisterte.« Doch bereits der Nachsatz verrät jene typisch nachkriegsdeutsche Tanzstundenattitüde, vor dem Ausland einen möglichst guten Eindruck machen zu wollen:

»Wieviel glücklicher ist das Los dieser unserer neuen Nationalhelden, die sich im *friedlichen* Wettstreit unsere Herzen im Sturm erobern! Wieviel segensreicher wird sich ihr kämpferischer Einsatz auswirken, um auch im Ausland dem deutschen Namen wieder zu Ansehen und Achtung zu verhelfen!«

Die neuen »Nationalhelden« galten unter dem Signum des »Geistes von Spiez« als Vorbilder von pfadfinderhaftem Korpsgeist und einer schwerblütigen Kameradschaft. Vor allem repräsentierten sie einen fast soldatischen Männlichkeitskult, der sich auch wie ein roter Faden durch die Schilderungen Fritz Walters zieht.

Das Phänomen Fußball erfordere »ausgewachsene« Männer, die »eiserner zusammenhalten als eine fanatische Sekte«. »Männliche Vernunft« und »männlicher Eifer« seien gefordert. Als sie neben den Ungarn aufs Feld liefen, hätten sie »die Leidenschaft beinahe körperlich« gespürt – ganz so, wie es der »Chef« immer gewollt hatte: »Männer, ihr müßt brenne!«

Zu den rituellen Handlungen der verschworenen Männergemeinschaft zählte ebenso die Bildung eines »Kreises« vor dem Spiel wie eine kollektive Tracht Prügel auf das nackte Hinterteil jedes Debütanten in der Nationalmannschaft, was man seinerzeit die Verabreichung des »Heiligen Geistes« zu nennen pflegte.

Und als die Schlacht gegen die »Pußta-Söhne« geschlagen war und das Deutschlandlied erklang, dessen erinnerlichere erste Strophe sich die deutschen Fans im Berner Stadtion zu singen vorbehielten, erfuhren die deutschen Spieler schließlich das vollkommene Glücksgefühl einer mannschaftlichen Verschmelzung:

»Unwillkürlich habe ich das Bedürfnis, Tuchfühlung zu nehmen, und ich greife nach Toni Tureks Hand. Ganz von selbst finden sich auch die Hände der anderen, und der Kreis … ist, nur für uns sichtbar, wieder da … Nie zuvor und nie danach hat einer von uns intensiver gespürt, was es heißt, zu einer Mannschaft zu gehören!« *(Fritz Walter, 3:2)*

Natürlich wurde das »Wunder von Bern« auch für völkische Symbolik in Anspruch genommen, bis hin zu jüngeren Organen der Neuen Rechten, in denen es – so der Politologe und Konservatismus-Experte Kurt Lenk – noch immer üblich ist, das Zivile durch das Militärische zu ersetzen und »Mut gegen Feigheit, Konsequenz gegen Halbheit, Disziplin gegen Hedonismus, Hingabe gegen Verweigerung, Opfer gegen Individualismus« moralisch auszuspielen. In der Zeitschrift ZWEITE ETAPPE (Oktober 1988) wurden die 54er in dem sportpolitischen Essay »Uwe, Boris und der Kaiser« aus dem bundesrepublikanischen Kontext in die Kontinuität eines ungebrochenen Bellizismus gerückt: »Im Berner Wankdorf-Stadion nahm Fritz Walter den Coupe Jules Rimet nicht für den staatlichen Säugling Bundesrepublik in Empfang, und Herberger schwor Maxl Morlock wohl schwerlich auf die Bonner Grundordnung ein, vielmehr hatte der Meisterschüler von Reichstrainer Nerz den deutschen Fußball zur Weltmeisterschaft geführt und so den Zweiten Weltkrieg *post festum* doch noch gewonnen.« Die »verschworene Kampftruppe« habe ihren Triumph jenen Tugenden zu verdanken, »deren politisch-militärische Expression die Deutschen der dreißiger und vierziger Jahre zu bislang für unmöglich gehaltenen Leistungen auf allen Feldern (!) befähigt hatte«. Die Herberger-Elf wird mit »einem in die Jahre gekommenen Hitlerjungen-Fähnlein« verglichen, »noch ganz im Banne einer harten Schicksalspädagogik stehend, windhundflink und lederzäh, blondsträhnig und kampfversessen«. Liebrich sei »wie vordem Rommel in der Cyrenaika« raumgreifend »in die Tiefe des Feldes« vorgestoßen, während Fritz Walter zum »Bismarck, Moltke und Ballrastelli in einer Person« verklärt wird. Er ist der »scharfgescheitelte Schlachtenlenker« auf einem Feld, auf dem »gute, treue, arglose Teutonen« schuftend Willenswunder vollbringen und »das Stadion zur Werkhalle« umwandeln.

Doch die »Helden von Bern« taugten weder für eine Breker-Skulptur noch für einen Riefenstahl-Film. Im Gegenteil, die internationale Presse delektierte sich oftmals spöttisch über das Aussehen und die eckige Spielweise einiger Akteure. Als »primitive Glückspilze« wurden sie verhöhnt, und der beleibte Verteidiger Kohlmeyer galt eher als »getreuer Typ eines Sonntagsfußballers« denn als Modellathlet.

Recht deftig erinnerte auch Karl Heinz Bohrer an den 54er »Reckengeist«. Zur WM 1982 in Spanien, nur wenige Wochen nach seiner Falkland-Philippika gegen die bundesdeutsche »Mainzelmännchen«-Gesellschaft, beklagt er sich auch über die »pazifistische Entwürdigung« und »Entmannungs-Tendenz« des überraschungslosen deutschen »Rasenschachs«: »Archaik der Emotion, wie bist du befallen vom Mehltau der Schäfchengesinnung!« Jene »Phantasie versetzende Aggression« der 54er Deutschen sei nur noch »Sage aus der Steinzeit«, genauer: ein Nibelungenlied, in dem Liebrich »wie ein Hagen von Tronje« besungen wird, denn: »Was hatten die Sieger von 1954 denn anderes zu bieten als ihren Kampfgeist?«

Eigentümlich auch hier, daß die in der deutschen Öffentlichkeit gezimmerten Legenden von den glorreichen 54ern sich ausschließlich auf deren kämpferische Tugenden bezogen. Denn gleichzeitig empfand man ebendiese Reduktion auf eine reine Kampfmaschine – das Panzerklischee! – als böswilliges Zerrbild der ehemaligen Kriegsgegner. Den Deutschen selbst mußte von der Fachwelt in Erinnerung gerufen werden, daß die Berner Elf nicht nur ein Ärmel hochkrempelndes Trümmerkommando war. Neben wuchtigen Zerstörern und Dreinschlägern wie Liebrich und Pferdelungen wie Eckel bestand das Team auch aus Individualisten wie Rahn und, allen voran, einem technisch versierten Spielgestalter, dem Kapitän höchstpersönlich. Als »Triumph der Künstler mit Ball und Geist« umschrieb der KICKER am Montag nach dem WM-Sieg sein kritisches Schlußwort zum »Welt-Finale ohne Beispiel«.

Herberger und die Frauen

Sepp Herbergers Erfolgsstory ist reich an Geschichten von schwerblütiger Männerkameradschaft auf dem Rasen. Die Geschichte der Fußballerfrauen – von Eva Herbergers »Herzensgüte« bis zu Vogts' Stoßseufzer in Malente 1996: »Nörgelnde Spielerfrauen sind diesmal nicht dabei« – müßte erst noch geschrieben werden.

Alles begann mit Sepp Herbergers »Ev«, die protestantisch ehelichen ließ, obwohl die Herbergers in Mannheim erzkatholisch waren. »Das war doch so ein braver Kerl«, lautete ihr Generaltenor, wenn ein Kicker beim schmollenden Sepp in Ungnade gefallen war – wie der inhaftierte Rahn oder Juskowiak nach seiner Hinausstellung.

Bei Herbergers Erfolgskickern waren die Frauen von ähnlicher spielmitbestimmender Bedeutung. »Sie hieß Gerti, war jung, blond und Verkäuferin bei Peek & Cloppenburg.« So stellt uns Helmut Rahn seine langjährige Lebensgefährtin vor. »Ilka muß ihm ›Zusammengekochtes‹ auf den Tisch bringen. Dann strahlt er.« Gemeint ist die Ehefrau von »uns Uwe«. Und als später Sepp Maier seiner Agnes erstmals angesichtig wird, bekennt der Torwart stürmisch: »Was ich mal in den Pratzen halte, gebe ich so leicht nicht wieder her.«

»Tu', was du für richtig hältst, ich mache alles mit…« –

ein weibliches 50er-Jahre-Bekenntnis wie gemeißelt. Es stammt von Fritz' Ehefrau Italia Walter, als 1951 eine Riesenofferte von Atletico Madrid ins Haus geflattert kam. 1948 war es dem Lauterer Kapitän noch sehr schwer gefallen, seinem Trainer die auswärtige Lebensgefährtin zu präsentieren. Doch Herberger ließ sich zur Trauzeugenschaft überreden, obwohl er mit der Herzenswahl seines favorisierten Kickers »keineswegs ganz einverstanden war. Italia mit ihren hochhackigen Schuhen und lackierten Fingernägeln schien vielen (…) als Frau eines Fußballspielers wenig geeignet« *(Fritz Walter, Der Chef)*. Doch Sepp gab nach, sei es doch schließlich wichtiger, »daß man einen Kameraden fürs Leben hat«.

Die Regenmacher

Seit Bern braute sich im deutschen Fußballreich eine eigentümliche Mixtur aus infantilem Aberglauben, Geisterbeschwörungen, parareligiösen Gefühlen und Scharlatanerie zusammen. So wimmelt es in den Schilderungen der glorreichen Spiele von der Zwischenrunde bis zum Endspiel an wahren »Himmelsgeschenken«:

Die im Viertelfinalspiel gegen Jugoslawien aus einem Eigentor Ivica Horvats resultierende Führung der Deutschen nannte Fritz Walter ein »Himmelsgeschenk, denn unser Tor lag unter einem wahren Trommelfeuer.« *(ebd.)*
Im Halbfinalspiel gegen Österreich »spendete der Himmel reichlich Regen dazu«. *(ebd.)*
»Urplötzlich wie ein Blitz aus wenig heiterem Himmel – kam die Befreiung vom Joch der zittrigen Ungewißheit.« *(Heribert Meisl)*

Und das Ausgleichstor im Finale gegen Ungarn schilderte Schütze Rahn wie folgt:

»Der Ball segelte über die Gruppe hinaus und fiel mir wie ein Geschenk des Himmels auf den Fuß. Ich brauchte ihn nur noch ins Tor zu knallen.«

Konfessionelles Kernstück der deutschen Fußballmystik stellte aber über Jahre das schier unverbrüchliche Gottvertrauen in einen messianischen Regenmacher dar, der im entscheidenden Augenblick wohlwollend die Himmelsschleusen einen Spalt öffnet. Der Autor Ben Harder erzählt, es habe einst im südnigerianischen Ihiola in der Trockenzone nicht nur einen Ortszauberer, sondern auch einen ebenso zuverlässigen wie umstrittenen Regenmacher namens Igenu gegeben, der mit seinem erfrischenden Dauerregen den Bauern eine Freude bereitete, aber gleichzeitig bei den allzu leichtfüßigen Kickern am Ort in Ungnade gefallen sei. Bis ihn der fußballbegeisterte Bürgermeister – ungeachtet des bäuerlichen Segens – entlassen habe. In Deutschland hätte es Regenmacher Igenu zu Beginn der fünfziger Jahre an der Seite Sepp Herbergers zur grauen chefmeteorologischen DFB-Eminenz bringen können.

Schon 1952, als sich das Ländermatch gegen Jugoslawien in Ludwigshafen zum »Tanz zwischen Pfützen« gestaltete, weissagte der Bundessepp:

»Ihr werdet mit dem Boden besser fertig… Vermutlich ermüden sie schneller als ihr.« *(Helmut Rahn)*

Recht sollte er behalten, denn in den großen Wasserlachen gerieten die Deutschen erst in Hochform, und Rahn bekannte lustvoll, »wie sehr das Gras unter unseren Stiefeln vor Nässe quietschte«.

Am 4. Juli früh um 7 Uhr ging Fritz auf den Balkon hinaus, um nach dem Wetter zu sehen.

»Nichts los mit Regen«, stammelte er enttäuscht.

Liebrich steckte gegen 9 Uhr den Kopf zur Tür herein und pfälzerte verschmitzt: »Na, Friedrich, was meensche jetzt? Gucke mol de Planet, wie er sticht!« *(Fritz Walter, 3:2)*

Doch Fritz war nicht zu erschüttern:

»Laß dir nur Zeit, Kleiner, es ist ja noch früh.«

Regen statt glühender Julihitze hatten sie sich sehnlichst gewünscht, und sie suchten den blauen Sommerhimmel nach Wolken ab.

Endlich, gegen Mittag, fielen die ersten Tropfen. Aber die Spieler trauten dem Segen noch nicht. Bis Morlock bei Tisch plötzlich aufschrie:

»Friedrich, es regnet! Es regnet das Blaue vom Himmel herunter!«

Wie von einer Tarantel gestochen, lief Fritz zur Veranda hinaus. Tatsächlich, es regnete kühl und zuverlässig.

»Was willst du mehr?« fragte Rahn.

Fritz atmete erleichtert auf:

»Jetzt ist alles klar, nichts kann mehr schiefgehen.«

Beruhigend gleichmäßig prasselte es gegen die Wagenscheiben des Spielerbusses auf der Fahrt nach Bern.

»Ein Geschenk des Himmels!«

Petrus hatte seine Schleusen geöffnet, als wenn er böse Miene zum guten Spiel machen wollte. Es war Fritz-Walter-Wetter.

»Das war mein Wetter, dann lachte mir das Herz im Leibe, und dann zuckt es mir noch heute in den Füßen.« *(Fritz Walter, So habe ich's gemacht)*

Mit aufregender Gleichmäßigkeit regnete es an jenem 4. Juli nachmittags in der eidgenössischen Hauptstadt.

»Der Boden war saftig und glatt, aber nicht schwer, und die Witterung kühl. Das liebe ich…«

15 Uhr war es geworden im Wankdorf-Stadion, als ein kleiner Mann mit verwittertem Gesicht mutterseelenallein das Spielfeld betrat. Gewissenhaft prüfend schritt er den nassen Rasen ab. Kein Zweifel, das war »em Fritz sei' Wetter«.

»Ja, schöner, glatter Rasen – das war mein Boden, und kühler, leichter Regen – das war mein Wetter.«

Es war nahezu das gleiche Wetter wie drei Tage zuvor beim Basler Semifinalmatch, als man die Wiener Ballkünstler um Ocwirk & Stojaspal in einem der denkwürdigsten Treffen der bundesdeutschen Fußballgeschichte 6:1 niedergekantert hatte. Hinterher gestand Fritz Walter:

»Ohne eine Spur der Müdigkeit liefen wir vom Feld. Der schwere, nasse Boden hatte uns nichts ausgemacht.«

»Fritz-Walter-Wetter« wurde zur kontinentalen Version jenes gefürchteten englischen Schmuddelwetters, dessentwegen die Initiatoren des Europacups einst entschieden hatten, die Sieger nicht nach dem Pokal-K.-o.-System, sondern in Hin- und Rückspielen ermitteln zu lassen.

»Herberger ritt auf den Schultern der Spieler durch den Regen.« *(Ernst Huberty)*

Auch 1958 in Schweden versuchte der Bundestrainer, seinen verletzten Lieblingsschüler vor dem Spiel gegen die CSSR mit dem »guten« schlechten Wetter zu motivieren.

»Fritz, sehen Sie nur raus, wie schön es regnet. Mein Interesse an Ihrem Einsatz steigt dadurch noch mehr.« *(Fritz Walter, Der Chef)*

Auch später schrieb das Regenwetter am Drehbuch der deutschen Fußballgeschichte mit. Der legendäre Triumph der

Netzer-Elf auf dem feuchten heiligen Rasen von Wembley 1972 bei der Europameisterschaft und die Frankfurter Wasserschlacht gegen Polen zum Eintritt ins WM-Finale 1974 unterstreichen dies.

Vom Absturz zum Aufstand

Die Ungarn hätten es schon immer gut mit uns gemeint, pflegte Wolf Biermann nach dem Mauerfall im November '89 zu scherzen: 1954 sei man gegen die Magyaren Weltmeister geworden; und 1989 hätten sie als erste den Eisernen Vorhang für die DDR-Flüchtlinge geöffnet. Eine schiefe Parallele auf Kosten der Ungarn, deren Niederlage im Finale von Bern in eine politische Katastrophe münden sollte. Dem stalinistischen Rakosi-Regime diente die auf der Siegeswelle schwebende Nationalelf des legendären Gustav Sebes als willkommenes Aushängeschild. Das Dreamteam um Ferenc Puskas, Schani Kocsis und Nandor Hidegkuti mußte als emotionaler Trostspender für gesellschaftliche Erniedrigungen herhalten. Schriftsteller György Dalos beschrieb das kompensatorische Wechselspiel zwischen Fußball und Politik in seinen »Erinnerungen an eine Fußballkatastrophe«.

1952, als die Elf die Goldmedaille bei den Olympischen Spielen in Helsinki erspielte, schien das Land ausgemergelt von einer langanhaltenden Dürreperiode und einer drastischen Senkung des Lebensstandards. Der unaufhaltsame Siegeszug des ungarischen Fußballs sollte für Momente die brutale gesellschaftliche Realität verdecken – die Schauprozesse, Zwangskollektivierung und Gleichschaltung der Presse.

So kam es dem seit Stalins Tod verunsicherten Regime gerade recht, daß die Nationalmannschaft im »Spiel des Jahr-

hunderts« im Oktober 1953 den Engländern die erste Heim-
niederlage auf dem heiligen Rasen von Wembley beibrachte.
Die Budapester Propaganda bauschte den grandiosen 6:3-Sieg
zum sozialistischen Systemerfolg über das kapitalistische
Mutterland des Fußballs auf und nahm ihn zum Anlaß,
gegen interne »Nörgler, Defätisten und Panikmacher« zu
Felde zu ziehen.

Bei soviel Ruhm durften die Armee-Kicker alle Privilegien
beanspruchen. In der darbenden Bevölkerung brodelte alsbald die Gerüchteküche über Märchengagen und den zoll-
freien Import von Luxusgütern nach Auslandsspielen.
»Genosse Minister, kleine Kohle – kleines Spiel, große
Kohle – großes Spiel«, soll der große Kleine, Major Puskas,
dem interessierten Sportminister auf die Frage nach der Kondition der Mannschaft geantwortet haben. Doch das Volk
war eher bereit, den Weltklassekickern den opulenten
Lebenswandel zu verzeihen als den verhaßten Parteifunktio-
nären. »Nur ein Recht« – so Dalos – »sprach man der Nationalmannschaft völlig ab, nämlich das, ein Spiel zu verlieren.«

So nahm die Tragödie am 4. Juli 1954 ihren Lauf. Wie ein
Bumerang schlug die Fußball-Hochstimmung auf ihre Polit-
agitatoren zurück. »Um ihre verlorenen Illusionen von den
Spielern zurückzufordern«, wurden die unterlegenen End-
spielkicker auf der Grenzstation Hegyeshalom mit Steinen
empfangen. Die Spieler flüchteten vor den aufgebrachten
Massen in ein Trainingscamp, wo Parteichef Rakosi das Lei-
chenbegängnis des ungarischen Fußballs als Festbankett für
einen ehrenvollen zweiten Platz feiern ließ. Währenddessen
kam es in Budapest zur ersten spontanen Massenkundge-
bung seit 1945. Schaufenster gingen in die Brüche, der Kopf
des Ministers wurde gefordert, und Gerüchte kursierten, der
Endspielsieg sei für 250 VW-Kleinbusse an die Deutschen
verkauft worden. Die tiefe Frustration über den entgangenen
Weltmeistertitel lieferte das Vorspiel für den Volksaufstand
zwei Jahre danach. Am 17. Juni 1958 scheiterten die völlig

dezimierten Ungarn bereits in der WM-Vorrunde in Schweden an Wales. Tags zuvor war die Hinrichtung von Imre Nágy.

Übrigens: Auch die gedemütigten Weltmeisterschaftsdritten aus Österreich wurden bei ihrer Rückkehr auf dem Wiener Westbahnhof mit üblen Schlagzeilen empfangen: »Österreich von deutschen Industriellen bestochen: Zeman, Happel, danke für das 1:6!« Die Wunde der Schmach saß tief, man hatte den Deutschen einfach nichts zugetraut. Hinterher wurden sogar Dopingvorwürfe laut, als ein Großteil der deutschen Weltmeistermannschaft an Hepatitis erkranken sollte. Auch Puskas hatte diesen Vorwurf erhoben und wurde dafür vom DFB lange Jahre geächtet.

Während es für die Ungarn keinen Trost geben konnte, schien für Austrias Fans erst 24 Jahre danach die Angelegenheit bereinigt worden zu sein. 1978 im argentinischen Córdoba unterlag Helmut Schöns lasche Truppe 2:3 gegen Krankl, Pezzey & Co. In Wien gab's Freibier.

Klaus Hansen
(Fußballautor; Professor für Politikwissenschaften
an der Fachhochschule Niederrhein)

Vom Auf und Ab einer jungen Fußball-Demokratie

Wer hat das Doppelpaßspiel in Deutschland erstmals mit kunstvollem Glanz praktiziert? Nein, nicht Szepan & Kuzorra. Es waren Fiffi Gerritzen und Adi Preißler im Hunderttausendmark-Sturm von Preußen Münster, 1951. Wer ersetzte in Deutschland den Hochweitschuß durch den flachen Langpaß und kultivierte die Blutgrätsche zum eleganten *sliding tackling*? Jawohl, Horst Szymaniak, der einfache Mann aus dem Pütt, der in Erkenschwick noch auf echte Kohle gebissen hatte. Wer erfand in Deutschland den Hinterkopf als Torschützen? Jawohl, Uwe Seeler war's, 1970 in Mexiko.

In diese Reihe der Pioniere und Neuerer gehört auch Norbert Seitz, der Erfinder des panoramatischen Parallelblicks auf die fußerzeugte Kunst. Sein Blick zwingt zusammen, was zusammengehört. Denken wir nur an die »Große Zeit«, denken wir an 1968! Der kurz zuvor im bolivianischen Busch gewaltsam zu Tode gekommene Georg Best erfährt 1968 die ihm gebührende posthume Würdigung, indem er unter seinem Kampfnamen »Che Guevara« zu Europas Fußballer des Jahres gekürt wird. Wie innig verbunden unser geliebter Fußball mit den revolutionären Zeitläuften war, damals! Und heute? Heute gibt OBIs häßlicher Hamster den Ton an, und Mario Basler ist sein verlängerter Arm auf dem beheizbaren Rasen.

Bei ihrer ersten Weltmeisterschaft nach dem Krieg, 1954 in der Schweiz, sangen die Spieler der Fußballnationalmannschaft beim Abspielen der Nationalhymne vereinzelt mit. Allerdings nur die erste Strophe, und davon auch wieder nur die ersten beiden Zeilen. Einer soll, weil er es nicht besser wußte, das Horst-Wessel-Lied intoniert haben. – Offenbar war Schlimmeres erwartet worden, denn man lobte Trainer Herberger dafür, daß die Mißtöne sich in Grenzen hielten.

Bei der Weltmeisterschaft 1974 in der Bundesrepublik Deutschland, »im eigenen Land« also, sang keiner auch nur einen Ton mit. Statt dessen kauten die Nationalspieler beim Abspielen der Nationalhymne Kaugummi. – Man lobte Trainer Schön dafür, daß der Eindruck unbekümmerter Lässigkeit verbreitet wurde.

Bei der Weltmeisterschaft 1982 in Spanien regte sich beim Abspielen der Nationalhymne keine Miene. Es wurde weder mitgesungen noch Kaugummi gekaut. – Man lobte Trainer

Derwall dafür, daß er die unwürdige und an Weidevieh erinnernde Kaugummikauerei verboten hatte.

Auf dem Weg zur Weltmeisterschaft 1986 in Mexiko erlebten wir an den Bildschirmen daheim, wie unsere Jungs ohne Ausnahme und ohne Rücksicht auf musikalisches Talent die dritte Strophe aus vollem Halse sangen. – Man lobte Teamchef Beckenbauer dafür, daß die Nationalelf nun für alle ein Vorbild sei. Kommentar des Italien-Legionärs Rummenigge, seinerzeit Kapitän der deutschen Elf: »Der Sport, sag ich mal einfach, ist nicht das einzige. Es gibt ja noch das Vaterland und so, wo man eine echte Zugehörigkeit hat.«

Bei der Vorbereitung auf die Weltmeisterschaft 1994 in der Dritten Welt des Fußballs, den USA, traten im so vorbildlichen Chorgesang unserer inzwischen vereinigten Nationalspieler erneut Mißtöne auf. Die Spieler aus der DDR mochten von ihrem »Auferstanden aus Ruinen« nicht lassen, während ihre westdeutschen Kollegen – teils aus Überdruß, teils aus Spaß – eigenmächtige Umdichtungen an der Nationalhymne vornahmen. So ist Kapitän Matthäus wiederholt dabei ertappt worden, wie er mit fränkischer Inbrunst die Worte »Einigkeit und recht viel Freizeit« ins weite Stadionrund knatterte.

»Damit die Richtung wieder stimmt«, wie er sich ausdrückte, gab Bundestrainer Vogts dem namhaften österreichischen Komponisten Udo J. Bockelmann den Auftrag, ein neues Lied zu schaffen, das herkömmlichen Nationalstolz und zeitgenössische Geldgeberbedürfnisse auf eingängige Weise miteinander verbindet. Komponist Bockelmann löste die Aufgabe, indem er die alte Melodie von Joseph Haydn beibehielt, den Fallerslebenschen Text jedoch radikal entkernte und in ein hymnisches Sponsoren-*Who-is-Who* verwandelte:

adidas und Zeiss und Pfanni
für das deutsche Fußballspiel.
Daimler läßt uns alle strahlen.

Beck's-Bier macht das Hirn mobil.
adidas und Zeiss und Pfanni
und Lacostes Krokodil:
Müllermilch, Dual und Grundig –
blühe, deutsches Fußballspiel!

Nun endlich lobte man auch Trainer Vogts dafür, die Zeichen der Zeit erkannt zu haben.

Helmut Böttiger
(Fußballautor; Berliner Kulturkorrespondent der
FRANKFURTER RUNDSCHAU)

Aufforderung zum Machtwechsel

Fußball war immer etwas sehr Privates, ja Intimes. Und wer in den sechziger Jahren als Junge in der Provinz ein bißchen im Abseits aufwuchs, wuchs automatisch darauf zu: Außer dem örtlichen Fußballklub gab es nichts, was einen beschäftigen konnte.

Das Seltsame dabei war, daß Fußball eine Mannschaftssportart ist. Alle waren beim FC, zumindest alle Ernstzunehmenden. Und dennoch fühlte sich jeder als etwas Besonderes, weil er beim FC war. Diese Dialektik zwischen dem einzelnen und der Gruppe hat Jean-Paul Sartre, der etwas ganz anderes im Schilde führte, in seiner »Kritik der dialektischen Vernunft« als Modellfall vorgeführt: Am Beispiel des Fußballs zeigte er, daß jeder einzelne seine individuellen Fähigkeiten entfalten muß, damit die Gruppe als solche Erfolg haben kann.

Die Sache mit der Mannschaft, mit der Gruppe gerät

jedoch allzu schnell aus dem Blickfeld. Gegenüber dem Fluß und dem Sportplatz, der seit ungefähr Anfang der achtziger Jahre »Stadion« heißt, auf der besseren Hangseite, fallen jetzt Tennisplätze ins Auge, und der Fußballclub ist beileibe nicht mehr das einzige Initiationsritual. Und auch bei mir verlor der Fußball seine angestammte Kraft, als ich länger im Gymnasium, zwölf Kilometer entfernt, war und mich dadurch viel weiter als diese konkreten zwölf Kilometer vom Fußball entfernte. Spätestens mit 17 spielte der Fußball keine Rolle mehr – ich kickte zwar noch ein paarmal in der A-Jugend, aber dann wandte ich mich anderen Sachen zu.

Die Bereiche von Fußball und Kultur empfand ich also sehr früh als Widerspruch, und daß ich mich Jahre später für die Kluft zwischen dem Fußball und den Intellektuellen in Deutschland zu interessieren begann, mag derlei biographische Ursachen haben. Anfang der achtziger Jahre wohnte ich in einer studentischen Wohngemeinschaft in Freiburg, und ein Mitbewohner aus dem Rheinland, der Medizin studierte, hörte samstags immer die Konferenzreportage. Ich weiß noch genau, wie ich einmal plötzlich aufschreckte, als das Stadion in Nürnberg aufgerufen wurde: Nürnberg war der naheliegende Verein in meiner Jugend, mein Vater war ein gnadenloser »Club«-Fan und hatte das vom frühestmöglichen Zeitpunkt an auf mich zu übertragen versucht. Und als ich die Stimme des Reporters aus Nürnberg hörte, war auf einmal ein Erfahrungsschock da, ein Zusammenklang von Einst und Jetzt; plötzlich fühlte ich mich aufgerufen. Ich hatte etwas von meiner Identität erhascht – etwas, was an der Freiburger Universität gerade von den ersten Foucaultianern auseinandergenommen wurde und erst lange später, als der SC Freiburg unbeachtet in die Erste Bundesliga entwischte, wieder zusammengesetzt werden konnte.

Die »Hymne auf Günther Koch« war folglich mein erster Artikel über Fußball, und der arme Günther Koch wußte damals gar nicht, wie ihm geschah. Er war nämlich einer, der nicht vorgesehen war an den Rundfunkmikrophonen, und er war in der Nürnberger Diaspora des Bayerischen Rundfunks irgendwie durchgerutscht. Zuviel Gefühl hatte er, zuviel Irrationales, und obwohl er sich immer so arg abmühte, objektiv zu erscheinen, bewiesen seine Klangfarbe, seine Rhythmik, seine Melodiebögen genau das Gegenteil. Er war, im Schillerschen Sinne, »naiv« – und dadurch ein großer Künstler.

Mein Buch »Kein Mann, kein Schuß, kein Tor«, über den Fußball als Kunst, erschien dann gerade noch rechtzeitig, 1993. Es gab noch fast keine Bücher über Fußball, außer den üblichen Statistiken und Starbiographien, aber »Kein Mann, kein Schuß, kein Tor« war bereits im damaligen Umfeld eine Art Abgesang: gleichzeitig begann mit der Fernsehberichterstattung auf SAT 1 eine neue Ära, die offenkundig machte, wie sich der Fußball im Laufe der Zeit umdefiniert hatte. Er war vor allem zu einem Marktobjekt geworden, eine Wachstumsbranche, und die Show auf SAT 1 nutzte das offensiv. Der gemeine Fußballfan gehörte plötzlich zu einer ökonomisch relevanten Zielgruppe, und alle Ecken und Kanten mußten abgeschliffen werden. Das Kleine, Verborgene, das Schöne wurde ausgeblendet; alles Mögliche, alles Mickrige aber wurde zur Größe aufgebläht. In den von billigen Rhetorik-Crashkursen geprägten Statements der Spieler nach dem Spiel, vor den inflationierenden Mikrophonen und Kameras, drohte jedes Geheimnis zu schwinden. Und in heftig grassierenden Superzeitlupen wurde der einzelne Moment so zerdehnt, wurde die Gegenwärtigkeit so mythisiert, daß sie als Gegenwart kaum mehr wahrnehmbar war: ein endlos fließendes Kontinuum, ohne einen Hauch von Geschichtlichkeit oder Individualität – der einzelne Moment fällt sofort der Vergessenheit anheim.

Es ist kein Zufall, daß zur selben Zeit laufend neue Bücher über Fußball veröffentlicht wurden, plötzlich schien eine »Fanbibliothek« möglich zu werden. Bände wie »So werde ich Heribert Faßbender« oder »Wieder keine Anspielstation« machten sich den neuen Markt zunutze. War »Kein Mann, kein Schuß, kein Tor« noch eher literarisch und spielerisch gedacht, ironisch und selbstironisch, so entwickelte sich nun eine neue Form von Fußballbuch, die den Showeffekt genau nachbildete: der aggressive Gag, die blöde Anmache, der rotzige Gestus. Seitdem geht es vor allem um Pointen, koste es, was es wolle. Das Genre des Fußballbuchs ist nun ein heißumkämpfter Markt, mit all seinen Profilierungszwängen. Plötzlich ist nur noch der bloße Erfolg gefragt. Nur das Ergebnis zählt.

Wenn man den Fußball als Kunstform begreift, ist das Ergebnis allerdings weniger wichtig. Es geht um das irrationale Detail, um die geheimen, intimen Vorlieben. Da liegt die Hoffnung oft an den Rändern, nicht im vermeintlichen Mittelpunkt. Eine der wichtigsten atmosphärischen Verschiebungen während der Kanzlerschaft Helmut Kohls ist diese: Die Intellektuellen begannen, den »Erfolg« in den Mittelpunkt zu stellen und die »Schönspielerei«, das Ästhetische zu verdammen. Immer, wenn das Spiel gar zu unansehnlich wird, wenn Fußball überhaupt keinen Spaß mehr macht, dann fällt zwangsläufig der Satz, es gebe »hier keine Schönheitspreise zu gewinnen«. Helmut Kohl sagte diesen Satz während der spielerisch katastrophalen Europameisterschaft 1996, und alle plapperten es ihm nach, die beflissenen Reporter wie auch sich radikal gerierende Kampfschreiber. Und ein Modephilosoph wie Norbert Bolz kann die Sache heute so auf den Punkt bringen: Beim Fußball zähle einzig der Sieg, und die Linken würden sich nur deswegen mit der Schönspielerei aufhalten, weil sie eh keine Chance hätten zu gewinnen.

Mir ist die deutsche Nationalmannschaft, die bei der Weltmeisterschaft 1970 in der Verlängerung gegen Italien unverdient ausschied, jedoch weitaus lieber als die Weltmeistermannschaft von 1974. Und die Mönchengladbacher der frühen siebziger Jahre, die im entscheidenden Moment immer an der Erfolgs*coolness* der Bayern scheiterten, sind immer noch ein Mythos. Und wenn sich heute, aus heiterem Him-

mel, eine Mannschaft wie der SC Freiburg in den UEFA-
Cup spielt, um dann, wenn es keinen Sinn mehr hat, lieber
gleich abzusteigen, als im Mittelmaß herumzudümpeln, sind
diese die Momente, die bleiben werden. Sie halten die Hoffnung wach, sie sind das Utopische.

Es wird Zeit, daß die Verhältnisse wieder zum Tanzen
gebracht werden. Als »Kein Mann, kein Schuß, kein Tor«
erschien, gab es zwei vergleichbare Bücher, zwei gute, wie ich
gleich einräumte: »Der gezählte Fußball« von Dietrich
Schulze-Marmeling sowie »Bananenrepublik und Gurkentruppe« von Norbert Seitz. Bei letzterem monierte ich aber
das allzu Sozialdemokratische. Der Fußball lebt vor allem
von seinen Entgrenzungen. Gleichwohl: Koalitionen müssen
gebildet werden. Ich will nur eine kleine. Das Große ist nämlich oft das Falsche.

Lars und Gunter Hofmann
(Gunter Hofmann ist ZEIT-Korrespondent in Bonn;
Sohn Lars studiert Philosophie und Geschichte.)

Die SPD zwischen Tony Blair
und Toni Polster

»Die nahtlose Übereinstimmung von Fußball und Politik«
erkannte Norbert Seitz bereits 1987. Einverstanden. Diese
Übereinstimmung kann aber nicht nur eine von denen dort
oben sein, deutscher Meister und Kanzler. Auf keinen Fall
dürfen die außer acht gelassen werden, ohne die keine demokratische Regierung gekürt, kein Meister vereidigt werden
kann: Opposition, Vizemeister und Abstiegskandidat. Wie

die Opposition, also die SPD, mit dem 1. FC Köln zusammenhängt, erkennt man allerdings vermutlich erst auf den zweiten Blick.

Auch wenn dies ein wissenschaftlicher Befund ist: »Die SPD ist wie der 1. FC Köln, einmal so, einmal so«, urteilt der Direktor des Kölner Max-Planck-Instituts für Gesellschaftswissenschaften, Wolfgang Streeck. Mal bleibe sie ganz nah am Ball, dann stehe sie wieder verschlafen in der Gegend herum, eine Opposition, die einfach nicht zu berechnen ist. Was die Institutsarbeit beträchtlich erschwert.

Ja, in der Bundesliga hat die SPD auf ihre Weise immer mitgespielt, aber man konnte sich nicht immer sicher sein, ob sie dort wirklich hingehört. Oft scheint sie selbst von Zweifeln geplagt gewesen zu sein, zu welcher Klasse sie zu rechnen ist – nicht zu reden von den Grübeleien, ob sie ganz nach oben wollen soll. Das Schicksal der SPD, die 1982 aus der Regierung kippte und sich seitdem um den Wiederaufstieg bemüht, erklärt vielleicht wirklich am besten der Seitenblick auf Köln.

Die Parallelität zwischen FC und SPD zeigt sich aber nicht in banalen Äußerlichkeiten. Im Gegenteil, der FC hat sich konservativ getarnt. Er steht formal und mental der CDU nahe, Vizepräsident Bernhard Worms, einst Gegner Raus, bürgt dafür. Es reicht auch nicht, auf Rudolf Scharping zu zeigen, der, bis er sich 1996 bartlos präsentierte, übrigens als Ziege verspottet wurde. Daß im selben Jahr Hennes VI., Geißbock und FC-Maskottchen, verstarb, ist bloßer Zufall. Hier muß tiefer geforscht, genauer hingeschaut werden… obwohl – geplante wie natürliche Zäsur: In beiden Fällen wurde ein symbolischer Neuanfang beschworen. Dennoch, Entscheidendes hat sich daraufhin weder in Bonn noch in Müngersdorf verändert. 1995 nahm die SPD regelrecht ein Aus, obwohl sie die Regierung hatte jagen wollen. In der Saison 96/97 erholte sie sich, dank der Selbsttore der Koalition. Aber fern der Macht hielt sie sich immer noch.

Rückblende: In Lauerstellung verharren sie, die SPD seit

fünfzehn, der FC gar seit neunzehn Jahren. Von diesen besseren Zeiten zehrt man in Baracke und Geißbockheim – Brandt, Schmidt, Wegbereiter und erster Meister der Bundesliga, Ostpolitik, Double 1978 – und bekundet unermüdlich die Bereitschaft zum Erfolg. Beweise gibt es ja genug! »Wir sind bereit«, brüsten sich heute wieder die Sozialdemokraten. So gesehen wäre FC-Präsident Klaus Hartmann auch als Parteivorsitzender in Bonn am richtigen Platz, ebenso wie sich Lafontaine, Schröder und Scharping als Führungs-Troika im Geißbockheim gegen EXPRESS und KÖLNER STADTANZEIGER behaupten könnten.

Aber warum soll man dann ewig die eigenen Kräfte vergeuden und sich selbst in Verlegenheit stürzen? In solcher Verzichtsethik im Domschatten entdeckt man übrigens schon die erste Spur des rheinischen Kapitalismus (im Unterschied zum Kapitalismus pur von, sagen wir mal, Bayern oder Dortmund). Wie sonst könnte man die Logik Kölner Winkelzüge durchschauen, fragen wir als professionelle Oppositionsbeobachter.

Die Enkel, man weiß es seit Herbert Wehner und Willy Brandt, stehen auf den Schultern von Riesen. In Köln hießen sie: Hennes Weisweiler und Christoph Daum. Mit Daum als Trainer avancierte der FC 1989 und 1990 zum Vizemeister. So weit, so gut. Woraufhin der Verein ihn prompt entließ. Wir sind ja in Köln. Den Grund weiß man bis heute noch nicht. Um aus Köln doch wieder etwas zu machen, haben sie 1995 zum Beispiel Christian Dollberg engagiert. Christian *who?* Entdeckt haben sie ihn in Argentinien, auf der Suche nach einem anderen, der, wie so viele andere nicht konnte, wahrscheinlich nicht wollte. Elfmal durfte »der einzige lebende Argentinier ohne Ballfertigkeit« *(FRANKFURTER RUNDSCHAU vom 7. 3. 1996)* für Köln spielen. Dann ist ihm untersagt worden, den Rasen zu betreten. Eine geheimnisvolle Anwerbung, deren Rätsel nicht zu lösen ist. Wobei Dollberg nur ein Rätsel unter vielen ist, und noch nicht einmal das tragischste. Nach knapp zwei Jahren konnte er doch noch verkauft werden – die Boca Juniors aus seiner Heimat nahmen sich seiner an. Anders hingegen der Fall Patrick Weiser, einer der wenigen aus der »eigenen Jugend«. Ihn schien außerhalb Kölns niemand zu wollen, weder in Mönchengladbach noch in Italien oder England. Mittlerweile wollen auch die Kölner ihren vorübergehend reumütigen Zögling nicht mehr – und die Absagen aus dem Ausland häufen sich weiter an (Holland, Spanien).

Die eigene Jugend: Heute werden der FC wie die SPD von Nachwuchssorgen geplagt. Vater Lafontaine schaukelt das Kind, das eigene, und notfalls tanzt er Techno beim Jugendkongreß mit Andrea Nahles. Aber es hilft alles nicht richtig weiter. Es fehlen die Enkel und die Enkel der Enkel. Wer reüssiert, verkauft sich. Der Kapitalismus ist zwar rheinisch, aber kapitalistisch ist er doch auch. Beispiel: Bodo Illgner. Er ist übrigens einer der wenigen Bonner in Köln und der weiten Welt überhaupt. Immerhin ist er Weltmeister-Keeper. Während des Trainings verhandelte seine »Frau und Managerin« Bianca mit Real Madrid. Eine halbe Stunde vor Schließung der Transferliste hatte sie ihn erfolgreich verhökert. In seinem Vertrag stand: Für vier Millionen Mark darf er von einem Tag auf den anderen gehen. Hatten die Vereinsmeier des FC den Vertrag nicht gelesen? Wieder begann die hektische Suche nach einem Nachfolger. Wir Bonner kennen das alles. Der erste hatte den Spitznamen Tiger, war aber keiner. Ihm folgte im Tor ein Bulgare, der noch weniger hielt. Bis Köln auf den Nachwuchs aus der Amateurliga zurückgriff. Und da endet jeder Vergleich, denn das würde der SPD nun wahrlich nicht einfallen.

Hand in Hand, mit der anderen Augen oder Ohren verschließend, haben der 1. FC Köln und die SPD also schon lange einen gemeinsamen Weg eingeschlagen. Der Grund könnte in einem vielbeschriebenen und ebenso oft bejammerten Phänomen liegen, das in Köln eben Klüngel genannt wird, in der SPD aber als sozialdemokratischer Filz bekannt ist, mit seinen schönsten Ausformungen aber nicht am

Rhein, sondern am Main, in Frankfurt. Hat das die Eintracht in die Zweite Liga gestürzt?

Bonn ist nicht Weimar, Frankfurt ist nicht Köln. Frankfurt ist masochistisch. Den Kölnern ist alles auch ein bißchen egal. Sie bleiben, die SPD kennt das zur Genüge, letztlich gern unter sich. Damit hängt es vermutlich zusammen, daß sie Nicht-Kölner zwar haben, alsbald aber auch wieder loswerden möchten. Die Kölner, muß man argwöhnen, wollen gar nicht groß sein. Sie wollen dabeisein. Um im Kölschen Klüngel dieser Art bestehen zu können, um Kölner zu sein, muß man nicht aus Köln kommen. Zum Beispiel Peter Neururer – wenn dieses Buch erscheint, ist der Name vermutlich vergessen, denn länger als ein Jahr bleibt in Köln kaum ein Trainer. An dieser Stelle schlägt die SPD der Nach-Brandt-Ära mit ihren Vorsitzenden und Kandidaten eindeutig den FC. Obwohl – Vogel, Rau, Lafontaine, Engholm, Scharping, wieder Lafontaine und vielleicht bald Schröder – auch die Liste ist nicht schlecht.

Neururer stammt nicht aus Köln, er hat Schalke 04 und Hertha BSC trainiert, die manche Chaotenvereine nennen, er hat auch Saarbrücken den Abstieg erleichtert, was ihn rundum für die Arbeit in Köln prädestiniert, genauso wie sein Traum, Meister zu werden – mit Köln. Er agiert wie ein Eingeborener. Seinen Co-Trainer hat er nach Müngersdorf mitgebracht (Günther Güttler), auch den Libero, Michael Kostner, der als der Langsamste auf dem Rasen gilt. Aber – das ist es ja gerade. Der rheinische Kapitalismus will nicht in erster Linie siegreich und schnell sein, er denkt sozial. Er will nicht den Markt entfesseln, sondern Regeln befolgen – seine Motto: Sein statt Haben. Neururer, um beim Beispiel zu bleiben, ist in dem Sinne geradezu ein typischer Kölner. Mal legen sie mit ihm eine einzige Siegesserie hin, so daß der Aufstieg schier unaufhaltsam erscheint, dann verlieren sie wieder wochenlang/zehn Spiele in Folge. Beinahe bis zum Abstieg. Um endlich, schreckliches Ende, im Frühsommer '97, das eine Spiel der Saison, in dem sie wirklich getrost schlecht hätten spielen dürfen (gegen Leverkusen nämlich, eine Niederlage hätte den Bayern womöglich die Meisterschaft verwehrt), mit links zu gewinnen: 4:0.

Bayern München wurde quasi, nicht zum erstenmal übrigens, in Müngersdorf Meister. Wie auch Kaiserslautern – halt bloß der FC seit Jahren nicht mehr. Hat nicht so auch die Kohl-Regierung manche ihrer Saisonsiege erreicht? Apropos Berechenbarkeit: Kölns Lieblingsspieler, der eminent kölsche Toni Polster aus Wien, mußte auf Neururers Wunsch lange auf der Reservebank ausharren. Grund? Der Trainer wollte ihn »motivieren«. Schlagartig wird da klar, was es bedeutet, daß Oskar Lafontaine sich weigert, Gerhard Schröder zum Kandidaten zu befördern – der reine Psychotrick. Der Tony Blair der SPD wird motiviert wie Toni Polster.

Den freilich ficht das nicht an. Seinen Sohn hat er vorsichtshalber schon mal Anton Jesus genannt. Ihm ist es doch letztlich egal, was dieser Neururer von ihm hält. Egal, ob Karneval oder Kölner Kreisliga-Fußball, er ist in Wahrheit Rheinländer und somit der einzige Star des FC neben Hennes VII. Und das als Torschützenkönig der österreichischen Nationalmannschaft! Was er übrigens geworden ist, ohne sich dafür allzusehr in Bewegung zu setzen. Die Tore kommen auf ihn zu, nicht er auf sie. Einen solchen Toni sucht die SPD bisher jedenfalls vergeblich, oder sie kann sich zum Ankauf nicht entscheiden, auch wenn der Hannoveraner seine Spielerqualitäten anpreist: »Nehmt mich!«

Fast taktlos, sozusagen »schonungslos offen«, beschreiben der EXPRESS und der KÖLNER STADTANZEIGER in regelmäßigen Abständen die Situation des 1. FC Köln. »Der 1. FC Köln entscheidet sich für die große Verwirrung« (KÖLNER STADTANZEIGER vom 11. 3. 1996), in der Domstadt ein Dauerzustand. Oder der EXPRESS vom 29. 11. 1996: »Entwicklung raste am 1. FC vorbei«. Schlagzeilen, in denen »FC« durch »SPD« ersetzt werden könnte.

In Bonn, nein, in Köln weiß jeder, wie man aus der Krise

kommt: Präsident, Trainer, Vorstand, interne Opposition, Manager, Ex-Stars und jeder, den man sonst noch fragen kann. Eine Linie gibt es gleichwohl nicht. Jeder kocht sein eigenes Süppchen. Seit Jahren steht der FC ohne ein Konzept da, das das nächste Spiel überstehen könnte. Warum ein Konzept, fragt wiederum die SPD, wir werden für die Regierenden doch nicht die Kastanien aus dem Feuer holen. Trainerwechsel finden so oft statt, daß, auch wenn ein sportliches Konzept vorhanden sein sollte, niemand die Zeit hat, es umzusetzen. Der letzte Trainer, der sich in Köln nachsagen lassen mußte, langfristig zu planen, wurde verjagt. In Amsterdam erhält Morten Olsen nun die Möglichkeit, seine in Köln begonnene Arbeit weiterzuführen – mit Rudy, der unter ihm schon beim FC gespielt hat, und Sunday Oliseh, den er damals ins Müngersdorfer Stadion holte.

Anders die SPD – ihr Weg aus der Krise und an die Spitze steht neuerdings unter der Überschrift: Innovation und Moderne. An dem Schlagwort beißen sich die Strategen im *warroom* in der Baracke nun die Zähne aus. Was heißt bloß innovativ und modern? Die Globalisierung, sagt Lafontaine, sei leicht als Erfindung zu durchschauen. Halt, ruft sein Freund Schröder, es gibt sie wirklich, und ansonsten gibt es nur noch eine moderne oder unmoderne Ökonomie. Man muß sich einlassen auf die Standortkonkurrenz. Womit wir wieder bei Köln wären. Borussia Dortmund ist innovativ und modern – halt Europapokalsieger und europäischer Spitzenverdiener.

Im Fußball mag das simpler sein. An den Hinterzimmern des Geißbockheims, dem Innovationszentrum der Domstadt, ist diese Entwicklung schlicht vorbeigerast. Überraschend, wenn man bedenkt, daß die Kölner, wie übrigens auch die SPD, Anfang der sechziger Jahre, nach Godesberg, Wehner war Spielführer, auffallend richtungsweisend agierten. Damals marschierte der Genosse Trend. Der Geißbock war das Symbol. Sogar die Münchner schauten klammheimlich in der Domstadt vorbei, denn – von Köln lernen hieß siegen lernen. Der Geißbock und die SPD dürfen wenigstens noch dabeisein, die Sowjetunion schon längst nicht mehr.

Wann ist es passiert, vom Vorreiter zum Nachzügler? Wahrscheinlich schon lange, bevor Manager Michael Meier Köln verließ, um schließlich mit Dortmund neue Maßstäbe zu setzen. So stützt sich auch der Dortmunder Erfolg auf den FC.

Ende der 80er, Anfang der 90er Jahre verkaufte der FC alles, was Rang und Namen hatte, und da endet die Parallele zur Politik. Geholfen hat es nichts: Geredet wurde über Weltstars, gekauft wurden Trulsen, Spyrka, Dreßen und eben jener Dollberg. Immerhin ist der 1. FC Köln heute schuldenfrei, vielleicht auch eine Spitzenleistung. Soweit funktioniert der Kapitalismus. Aber dann hapert es schon wieder. Natürlich verkauft auch der FC – modern, modern – Trikots an die Fans. Aber kaum hat man ein Bruno-Labbadia-Shirt erstanden, wird der Ärmste weiterverkauft nach Bremen.

In Köln leiden die Fans. Alle. Und wie. An ihrem Verein. Und er hat immer noch viele Fans – in Köln. Während die SPD von sich sagen kann, daß ihre Anhängerschaft inzwischen einigermaßen geschrumpft, aber immun ist. Zusehen, ohne zu leiden. Sie bedrohen auch nicht tätlich ihren Verein wie in Müngersdorf nach jeder Niederlage neu. Nein, in Bonn muß man nicht unter Polizeischutz tagen. Kann man sagen, daß dazu Köln noch nicht dauerhaft genug ins Abseits geraten ist?

Irgend etwas stimmt nicht. Daß es so ist, darauf kann man sich immer verlassen. Reden wir vom 1. FC Köln: 1996 starb der Geißbock, dieser eines natürlichen Todes. Das war nicht immer so. Gerüchte wollen wissen, Gladbach-Fans hätten gelegentlich Hand angelegt. Aber auch der Kölner Fußball und die Entfremdung von Tier und Spieler haben ihren Teil dazu beigetragen. Die eigentlichen Leistungsträger sind aber nicht Ziege und Trainer, sondern die Ausländer. Also Toni Polster und Sunday Oliseh (Nigeria), Munteanu und Vladoiu (beide Rumänien), Andersen (Dänemark) und Thiam (Guinea – ist aber kein Leistungsträger, er hat das Fußballspielen beim Marokkanischen Sportverein in Bonn gelernt, zählt also nicht). Der Olympiasieger Oliseh sagt, er fühle sich unterfordert, woraufhin ihn die Kölner – für acht Millionen! – an Amsterdam verkauften. Aber auf dem Spielfeld sind sie ja ohnehin lieber unter sich und ganz einfach – Opposition. Der kölsche Polster darf bleiben. Ohne diese Europäisierung wäre der FC heute nicht mehr denkbar – ein durch Bosman erzwungener Schritt.

Die SPD, wissen wir, steht alleine da unter den Sozialdemokraten Europas. Alle dürfen regieren, sie immer noch nicht. Aber immerhin: Der Blick nach Europa, auf Blair und Jospin, lehrt, daß das sozialdemokratische Jahrhundert nicht zu Ende ist, wie Ralf Dahrendorf einst prophezeite. Der rheinische Kapitalismus hat Zukunft! Es ist diese Botschaft aus Europa, die der SPD so gefällt. Die SPD ist – wie der FC – sicher ein multikulturelles Unternehmen, die Internationale lebe hoch. Was freilich nicht ausschließt, daß sie am europäischen Transfermarkt die Grenzen für Asylsuchende gerne schließt und die Ausländer zu den Nachbarn abschiebt.

Köln ist der Westen vom Westen, die alte Bundesrepublik auf den Punkt gebracht, und wer bedauert, daß diese Republik so lange aus dem Schatten der Geschichte nicht heraustrat oder den Rückruf in die Geschichte nicht annahm, dem ist ohnehin ein Studium des FC als Exempel zu empfehlen. In Köln ist diese alte Republik, von der sich der Freundeskreis der FAZ so gerne verabschieden möchte, noch ganz bei sich.

Oskar Lafontaine, der spät einräumte, im Jahr 1990 als Kandidat doch der falsche Mann zur falschen Zeit gewesen zu sein, hat im FC seine ideelle Heimat, ohne das als Saarbrücker Lokalpatriot je wirklich erkannt zu haben. Für Gerhard Schröder, den anderen Anwärter der Opposition, der noch auf der Bank sitzt, gilt ähnliches. Fußballpolitisch gesehen, ist er übrigens der Wendehals unter den Sozialdemokraten. Die Vereinigung hat ihn mindestens so kalt erwischt wie Lafontaine, aber er hat es nie ehrlich eingestanden. Es fehlt nicht viel, und er wird sogar seinen Heimatverein Hannover 96 an Hertha BSC verraten. Gerhard Schröder soll, wie er behauptet, in Wahrheit der Urheber des legendären Satzes sein, der lautet: »Ich bin ein Berliner!«

Nein, Bonn ist nicht einfach Köln. Aber die Opposition muß ihre Seelenverwandtschaft zum 1. FC Köln erkennen, wenn sie wissen will, weshalb sie so lange Jahre mit ihrer bescheidenen Rolle, ganz ohne Glanz und Ruhm, zufrieden und unzufrieden zugleich gewesen ist. Oder, weshalb der FC zwar Toni Polster gefunden hat, sie aber nicht Tony Blair. Aber auch mit Polster steht der FC noch da, wo er vorher war.

Herberger & Adenauer

1954 wurde die deutsche Politik vom erfolgreichen Fußball kalt erwischt. Wie unbeholfen sich die ansonsten so stilsicheren Honoratioren der Adenauer-Ära im Umgang mit den Gladiatoren des einstigen Proletensports benahmen, offenbarte ein protokollarischer Patzer, der Bundesinnenminister Gerhard Schröder (CDU) bitter aufstieß. Denn nicht nur er – der für Sportfragen zuständige Ressortchef –, sondern auch sein freidemokratischer Kabinettskollege Franz Blücher, der Vizekanzler und Marshallplan-Minister, hatte dem deutschen Team nach dem Vordringen ins Finale seine Glückwünsche telegraphisch übermittelt. »Seit wann gehören denn nationale Siege ins Ressort des Marshallplans?« reagierte Schröder »eifersüchtig«.

Erst, als die Weltmeisterschaft errungen war und die Begeisterung im Lande hohe nationalistische Wellen schlug, drängten auch Staatsoberhaupt und Regierungschef an die Spitze der Gratulantenschar.

Als erster telegraphischer Glückwunsch erreichte die deutschen Weltmeister die Botschaft des Bundeskanzlers Adenauer:

»An Ihrem größten Erfolg nimmt das ganze deutsche Volk mit größter Freude Anteil. Ich spreche der deutschen Mannschaft meinen herzlichsten Glückwunsch aus und übermittele die besten Grüße! gez. Konrad Adenauer, Bundeskanzler.«

Bundespräsident Theodor Heuss gratulierte mit folgenden Worten:

»Mit dem heutigen Sieg in der Fußball-Weltmeisterschaft, dessen sich Millionen Deutsche freuen, werden die großartigen Leistungen gekrönt, die Sie in der Schweiz gezeigt haben. Ich spreche Ihnen zu Ihrem Erfolg meine herzlichsten Glückwünsche aus und freue mich, Ihnen das Silberne Lorbeerblatt verleihen zu können. gez. Theodor Heuss.«

Bundesinnenminister Dr. Gerhard Schröder telegraphierte an den DFB-Präsidenten Dr. Peco Bauwens:

»Dieser wunderbare Sieg als Ergebnis einer hervorragenden kameradschaftlichen und kämpferischen Einstellung aller Spieler wird überall in Deutschland als der größte sportliche Erfolg seit Kriegsende angesehen. Ich hoffe, die Sieger von Bern mit ihren Kameraden in Kürze hier in Bonn persönlich begrüßen zu können.«

Eine historische Fundgrube für konservative Kaffeesatzleser. Adenauer erwähnte die Anteilnahme »des ganzen (!) deutschen Volkes«, während es Heuss nur unverbindlich bei der Freude »Millionen« Deutscher beließ.

Die Politiker hatten freilich keine Chance gegen die neuen Helden der Nation, denen manche sogar größere Verdienste in der Deutschland-Politik bescheinigten als den Bonner Verantwortlichen:

»Das Spiel unserer Fußball-Mannschaft und das Singen der Nationalhymne, das man trotz Störungen im Osten überall hören konnte, hat mehr den Glauben an eine Wiedervereinigung gestärkt als jede Rede irgendeines Politikers.« *(SPIEGEL-Leserbrief, 25. 8. 1954)*

Als Theodor Heuss den Akteuren der Berner Elf im Berliner Olympiastadion vor 85 000 Andächtigen das Silberne Lorbeerblatt überreichte, wies er gleichzeitig mit freundlichen Worten jede Grenzverwischung zwischen dem Fußball und der Politik zurück, wie sie der schwadronierende DFB-Chef Bauwens häufig in revanchistischer Manier vorzunehmen pflegte.

Auf den Ausschluß der Deutschen aus der FIFA anspielend, hatte Bauwens unmittelbar nach dem Berner Triumph gegeifert:

»Der deutsche Erfolg war mir zu aller eigentlichen Freude auch noch eine ganz besondere Genugtuung, Genugtuung im wahrsten Sinn des Wortes. Er zeigte nämlich der FIFA so recht deutlich, welchen Fauxpas sie beging, als sie Deutschland... eine Vertretung in der FIFA verweigerte.« *(KICKER-Sonderheft, Juli 1954)*

In seiner berüchtigten Münchner Löwenbräukeller-Rede erinnerte Bauwens an den Rütli-Schwur und »Ans Vaterland, ans teure, schließ' dich an«:

»Aus der Enklave, die da bei Konstanz liegt, ich weiß jetzt den Namen nicht mehr genau..., die abgeschlossen ist von unserem deutschen Land, wurde die Bitte geäußert, daß der Wagen (mit der heimkehrenden Fußballmannschaft) auch dort halten sollte... Ein Appell an die Bundesbahn, diese prachtvolle Institution..., hatte dann auch Erfolg, und so konnten wir das Zeichen der Treue dieser Deutschen in der Enklave, die nicht mit unserem Vaterland vereint sein dürfen, entgegennehmen.« *(SPIEGEL, 14. 7. 1954)*

Staatssekretär Bleek im Innenministerium sah sich daraufhin genötigt, die Äußerungen des obersten deutschen Fußballfunktionärs zu verharmlosen:

»Man darf die politischen Äußerungen des Herrn Bauwens nicht ernster nehmen als Äußerungen des Bundeskanzlers über die Technik des Fußballspielens.« *(SPIEGEL, 4. 8. 1954)*

»Der gute Bauwens, der meint offenbar, gutes Kicken sei schon gute Politik«, wies Heuss den über das Ziel bundesdeutscher Wohlanständigkeit hinausschießenden DFB-Vorderen in die Schranken.

Gleichwohl fand die bundesdeutsche Politik auf unterschiedliche Weise Mittel und Wege heraus, um sich in Herbergers »Berner Wunder« wiedererkennen zu können.

Den Sozialdemokraten blieb es vorbehalten, sich mit dem deutschen Kampfspiel auf gleicher Wellenlänge zu fühlen. Zuchtmeister Wehner galt nicht zufällig als persönlicher Freund Herbergers und Sympathisant des 50er-Jahre-Fußballs. Dieser entsprach tatsächlich dem Bild der schaufelschwingenden volkstümlichen Oberbürgermeister und Trümmer-Tribunen à la Kolb (Frankfurt), Kaisen (Bremen) oder Wimmer (München).

Wie gleichgültig die ergrauten Honoratioren des Adenauer-Staates dem »Proleten«-Fußball gegenüber eingestellt sein mochten – auch sie nutzten die Gunst der Stunde. In einer politisch recht durchsichtigen Großveranstaltung in der »guten alten« Reichshauptstadt statteten sie den nationalen Dank ab.

Auch das neugeschaffene »Amt Blank« – Vorläufer des Verteidigungsministeriums – zeigte reges Interesse an den erfolgreichen Sportlern und ließ Herbergers Trainingsmethoden auskundschaften.

Jeder konnte und wollte sich in den neuen Nationalhelden wiedererkennen – ob Regierungskonservative oder oppositionelle Sozis. Frappierende Ähnlichkeiten zwischen bundesdeutscher Politik und bundesdeutschem Fußball werden dem nachdenklichen Betrachter vor allem beim Vergleich des in Deutschland meist epochalen Bundeskanzlers mit dem Bundestrainer deutlich:

Am Anfang folgten auf den Führer die Patriarchen Adenauer und Herberger. Beiden war eine triviale Alltagsphilosophie eigen, ganz im Einklang mit jener Nachkriegsmentalität, die gern das einfache (Über-)Leben beschwor:

Adenauer: »Die Lage war noch nie so ernst.«

Herberger: »Das nächste Spiel ist immer das schwerste.«

Wenn der Trainer seinem eigenwilligen Goalgetter Rahn eine psychologische Extrabehandlung angedeihen ließ, hörten viele im Geiste den Kanzler über seinen junggeselligen Außenminister von Brentano lästern: »Den bring' ich noch auf Null. Dat braucht der.«

Bernhard Minetti pries demgemäß Herbergers »ganz unwissenschaftliche, unintellektuelle Fähigkeit, Psyche zu behandeln und zu erkennen«. Und er entdeckte an ihm, wie viele nachträglich an Adenauer, »die Intuition und die Instinkte genialischer Menschen«. Demutsvoll ging Lieblingsschüler Fritz sogar noch einen Schritt weiter:

»Wir wußten, daß der Mann mit dem Notizblock allmächtig war.«

Ernsthafte Einwände gegen diesen Vergleich Trainer/Kanzler machte nicht zuletzt Fritz Walter geltend:

»Herberger wurde in den letzten Jahren manchmal scherzhaft mit Adenauer verglichen. Ich glaube, an Popularität kann er es ohne weiteres mit dem Ex-Bundeskanzler aufnehmen. Beiden sagte man die Schläue des Fuchses, aber auch eine Bockbeinigkeit nach, wie sie das Alter nun mal mit sich bringt. In diesem Punkt muß ich allerdings widersprechen. Für mich ist der Chef niemals alt geworden.« *(Fritz Walter, Der Chef)*

Der Altersvergleich – Adenauer (geb. 1876) hätte der Vater Herbergers (geb. 1897) sein können – signalisiert die Schwierigkeiten im symbolischen Umgang mit den unterschiedlichen nachkriegsdeutschen Ungleichzeitigkeiten und Anachronismen: Adenauer hatte »seine Prägung in der längst vergangenen Staatsform des kaiserlichen Deutschland erhalten«. Mit ihm begann »die Herrschaft einer uralten Vaterautorität« *(Alexander und Margarete Mitscherlich).*

Herberger, der »nahtlos«, weil politisch eher indifferent, vom Reichs- zum Bundestrainer befördert worden war, stand mit seinem Führungsstil ganz im Gegensatz zu einer ökonomisch auf Vordermann getrimmten bundesrepublikanischen Gesellschaft. Walter Jens nannte den »Chef« sogar eine »liberale Figur«, eine Art »Erik Ode auf der Trainerbank, eher väterlicher Freund als Manager eines Wirtschaftsbetriebes kapitalistischer Prägung: Der Chef und sein Fritz, unser Bundessepp mit seinen Buben – liebt Katholiken, kann nach dem Sieg seinen Namen nicht schreiben, sagt Kameradschaft... und meint es auch wirklich!« *(Walter Jens, Eimsbütteler Tage)*.

Bundestrainer – Bundeskanzler? Von wegen! Gegen den eher amoralischen Machiavellisten Adenauer wirkte Herberger trotz allen Fintenreichtums wie die Inkarnation einer taktisch gezügelten Rechtschaffenheit. Herberger entsprach wohl eher der in der politischen Realität kaum vorstellbaren Synthese aus Adenauer *und* Erhard. Mit dem zweiten Bonner Kanzler – ihre Geburts- und Todesdaten liegen nur um wenige Tage auseinander – verband ihn gewiß mehr als die »Wunder«-Analogie und disziplinierende »Maßhalte«-Appelle.

Freilich ist der kauzfaltige Vergleich mit dem »Alten von Rhöndorf« geschichtsträchtig geworden. Die Parallelisierung stammt ursprünglich nicht aus deutschen Federn, sondern aus der französischen Presse.

Dort bewies man ausgeprägten Sinn für politische Fußball-Symbolik, als die Fußball-Zeitschrift L'EQUIPE bereits nach dem grandiosen Basler 6:1-Erfolg der Deutschen im Halbfinale über Österreich diagnostizierte:

»Die deutsche Wiedergeburt auf wirtschaftlichem Gebiet drückt sich nun auch im Fußballerischen aus.«

Adenauer und Herberger wurden erstmalig in LE MONDE von Pierre Fabert miteinander verglichen. Er schrieb dort am 8. Juli 1954:

»In Bern hat einer meiner braven Nachbarn gesagt: ›Papa Herberger stellte zu Beginn eine Mannschaft der zweiten Linie auf, aber für die Entscheidung wechselte er aus‹... Aber ›im Finale‹, wird er es da nicht machen wie Papa Sepp? Wird die EVG vielleicht nicht die wahre Mannschaft sein, wird am Ende nicht, wie im deutschen Fußball, die wirkliche Mannschaft antreten: die neue Wehrmacht?... Was haben Adenauer und die Wehrmacht mit Herberger und dem Fußball zu tun? Ich denke daran, weil Zehntausende fanatischer Deutscher, die nach Bern kamen, um ihre Mannschaft zu unterstützen, mich daran haben denken lassen.

Sport? Sicher, aber nicht nur Sport. Fanatismus des Stolzes, der Überlegenheitssucht, der Revanche. Die Masse irrt sich nicht, und wenn es sich um eine deutsche Masse handelt, ist die Diagnose eindeutig: Achtung!«

In der Tat sollten sechs Wochen nach dem WM-Sieg von Bern die EVG-Beratungen in der französischen Nationalversammlung scheitern, nachdem der Deutsche Bundestag dem Vertragswerk schon 1953 zugestimmt hatte. »Die Eile der Deutschen erschien vielen Franzosen verdächtig«, schrieb Carlo Schmid in seinen »Erinnerungen«. Und tatsächlich trat die Bundesrepublik nach dem Scheitern der EVG-Pläne in »Bestformation« – d. h. mit einer eigenen Armee – der NATO bei. LE MONDE behielt recht.

Die bundesdeutsche Geschichte der 50er Jahre kennt zwei »schwarze Tage von Paris«, wo Demütigungen sich als Aufbruchsignal für spätere Sternstunden herausstellen sollten. Nach der 1:3-Länderspiel-Niederlage 1952 wollte Fritz Walter aufhören; und Adenauer hegte nach der EVG-Pleite 1954 Rücktrittsabsichten.

Die beiden »schwarzen Tage von Paris« waren französische Pyrrhussiege mit aufschiebender Wirkung für die neudeutsche Geltung in Sachen Fußball und Politik. Adenauers Hinnahme der Niederlage bei den EVG-Verhandlungen führte zum NATO-Beitritt der Bundesrepublik und für den sozialistischen Ministerpräsidenten Mendes-France zum Verlust seiner »Gloriole des Wunderkindes«. Und mit Fritz Walters Demontage im Stade de Colombes erlangten die deutschen Nationalkicker den günstigen Status des vielbelächelten Außenseiters vor der WM 1954 in der Schweiz. Dort sollten die »gesetzten« Franzosen um Jonquet und Kopa bereits in der Vorrunde das Nachsehen haben, so daß es im Viertelfinale zu keiner Revanchepartie mehr kam.

Hatte man den grandiosen Sieg der Berner Elf über Jahre nur in den politischen Rahmen des Nachkriegsdeutschlands gestellt, so blieb es dem schwäbischen Landesvater Hans Karl Filbinger 1977 vorbehalten, das Jubeldatum des 4. Juli 1954 in die Ahnengalerie der gesamten deutschen Nationalgeschichte zu überführen.

Die Stuttgarter Staatskanzlei hatte seinerzeit entschieden, die feierliche Eröffnung des Staufer-Jahres mit dem 80. Geburtstag Sepp Herbergers zu verknüpfen. Walter Jens nannte dies als »Momos« in der ZEIT ein »Meisterstück des Protokolls«: »Wie lebendig wurde da plötzlich die deutsche Geschichte! Wie sichtbar die Kontinuität! Wie anschaulich die Dialektik von strahlendem Triumph und schmählichem Schimpf!«

Die Überreichung einer Nachbildung des Staufischen Reichsapfels durch DFB-Präsident Hermann Neuberger habe der Altbundestrainer mit den Worten kommentiert: »Der Ball ist rund.« Und in Erinnerung an die Kämpfe zwischen Gibellinen und Welfen habe er hinzugefügt: »Ein Spiel dauert neunzig Minuten. Daran gibt's nichts zu deuteln.« Schließlich fand Herberger auch für die am Ende den Staufern unterlegenen Gegner ein passendes Motto: »Ja, so ist das nun mal. Der nächste Gegner ist immer der schwerste.«

Zum Abschluß der Veranstaltung habe Filbinger in einem Disput mit dem blaublütigen Prinzen Louis Ferdinand sinniert: »Bern – das war die Wende. Von da an ging es bergauf. Bern – das ist für mich ein Symbol.« Und zu guter Letzt:

»Nicht nur Barbarossa, Kaiserliche Hoheit. Auch Josef Herberger wird eines Tages im Kyffhäuser ruhen.«

Das letzte Länderspiel im Leben des Sepp Herberger wurde am 27. April 1977 gegen Nordirland ausgetragen. Es war zugleich das erste Länderspiel nach Beckenbauer. Dieser hatte zwei Monate zuvor im Pariser Prinzenpark zum letzten Mal für die Nationalmannschaft gespielt. An jenem Abend in Köln trafen sich Abschied und Tod der beiden größten deutschen Fußballgestalten.

Staatsaffäre in Göteborg

Im deutschen WM-Team von 1958 gaben die Kämpen aus der alten Oberliga West den Ton an: die Erfolgreichen aus dem Kohlenpott – Rahn, Herkenrath, Szymaniak. Vor allem aber die Kölner, zu denen Herberger in den Augen vieler Kritiker die gleiche »Affenliebe« entwickelt zu haben schien wie weiland '54 zu den Lauterern.

Zur neuen Type im deutschen Kampfspiel wurde Horst Szymaniak vom Wuppertaler SV, besonders gefürchtet wegen seiner *sliding tacklings*, dem furchtlosen Hineingrätschen in den Gegner, welches die Italiener so sehr verabscheuen. Aber auch Erich Juskowiak, der junge Dürener Karlheinz Schnellinger und Herbert Erhardt, der Liebrich-Nachfolger, beherrschten diese rauhe Gangart. Letzterer war, noch kurz vor der WM, im Spiel gegen Spanien in Frankfurt, besonders brutal Alfredo di Stefano, dem damaligen Genius von Real Madrid, in die Parade gefahren.

Wenn der zähe Fürther Recke in Aktion trat, hörte man im Geiste Franz-Josef Strauß, den neuen Verteidigungsminister, schnauben:

»Wir wollen jedem, der uns angreifen könnte, vor die Augen führen, daß ihn dieser Entschluß den Kopf kostet.« *(SPIEGEL, 18. 6. 1958)*

Im letzten Vorbereitungsspiel vor der WM gegen die CSSR war der Herberger-Elf sogar »Sichel- und Sensenfußball« attestiert worden. Und der Bundessepp mußte sich die wenig freundliche Umtaufe in »Sensensepp« gefallen lassen. Derlei Spott paßte in die klischeehaften Darstellungen über den damaligen deutschen Fußball.

Doch Szymaniak war eben nicht nur ein Sensenmann wie die Spieler »Hammer« und »Sichel« – Juskowiak und Erhardt –, sondern auch ein kluger Dirigent und guter Techniker. Sehenswert sein berühmter Schlag mit der Innenseite in wiegender Pose.

Herbergers Mannen begannen gegen Argentinien wie vier Jahre zuvor im Berner Finale: mit frühem Rückstand, der Unterschätzung von seiten des Gegners, einem »mächtigen Aufbäumen« und unhaltbaren Geschossen Helmut Rahns.

»Kraftvoll rammelt sich Uwe Seeler immer wieder durch.« *(Herbergers tapfere Elf)*

»Sie mochten wohl selber spüren, daß ihre fußballtechnischen Kabinettstückchen letzten Endes nur Zeitverschwendung waren gegenüber der gradlinigen Spielweise der Deutschen.« *(ebd.)*

Es entstanden die Feindbilder des furchteinflößenden deutschen »Panzer«-Fußballs:

»Der Ball klebt magnetisch an den Füßen der Deutschen, die Tschechen taumeln durcheinander, sie sehen sich überrollt, überfahren, an die Wand gedrückt.« *(ebd)*

Als »Hammer« Juskowiak beim »Gemetzel von Göteborg« nach einer Affekthandlung gehen mußte und Herbergers körperlich ausgelaugte Truppe im fanatischen »Heja-Heja«-Taumel der schwedischen Zuschauer das Feld räumte, hatte für viele deutsche Hurra-Patrioten ein von vornherein aussichtsloses WM-Unterfangen sein »logisches« Ende gefunden.

So war es zum Beispiel in jenem aufregenden Büchlein der »Göttinger Jugend-Bände« über »Herbergers tapfere Elf« nachzulesen, das damals unter Schülern helle Empörung über das »Verschaukeln« unserer Mannschaft hervorrief. Das Titelfoto zeigt den am Boden liegenden nordirischen Keeper Harry Gregg, wie er das Leder unter sich begräbt. Und ebenso vorbildlich fair wie elegant springt der deutsche Kapitän Hans Schäfer über den Supermann im gelben Sweater. Das Buch hieß nicht einfach »Herbergers tapfere Elf«, sondern: »Dramatische Fußballkämpfe gegen Herbergers tapfere Elf«. Im Klartext: *Alle gegen uns!* In Schweden war es in Wahrheit um den Sturz eines mißliebigen Weltmeisters gegangen:

»Ja, der Weltmeister soll hier in Schweden entthront werden. Möglichst mit Pauken und Trompeten. Das wünscht man uns von Herzen.«

So der anonyme Autor der »Göttinger Jugend-Bände«, der das übrige Teilnehmerfeld als supranationale Verschwörungsgemeinschaft zur Wiederherstellung der Ehre nach der weltweiten Schmach von 1954 zu empfinden schien. In dieser Position der Wehleidigkeit und des Selbstmitleids gefielen sich die Nachkriegsdeutschen allzu gerne. Auf dem Rasen wie in der Politik!

Die Kommentare zur gescheiterten Titelverteidigung in Schweden erinnerten unablässig an den Professionalismus der Gegner, um über die unterschwellig behauptete Wettbewerbsverzerrung den vierten Platz der deutschen Halbamateure aufzuwerten, ja als WM-Titel in Wohlanständigkeit auszuzeichnen: »Sie (die deutsche Mannschaft, N. S.) hat in der

Höhle des Löwen wie ein wahrer Weltmeister aufgespielt.«
(ebd.)

Über *Argentinien* konnte man lesen: »Hohe Belohnungen
warten zu Hause auf die Männer um Rossi, wenn sie als
Weltmeister heimkehren.«

Über *Schweden*: »Sie (die schwedische Elf) mußte einfach mit
allen Mitteln siegen, ihre Elf mit den ausgeborgten Italo-
Schweden.«

Und über *Frankreich*: »Szymaniak ist mit Kopa zusammen-
gestoßen, dem französischen Mittelstürmer, einem Berufs-
spieler von Real Madrid, den sich Frankreich, ähnlich wie
die Schweden ihre ›Italiener‹, ausgeborgt hat.«

Hinter dem verräterischen Terminus des »Ausborgens« (!)
steckte ein dumpfes Ressentiment: der Vorbehalt gegen die
Verwestlichung deutschen Lebens. So sehr sich die Politik
um eine feste Westintegration bemühte – im Fußball lieferten sich deutsche Helden ein letztes Gefecht gegen das grassierende Fußball-Händlertum: Kämpfer gegen Krämer, ehrlicher Reckengeist gegen welsche Raffinesse. Für letztere lieferte das provokatorische Verhalten des »italienisierten«
Schweden Hamrin gegenüber dem völlig entnervten Juskowiak fußballpolitisches Dynamit. »Die Schweden sind Deutsche, die wie menschliche Wesen aussehen«, schrieb damals
ein britischer Publizist.
  Für viele deutsche Betrachter war aber das damalige, mit
fünf in Italien tätigen Profis operierende Schweden-Team
keine nordische Elf mehr, die den nationalen Namen noch
verdient hätte. Statt eines graumäusigen Knäckebrotver-
schnitts erwartete sie in Göteborg ein überfremdetes Drei-
Kronen-Team, dem welsche Tücke und Hinterlist in Fleisch
und Blut übergegangen zu sein schien.

»Hamrin... wälzt sich als Schauspieler guter italienischer Schule ›schmerzverzerrt‹ am Boden.« *(ebd.)*

Halb glaubten sie, gegen Italien gespielt zu haben, zumal die erwartete kühle nordische Sachlichkeit im Hexenkessel von Göteborg eher dem überschwenglichen Enthusiasmus von San Siro glich:

»Das Göteborger Stadion rast und tobt vor Begeisterung... Hamrin springt behende auf. Seine Komödie hat er mit Erfolg beendet. Er erntet einen Riesenapplaus des Publikums. Der Beifall schwillt an.« *(ebd.)*

»Jus«, der »Hammer«, mußte fassungslos abgeführt werden. Aber mehr noch: Fritz Walter, der Held von gestern, humpelte nach schlimmer gegnerischer Attacke mit letzten Kräften über den Rasen. Wundenschlagend nahm das Drama seinen Lauf.

Der Affekthandlung Juskowiaks sollten viele Affekthandlungen haßerfüllter Deutscher folgen.

Unter der Überschrift »Rache für Göteborg« berichtete DER SPIEGEL zum Beispiel von der Ausladung einer schwedischen Tanzkapelle in Verden, deren Auftritt man »auf Grund der Vorfälle bei den Weltmeisterschaften... zur Zeit nicht wagen möchte«. Die Streichung der kulinarischen »Schweden-Platte« von den Speisekarten deutscher Restaurants war über die Jahre stets das am genüßlichsten zitierte Beispiel einer »tiefempfundenen Nationaltrauer«. Die antischwedische Woge schwappte auch in ansonsten kühl kalkulierende unternehmerische Hirne über: Deutsche Handelsfirmen kündigten ihren schwedischen Partnern die Geschäftsfreundschaft. Selbst da, wo man sich bisher vom Proletensport naserümpfend distanziert hatte, wurde man nun vom grassierenden Rachedurst infiziert. Vor dem Aachener Reitturnier riß man die schwedische Fahne herunter. Und auf den Berliner Filmfestspielen registrierten schwedische Journalisten

»zwei achtbare deutsche Damen«, die sich während der Eröffnungszeremonie flüsternd »über die Brutalität schwedischer Fußballspieler und die Deutschfeindlichkeit des Göteborger Publikums« erregt hätten.

Ein Teil der Presse brach sogar in offenen Chauvinismus aus. Am schlimmsten die SAAR-ZEITUNG in Saarlouis:

»Der instinktsichere ›kleine Mann‹ hat aus den fanatischen Heja-Rufen der aufgepeitschten schwedischen Zuschauerplebs den Grundton abgrundtiefer Gehässigkeit herausgehört, wenn nicht den Grundton eines Hasses, der sich nicht nur gegen die deutschen Fußballspieler richtet, sondern gegen die Deutschen schlechthin. Das offizielle Schweden hat hämisch genießend zugelassen, daß rund 40 000 Repräsentanten dieses mittelmäßigen Volkes, das sich nie über nationale oder völkische Durchschnittsleistungen erhoben hat, den Haß über uns auskübelte, der nur aus Minderwertigkeitskomplexen kommt… Es ist der Haß eines Volkes, dem man das Schnapstrinken verbieten muß, weil es sonst zu einem Volk von maßlosen Säufern würde.«

Doch schon im Vorfeld der nächsten WM gab die FIFA den gekränkten deutschen Fans Gelegenheit, Rache zu nehmen für die Schmach von Göteborg. »In Berlin ging der Traum von einer schwedischen Fußball-Großmacht zu Ende!« kommentierte die Neue Deutsche Wochenschau, als Vizeweltmeister Schweden am 12. November 1961 im Berliner Olympiastadion das WM-Qualifikationsspiel gegen die Schweiz verloren hatte. Über 50 000 Berliner waren gekommen, um die verlorenen »Heja, Heja«-Rufe vereinzelter schwedischer Fans von Anfang an im Keim zu ersticken. »Das eingesalzene Ressentiment, vier Jahre hindurch pfleglich konserviert und jetzt wieder hochgespült, muß nachdenklich stimmen«, wurde dazu kritisch bemerkt.

Coolness bewahrte nach jenem denkwürdigen Spiel von Göteborg nur der gelassene Herberger, der den Schweden große Klasse bescheinigte, Juskowiaks Nachtreten verurteilte und sich ansonsten hinter seine Spieler stellte:

»An euch liegt es nicht, wenn es heute schiefgegangen ist... Der dritte oder vierte Platz ist uns sicher. Ich meine, das ist bei einer Weltmeisterschaft auch nicht zu verachten.« *(Fritz Walter, Der Chef)*

Ebenso undramatisch kommentierte Rechtsaußen Helmut Rahn das hochgeputschte Geschehen von Göteborg:

»Mir persönlich machte der Zirkus nichts aus. Mich ließ alles, was um mich herum geschah, eiskalt. Ich dachte nur an das Spiel, da konnte schreien oder pfeifen, wer wollte... Die Schweden spielten hervorragend. Vor allem Hamrin, ihr glänzender Rechtsaußen, stellte Erich Juskowiak an diesem Tag vor ein unlösbares Problem. Und weil Jus das selbst spürte, wurde er wütend und ließ sich zu seiner berühmt gewordenen Affekthandlung hinreißen... In einem derart wichtigen Spiel hätte so etwas nicht passieren dürfen. Aber auch, wenn Jus auf dem Platz geblieben wäre, Hamrin hätte immer einen Weg an ihm vorbei gefunden.«

Eigensinnig wie auf dem Rasen, räumte der Essener »Boß« hinterher mit der folgenreichen Legendenbildung um das Schweden-Spiel auf:

»›Ich hab' mich leicht und frei gefühlt wie selten‹, behauptete Fritz Walter später.... ›Und du kannst sagen, was du willst, wir waren mit neun Mann einem Sieg näher als die Schweden.‹ Ich zuckte die Schultern. Fritz mochte es so empfunden haben. Ich nicht.«

Als die geschlagenen deutschen Kicker nach Hamburg zurückkehrten, strahlte ihnen die holprig gereimte Parole auf einem Plakat entgegen: »Schwedens Sieg war ungerecht, Bra-

silien hat uns nun gerächt.« Vor dem Finale hatten über-
eifrige Fans an das brasilianische Team unerbetene Schützen-
hilfe telegraphiert:

»Wünschen Endsieg für Brasilien, kein Ehrentor für
Schweden.«

Zur gleichen Zeit unterlegte eine Wochenschau Bildsequen-
zen von Pelé und Djalma Santos mit dem Text:

»Der Urwald ruft – die Wüste lebt.«

Während die offizielle Politik sich in Spiez 1954 erst reichlich spät gemeldet hatte, betrieben die Bonner Größen zur
WM 1958 einen geradezu popularitätsheischenden »Depe-
schensport«.

Fritz Walter registrierte nach dem Sieg im ersten Spiel ein
frühzeitiges Interesse:

»Bundeskanzler Adenauer und zahlreiche Politiker schickten
jetzt schon Glückwunschtelegramme.«

Das Lauterer Idol vergaß jedoch hinzuzufügen, daß einer
bereits vor dem ersten Match nach Bjärred ins deutsche Trainingscamp gekabelt hatte – Bundesverteidigungsminister
Franz Josef Strauß –, der der Mannschaft zu Beginn des Turniers im Namen der Bundeswehr »Glück und Erfolg«
wünschte. Als erster hatte er sich »auf eine Woge des deutschen Gemüts gesetzt, um sich von ihr noch höher tragen zu
lassen« *(SPIEGEL, 18. 6. 1958)*.

Damit war Strauß dem Kanzler, seinem Ministerkollegen
Seebohm und Oppositionschef Ollenhauer zuvorgekommen,
die erst nach dem Sieg von Malmö über Argentinien
telegraphierten. Solche offiziellen Gesten – heute völlig
unsensationell – wurden seinerzeit noch sorgsam registriert
und bisweilen neidvoll, eifersüchtig oder hämisch von Kon-

kurrenten der eigenen Partei oder vom politischen Gegner kommentiert.

Freilich konnte es nach den Ereignissen von Göteborg und den Tagen der nationalen Trauer bei der wichtigen Wahl zum Düsseldorfer Landtag nur einen Sieger geben: Adenauer! Wie ein Jahr zuvor, als er bei der Bundestagswahl die absolute Mehrheit errang, landete seine katholische Staatspartei auch in Nordrhein-Westfalen mit einem Riesenzuwachs bei 50,5 Prozent und die SPD nur bei 39 Prozent. Gewiß spielte der plötzliche Tod des CDU-Spitzenkandidaten und gestürzten Ministerpräsidenten Karl Arnold wenige Tage vor der Wahl eine erhebliche Rolle für das Resultat.

Die Kenner der Volksseele unter den Auguren waren sich ebenso einig darüber, daß die Affäre Juskowiak mit einem Aufrühren nationalistischer Instinkte ein gerüttelt Maß zum bis dato größten CDU-Erfolg in Nordrhein-Westfalen beigetragen haben dürfte.

Nur der populäre Pater Leppich wagte es, zur Besinnung und Einkehr aufzurufen. Wegen Juskowiaks Fauxpas erweiterte er die zehn Gebote um ein elftes: »Man soll nicht hacken!«

Szymaniaks Abgrund von Landesverrat

Zu Beginn der 60er Jahre konnten sich viele erstklassige Kicker aus dem Monstrum Oberliga dem »entmilitarisierten Fernweh« deutscher Touristen nach mediterraner Lebensart nicht entziehen.

Der immer wieder vertagten Zentralisierung und Professionalisierung des deutschen Spielbetriebs und seiner wichtigtuerischen Vereinsmeierei standen horrende Locksummen gegenüber.

Den ersten Sündenfall nationaler Unzuverlässigkeit leistete sich Ruhrpottkicker Horst Szymaniak mit seinem ominösen Frontwechsel ins sizilianisch-mafiöse Catania. Haller, Brülls, Schnellinger sollten folgen. Vor allem Helmut Rahn, der deutsche Klassiker am rechten Flügel, versetzte 1961 der vorweltmeisterschaftlich gestimmten Fußball-Nation einen tiefen Schock, als er seinen hochprozentigen Eskapaden noch ein hochdotiertes Grenzlandsolo ins nahe holländische Enschede folgen ließ.

Voller Berührungsängste gegenüber den Gepflogenheiten des Profi-Fußballs, brandmarkte das damalige Fußball-Deutschland den schlichten Vereinswechsel zu einem auswärtigen Klub als »Durchbrennen nach Holland, das einen ausgewachsenen Hunderttausender wog« *(Heribert Meisl).*

Gefragt nach dem »Fremdkörper« Szymaniak, antwortete der Bundestrainer lapidar:

»Er wird sich sofort wieder wie zu Hause fühlen. Außerdem ist er ein wirklicher Profi, der auf jedes Spiel brennt.« *(ebd.)*

Demgegenüber wurde Szymaniak auf seiner Taxifahrt zum letzten Länderspiel vor der WM 1962 gegen Uruguay in Hamburg mit der *vox populi* konfrontiert. Nicht ahnend, wen er chauffierte, erklärte der Taxifahrer, ein älterer Herr:

»Er könnte einfach nicht verstehen, wie man einen Mann in der deutschen Elf spielen lassen könnte, der jetzt in Italien spielt. Er war der Meinung, daß ›Ausländer‹ in einer deutschen Mannschaft nichts zu suchen hätten.

Ich erwiderte: ›Szymaniak ist doch immer noch Deutscher.‹ Dann erkundigte ich mich, wie ihm denn das Spiel von Szymaniak gefallen hätte.

Sicher, er hätte gut gespielt, aber das müßte man von einem Profi auch verlangen können.« *(Karl Seeger)*

Ins Kreuzfeuer der Kritik geriet »Wandervogel« Szymaniak erst recht, als er nach der Gruppen-Auslosung für die WM in Chile unumwunden erklärte, »er rechne bei der Begegnung Italien–Deutschland am 31. Mai 1962 mit einem klaren Sieg der Azzurris«. Gehörte ein solcher noch zu »uns«? Das schwache Abschneiden der Deutschen in Chile bot hinterher ausreichend Gelegenheit, gegen die »Fremdkörper« und das »hochbezahlte Profitum« zu Felde zu ziehen. Im reglementierenden Amtsdeutsch zog man wie folgt WM-Bilanz:

»Der Einbau von im Ausland befindlichen Profis (Szymaniak) oder von solchen Spielern, die gerade im Begriffe sind zu verreisen (Haller), muß nicht unbedingt von Vorteil sein. Der Profi gerät auf dem Markt der Weltwirtschaft manchmal in Versuchung, nur für sich und nicht so sehr für die Mannschaft zu spielen. Er will zeigen, was *er* kann. Darunter leidet das Mannschaftsspiel.« *(Heribert Meisl)*

Weit gefehlt! Ohne den Aktivposten Szymaniak hätte Herbergers Elf in Chile vermutlich nicht einmal die Zwischenrunde erreicht.

Das rückwärtsgewandte Fußball-Deutschland schreckte seinerzeit noch nicht einmal davor zurück, die offenbar als vorbildlich angesehenen Staatsamateure des politisch bekämpften Ostblocks gegen das südeuropäische Fußball-Krämertum auszuspielen:

»Für ausgewachsene Enttäuschungen sorgten die Mannschaften von Italien und Spanien. Man hatte sie höher eingeschätzt als die Elf der Tschechoslowakei. Wahrscheinlich sind sie auch stärker, nur fehlte in beiden, aus hochbezahlten Profi-Stars zusammengesetzten Teams der Mannschaftsgeist, der es im Fußball eben zuweilen zuwege bringt, daß kampflustige, disziplinierte und ehrgeizige Spielerkameradschaften über überhebliche Star-Ensembles die Oberhand behalten.« *(ebd.)*

Aufschwungmotor Uwe

Nur der vielumworbene Uwe Seeler, von Sampdoria Genua, Inter Mailand und Real Madrid begehrt, blieb eisern im Lande, nährte sich redlich als Speditionskaufmann und bestätigte damit das bundesdeutsche »Nesthocker-Idyll«. Als ihn 1961 die Millionenofferte von Inter Mailands Helenio Herrera erreichte, erfuhr der deutsche Fußball eine einmalige Aufwertung. Erstmalig wurden ihm nämlich Ehren zuteil, mit denen bis dahin nur die Adenauer-Partei vor Bundestagswahlen in offiziösen Hirtenbriefen rechnen durfte. Der Hamburger Theologie-Professor Helmut Thielicke ließ es sich nicht nehmen, »uns Uwe« von der Kanzel herab zum Bleiben zu bewegen.

Seeler wurde zum Grenzgänger zwischen Herbergers heiler Fußballwelt und der Bundesliga-Modernisierung. Schon kurz nach dem »Wunder von Bern« – im Oktober 1954 in Hannover – hatte er, als damals noch nicht einmal 18jähriger, in atemberaubender Manier debütiert und den Ärger über die erlittene 1:3-Niederlage gegen die Franzosen erträglich gestaltet. »Das Licht in finsterer Nacht«, kommentierte seinerzeit die FRANKFURTER ABENDPOST die Länderspiel-Premiere des hanseatischen Kometen. Als anständige, saubere und brave Kerls wollten die 54er genommen werden. Damit taten sie trotz unterschiedlicher Mentalität das gleiche wie die damalige Bonner Politik: danach zu trachten, in den Kreis der »freien Völker des Westens« aufgenommen zu werden, »wie eine Debütantin in die feine Gesellschaft eingeführt werden möchte« *(Nikolaus Jungwirth/Gerhard Kromschröder)*.

Fritz Walter, das Idol der 40er und frühen 50er Jahre, hatte noch für einen »nahtlosen Übergang« zum legendären Schalker Fußball-Heiligen Fritz Szepan aus der Vorkriegszeit gestanden. Und nun stieg Uwe Seeler, der Rackerer und Aufschwungmotor, zum gleichzeitigen bundesrepublikanischen Idol schlechthin auf.

In seinem »subjektiven« Heldenepos über den deutschen Fußball verdichtete Jürgen Woldt auch »uns Uwe«:

> »...Teenager Uwe düpierte die Alten
> mit neuer Dynamik,
> flog wie ein Pfeil mit der Stirne voran
> selbst in flacheste Pässe,
> zeigte den Drehschluß in seitlicher Lage,
> den Rückzieher gleichfalls,
> hatte beim Kopfball den Vorteil
> des täglichen Trainings am Pendel.
> Was er ererbt von dem Vater,
> der einst noch im Hafen geschuftet,
> brachte er ein mit im Kampf
> auf dem grünen Geviert – unvergeßlich:
> Welch proletarischer Wille ihn drängte,
> nur vorwärts zu kommen, höher zu steigen,
> gezielt Konkurrenten den Schneid abzukaufen,
> fleißig und schwitzend die Pflicht zu erfüllen,
> sein Bestes zu geben – ...«

Knüpften sich an die Erfolge der 54er noch unerfüllte deutsche Sehnsüchte, so repräsentierte Seeler die »moderne« Ausformung der zwar semantisch bankrott gegangenen, aber im Nachkriegsdeutschland als »zeitlos« aufgemöbelten »deutschen Werte«: Erfolg und Effizienz. Uwe Seeler symbolisierte jenen sprichwörtlich gewordenen zähen deutschen Fleiß, mit dem hierzulande alles getan wurde, nur um als »anständig« anerkannt zu werden, um »anständige« Verhältnisse zu bekommen und um wieder als »anständiges« Volk zu gelten.

Für die »verbissen angestrebte Biederkeit« steht die so oft zitierte Kleinbürgerparole des Hamburger Fußball-Idols:

»Das Schönste auf der Welt ist es, normal zu sein.«

Uwe repräsentierte den »Prototyp des artigen, fair kämpfenden Deutschen in der Nachkriegszeit«, meint Gert Hortleder. Seiner Einschätzung, Seelers Erfolg sei eine »Analogie zum ›Wirtschaftswunder‹ im Sport«, ist freilich nur bedingt zuzustimmen. Denn so glatt und scheinbar reibungslos, wie sich der ökonomische Aufstieg in den Erfolgsbilanzen vieler Kriegsgewinnler darstellte, verlief Seelers lange Karriere kaum. Im Gegenteil, sein Nimbus ist gewiß an strahlende Erfolge, aber genauso an tragisch empfundene Niederlagen geknüpft, die durch die tapfere Haltung des Verlierers vielleicht noch nachdrücklicher in den Erinnerungsschatz nostalgischer Fußballfans eingegangen sind.

Er war der junge Star jener HSV-Elf, dem bis zum Überraschungssieg gegen Köln im deutschen Meister-Finale 1960 das Negativimage eines notorischen Endspielverlierers anhing. Nach dem Meisterschaftsverlust 1958 gegen Berni Klodts Schalke nahm Weltmeister Jupp Posipal seinen Abschied. Er und Hamburg weinten.

Europacupsieger wurde der HSV erst in der Ära nach Seeler. Trotz Seeler waren die Norddeutschen 1961 in dem aufregenden Dreifach-Thriller (0:1, 2:1, 0:1) gegen den von Kubala brillant geführten FC Barcelona um Haaresbreite gescheitert. Nur mit Gottes unerforschlichem Ratschluß konnten sich viele den jähen Geniestreich des ungarischen Racheengels im katalanischen Dreß, Sandor Kocsis, erklären. Dieser hatte mit einem »Kopfball-Blitz« in der letzten Minute des Rückspiels in Hamburg die Elf Seelers um den Lohn ihres aufopferungsvollen Kampfes gebracht.

Gegen den haushohen Favoriten AC Mailand standen die mittelmäßigen Bundesliga-Hanseaten 1968 anstelle der erwarteten Bayern im Rotterdamer Cupsieger-Finale und von Beginn an auf verlorenem Posten, ehe Seeler nach Hamrins spielentscheidenden Toren den Trost des Söldners Schnellinger entgegennehmen mußte.

Auch der ganz große WM-Erfolg blieb Seeler versagt. Tapferer Vizeweltmeister wurde er in England, glorreicher Dritter in Mexiko und geschlagener Vierter in Schweden. Doch Weltmeister wurde er nie.

Schließlich die düstere Minute im winterlichen Waldstadion anno '65, als Fußball-Deutschland den Atem anhielt; Seelers Achillessehnenriß während eines läppischen Bundesligaspiels bei der Frankfurter Eintracht. Der unermüdlich schuftende Malocher, der bis dahin keine Überstunde und Sonntagszulage ausgelassen hatte, mußte sich erstmals für längere Zeit krank schreiben lassen.

Doch es hielt ihn nicht. Er hatte seine schwere Verletzung kaum auskuriert, als er sich wieder arbeitsfähig meldete und von Helmut Schön noch im gleichen Jahr beim entscheidenden WM-Qualifikationsspiel in Stockholm aufgestellt wurde. Sein äußerst riskanter Einsatz lohnte sich, denn Seeler stieg zum strahlenden Matchwinner auf und bestätigte damit nachdrücklich jene Tugenden des athletischen deutschen Kraftfußballs der 50er und frühen 60er Jahre: die Unberechenbarkeit und eine durch keinen noch so gravierenden Rückschlag zu erschütternde Zähigkeit.

Uwe war wie ein Blitz, die »personifizierte Gefahr«. Nicht nur auf dem Rasen im gegnerischen Strafraum, sondern auch im Verlaufe seiner Karriere tauchte er oftmals im Ligaalltag unter, um im entscheidenden Moment – vor Weltmeisterschaften – wieder wie ein Komet aufzusteigen.

Und ebenso, wie er sich vor der WM 1966 in England nach seinem Achillessehnenriß erneut in die jubelnden Schlagzeilen gekämpft hatte, wurde er 1970 vor dem mexikanischen Weltspektakel – nachdem er schon seinen Abschied von der Nationalmannschaft genommen hatte – für die nationalen Dienste reaktiviert. Als zurückhängende Spitze ordnete er sich diszipliniert dem neuen Angriffsführer Gerd Müller unter. Dieser schoß im schwülen Leon Tore wie am Fließband, Seeler jedoch glückte der sensationellste deutsche Treffer der ganzen WM – mit dem Hinterkopf gegen England! »Ich bin froh, daß ich mir so viel abverlangen konnte«, gestand er vor seinem Abschiedsländerspiel.

Godesberg und Bundesliga

1959, als die alte Arbeiterpartei SPD sich zur Volkspartei
mauserte und sich das Wirtschaftswunder zusehends auf den
Dienstleistungssektor verlagerte, war es auch mit der Fußballherrlichkeit im Kohlenpott vorbei. Nach der Schaffung
materieller Werte stand deren Verwaltung (und ihre Realisie-
rung) im Vordergrund. Der kämpferische Arbeiterfußball
wurde durch den kreativeren Fußball des neuen Angestell-
tentypus abgelöst.

Im dramatischen Meisterschaftsfinale von 1959 waren zwei
Teams aus der kapitalträchtigen Mainregion unter sich: Eintracht Frankfurt, schon damals der pomadigen Schönspielerei geziehen, und Kickers Offenbach, ganz Repräsentantin
des alten proletarischen Kickeradels. Hier Alfred Pfaff, der
intelligente Denker und Lenker, der butterweiche Flanken
zu zirkeln verstand und doch das Pech hatte, aus dem Schatten des größeren Fritz Walter niemals heraustreten zu können; dort das flinke Stehaufmännchen, Außenstürmer
»Berti« Kraus, der wegen seiner schmächtigen Statur so manches Unrecht zu erleiden hatte.

Als 1960 der HSV Meister wurde, schienen alter Arbeiter-
kampfstil (Seeler, Stürmer) und neue Angestelltenkultur (Jürgen Werner und Horst Schnoor) eine glückliche Mischung
gefunden zu haben.

Das Vordringen der Angestelltenkultur ließ sich nicht aufhalten. Der 1. FC Köln entwickelte in den letzten Jahren vor
Einführung der Bundesliga mit Schäfer, Schnellinger und
Thielen einen rasanten Kombinationsfußball, mit dem sie
der Konkurrenz enteilten. Zwischen den unangefochtenen
Kölner Meistern von 1962 und 1964 und den jeweiligen
Vizemeistern schienen Welten zu liegen. Ganz in Weiß
erspielten sie sich den Ruf, die deutsche Reclam-Ausgabe der
königlichen Madrilenen zu sein.

Am Ende der Ära Herberger/Adenauer hatten beide Sphären mehr miteinander gemein, als es dem Fußball förderlich sein konnte. Zu Beginn der 60er Jahre entsprachen sich Fußball und Politik unter einer einzigen Dunstglocke des Provinzialismus. In den 50er Jahren hatte die Kickeridylle im monomanischen Wirtschaftswunder noch überdauern können. Aber auch ihre Stunde hatte geschlagen.

Die verkrusteten Strukturen einer autoritären Kanzlerdemokratie entsprachen dem überkommenen Oberliga-Unwesen im deutschen Fußball. Die »mit Klubhausbrettern vernagelte Vereinsmeierei« ähnelte jenem Kabinettsmief eines auf Gebetbüchern und Dialekten gegründeten Koalitionskompromisses. Die politische Szene war gelähmt durch machiavellistisch geführte Diadochenkämpfe in der Union um den Stuhl des Alten. In der SPIEGEL-Affäre entlud das rheinische *Ancien régime* seinen in Jahren gestauten kalten Haß gegen das führende oppositionelle Presseorgan. Im Fußball sollte sich zur gleichen Zeit das schwache deutsche Abschneiden bei der Weltmeisterschaft 1962 in Chile als Abgesang auf eine aus allen Nähten platzende Organisationsstruktur im DFB erweisen.

Die so sehr von ihren Kraftreserven zehrende Nationalelf verzichtete damals sogar auf eine Teilnahme im Europapokal der Ländermannschaften. »Wir können uns den Tanz auf zwei Hochzeiten (!) nicht erlauben«, erklärte Herberger. Mit einer solchen Einstellung könnte sich heute noch nicht einmal der Nationalcoach von Helgoland auf seinem Trainerstuhl behaupten.

Nachkriegsdeutschland kennt den 54er Mythos und den 68er Mythos. Zwischen dem 4. Juli 1954 und dem Mai 1968 lag mit der Einführung der Bundesliga freilich noch ein kulturhistorisch bedeutsames Ereignis, das die furchteinflößende Distanz zwischen der deutschen Tiefe von Bern und dem jugendlichen Hier-und-Jetzt von Berlin, Frankfurt und anderswo ein wenig verkürzen sollte. Mit der Bundesliga wurde der deutsche Anachronismus des »sauberen Amateurs« beendet.

Das Jahr 1963 stand ganz im Zeichen einschneidender Umbrüche in deutschen Landen. Adenauer ging, im folgenden Jahr demissionierte Herberger. Die Bundesliga wurde endlich eingeführt, und der deutsche Fußball erlebte eine Niveausteigerung. Rasch versiegten die Tränenströme über den Verlust des guten alten Endspiels. Jetzt war jeden Samstag Endspiel. An die Seite der alten, aufopferungsvoll kämpfenden Recken trat nunmehr eine junge, technisch versierte Intelligenz. Zur gleichen Zeit lief die Veteranenära der Nachkriegs-SPD aus. »Nicht Doktrinäre, sondern Techniker der Macht waren gefragt« *(Hermann Glaser)*.

Die ersten Idole in Fußball und Politik, »Volkskanzler« Ludwig Erhard und Nationalkapitän Uwe Seeler, der allen welschen Verlockungen patriotisch widerstanden hatte, wurden mit dem gleichen Spitznamen bedacht: »der Dicke«.

Einer glücklichen Fügung gemäß erhielt die Bundesrepublik im Einführungsjahr der Bundesliga auch ihren ersten Fußball-Kanzler, denn der Franke Erhard war seit den glorreichen zwanziger Jahren des 1. FC Nürnberg und der Spvgg. Fürth dem Volkssport sehr zugetan. Er war kein billiger Stimmenfänger im Stadion, sondern ein kompetenter Fußballbeobachter.

Adenauer liebte das Bocciaspiel, Gerhard Schröder bevorzugte Pferderennen, und Brentano ignorierte Fußballer. Als Erhard Regierungschef wurde, spottete DER SPIEGEL: »…ein Volk, dessen Kanzler den KICKER liest«. Kabarettist Wolfgang Neuss sah das seinerzeit gar nicht als Herabsetzung: »Mir ist lieber, der Kanzler liest den KICKER und ›Das Kapital‹ von Marx, als dauernd die Bibel mißzuverstehen.« *(SPORT-ILLUSTRIERTE, 16. 8. 1965)*

Mit der Einführung der Bundesliga und dem Beginn der Kanzlerschaft Erhards wurden auch die Ehrentribünen in den gutbesuchten Stadien immer ministrabler. Hochdroben im blauen Dunstkreis des paffenden Kanzlers tummelten sich meist die gleichen Gesichter: Lemmer, der Vertriebenenminister, Franz Meyers, der nordrhein-westfälische Regierungschef im Kernland des deutschen Fußballs; dazu dessen Innenminister, der aktive Wasserballer Willy Weyer. Allen voran jedoch Richard Stücklen, der notorische Fußballfan unter den Bonner Politikern. Sein größtes Fußballerlebnis hatte dieser jedoch nicht im Stadion, sondern, »als ich im Auftrag des Herrn Bundespräsidenten Herrn Herberger das Bundesverdienstkreuz überreichen durfte«.

Friedbert Pflüger
(Abrüstungspolitischer Sprecher der CDU/CSU-Bundestagsfraktion)

Die Kapitäne Seeler und Kohl

Als Abgeordneter des Wahlkreises 37 (Hannover-Stadt) bin ich natürlich ein Anhänger von Hannover 96. Das war ich schon als Schüler in den guten alten 96-Zeiten mit Walter Rodekamp, Hans Siemensmeyer, Herbert Podlasly, Rainer Stiller oder Jürgen Bandura. Nur wenn der Hamburger SV kam, dann blieb das 96-Fähnchen im Schrank, dann wurde die blau-weiß-schwarze Fahne des HSV hervorgeholt, und dann ging es mit der Straßenbahn ins Niedersachsenstadion, um mein damaliges Idol Uwe Seeler, um Charly Dörfel, Horst Schnoor und Jürgen Kurbjuhn zu unterstützen. Ob meine hannoverschen Wähler es mir verzeihen? Bestimmt.

Ich stand also einmal pro Saison zwischen lauter 96-Fans und hielt mein HSV-Fähnchen gegen den Wind. Im 96-Block fanden die Fans das wenig erfreulich. Obwohl ich ein kleiner Junge war, gab es manchen bösen Blick und Kommentar – vor allem, wenn der »große HSV« gut spielte und der »kleine HSV von 1896« verlor. Zumeist aber wurde ich nur ausgelacht, etwa wenn ich mit meiner Knabenstimme »Uwe,

Uwe!« brüllte. Aber ich machte mir nur wenig daraus, schließlich mußte man gerade in schweren Auswärtsspielen seiner Mannschaft die Treue halten. Vielleicht hat diese Erfahrung etwas für später genutzt.

Jedenfalls lernt man als treuer Fan, sich zu seinem Verein zu bekennen, übrigens auch, wenn dieser einmal in Schwierigkeiten gerät, wie der HSV in der letzten Saison, oder, nicht so schlimm, hin und wieder auch die CDU. Es wird schon wieder aufwärts gehen!

Man lernt beim Fußball auch, daß das Spiel erst nach 90 Minuten zu Ende ist. So wie damals, 1963 oder 1964, als der HSV einen 3:0-Vorsprung des Meidericher SpV in der letzten Viertelstunde noch zu einem 3:3 ausglich, oder wie 1965 in Schweden, als Uwe Seeler, gerade von einem Achillesfersenriß genesen, für die deutsche Nationalmannschaft spektakulär das 2:1 erzielte und damit die schon nicht mehr erwartete Fahrkarte zur Weltmeisterschaft in England sicherte.

Ich zweifle nicht daran, daß Kapitän Helmut Kohl 1998 ähnlich erfolgreich sein wird. Diesmal allerdings stehe ich nicht als Zuschauer im Stadion herum, sondern bin ein Teil der Mannschaft, wenn auch nicht gerade in einer Schlüsselposition.

Helmut Kohl ist noch immer die zentrale Persönlichkeit auf dem Platz des Bonner Stadions. Man spürt die ganze Routine seiner 15jährigen Spielpraxis als Kapitän, mit ungewöhnlichem Aktionsradius, großer Ausdauer und einem noch immer sicheren Torinstinkt. Kohl ist vielseitig verwendbar, als Ausputzer, als Regisseur im Mittelfeld, manchmal weicht er ein wenig nach halbrechts aus, am liebsten aber schießt er als Mittelstürmer die Tore, ganz wie Uwe Seeler. Er verlangt bedingungslose Unterordnung von uns Mitspielern, den sogenannten Wasserträgern. Er straft Alleingänge anderer durch Nichtbeachtung: Man wird einfach nicht mehr angespielt. Er verachtet die Solisten, die sich auf den Flügeln »verfummeln«. Junge Talente, die sich zuviel zutrauen, schickt er gnadenlos zurück auf die Reservebank.

Allerdings: Mit einem gelungenen Dribbling auf rechts, einem Doppelpaß-Trick durch die Mitte, ja sogar mit einer guten Bananenflanke von links kann man sich wieder das Vertrauen des Spielführers erwerben. Allerdings tun die Mitspieler auch gut daran, sich nicht ganz anzupassen, sondern an der eigenen Spielweise festzuhalten, dem Regisseur nicht hinterherzulaufen und die eigene Spielerpersönlichkeit zu entwickeln. Nur so wird man letztlich vom »Chef« respektiert.

Als Uwe Seeler Anfang der 60er Jahre von Inter Mailand die damals astronomische Summe von 900 000 DM Handgeld für einen Wechsel nach Italien angeboten bekam, gab er, nach Rücksprache mit seiner Frau Ilka, den Tifosi einen Korb. Spätestens dadurch wurde er in Deutschland unsterblich. Uwe dachte nicht nur ans Geld, sondern hielt Hamburg und Deutschland die Treue. Im Gegensatz zu den Schnellingers, Szymaniaks oder Hallers wußte er, wohin er gehörte. »Uns Uwe«, das ist einer von uns, ein einfacher Mann aus dem Volk, kein Raffke, kein egoistischer Karrierist.

So sehen die Bürger auch Helmut Kohl. Er ist im Laufe seiner Karriere – wie Uwe Seeler – immer wieder abgeschrieben worden. Schon bevor der Pfälzer den Sprung in die Nationalmannschaft schaffte, erschien DER SPIEGEL (der KICKER des politischen Bonn) mit dem Titel »Kohl kaputt« *(15. 1. 1979)*. Davon merkte man in den kommenden zwei Dekaden allerdings wenig. Kohl kämpfte sich willensstark, pflichtbewußt und kraftvoll immer weiter nach oben und wurde 1982 schließlich zum Spielführer der Nationalmannschaft berufen. Seitdem hat er die Kapitänsbinde nicht mehr aus der Hand gegeben, auch wenn alle vier Jahre stets wechselnde sozialdemokratische Talente, die Enkel des unvergessenen Stars vergangener Tage, Willy Brandt, seinen Führungsanspruch in Frage stellen. 1993 war viel die Rede von *Kanzlerdämmerung*. Aber man hatte den Kämpfer einmal mehr unterschätzt. Dank einer geschlossenen Mannschaftsleistung siegte sein Verein im Herbst 1994 erneut, wenn auch nur knapp.

Im Frühjahr 1997 sind sich die deutschen Fußballfans nicht sicher, ob sie dem »Dicken« die Treue halten sollen. Kohl selbst hatte längere Zeit mit dem Gedanken an Rücktritt gespielt. Die Verführung war groß, nunmehr ungeschlagen die Arena zu verlassen, und niemand hätte es ihm übelgenommen, wenn er sich als Ehrenspielführer vom Platz auf die Tribüne begeben hätte. Aber ähnlich wie »uns Uwe« im Jahre 1969, als er sich noch einmal breitschlagen ließ, als »Oldie« zur WM nach Mexiko 1970 mitzufahren, so erklärte sich der »Dino« Kohl Anfang April 1997 zu einem erneuten Antritt bereit.

Momentan läuft er sich warm. Sein Team liegt etwas im Rückstand, ist aber entschlossen, sich von ihm noch einmal mitreißen zu lassen. So wie es Seeler vor 27 Jahren in Mexiko geschafft hat. Man denke nur an den brillanten Hinterkopfball über den englischen Keeper Bonetti hinweg. Die letzte WM war vielleicht Seelers beste. Und viele wollten ihn anfangs gar nicht dabeihaben!

Die ausländischen Beobachter können gar nicht verstehen, daß es einige bei uns in Deutschland gibt, die Helmut Kohl die Spielführerbinde streitig machen wollen. International ist er die große Fußballpersönlichkeit, bei dem alle Stränge zusammenlaufen. Die Lafontaines oder Schröders, so hört man von dort, mögen in der Regionalliga oder der Zweiten Bundesliga gute Spiele machen, für Nationalmannschaft oder Champions League seien sie jedoch eine Nummer zu klein. Ein guter Linksaußen vom 1. FC Saarbrücken ist noch lange kein guter Kapitän in Bonn! Und Gerhard Schröder? Er beeindruckt seine Fans mit allerlei Tricks. Früher spielte er Linksaußen, heute spielt er in seinem Verein eher rechter Flügelstürmer. Die Sponsoren lieben ihn neuerdings wegen seiner offensiven Spielweise. Aber auch für ihn scheinen die Fußballschuhe von Helmut Kohl eine Nummer zu groß, zumal die eigene Mannschaft Schröders Führungsanspruch nicht akzeptiert und die Jüngeren in seinem Team sich sogar ausdrücklich weigern, für ihn zu spielen. Wenn die Truppe Helmut Kohls an sich selbst glaubt, wenn sie Herbergers Satz *Elf Freunde müßt ihr sein* beherzigt und der momentanen optischen Überlegenheit des Gegners mit kühlen Kontern begegnet, dann wird Helmuts Truppe wieder Deutscher Meister.

Rudolf Scharping
(Vorsitzender der SPD-Fraktion im Deutschen Bundestag)

Immer am Ball bleiben

Siegeswille und Teamgeist bestimmen den Erfolg entscheidend mit – im Fußball und in der Politik. So sollte also die Mannschaft – in der Politik geschlechtsneutral »das Team« – aufgestellt sein. Im Brockhaus steht geschrieben: »In der ersten Reihe kämpfen die Stürmer, die das Spiel eröffnen und das feindliche Tor angreifen. Hinter ihnen stehen die Läufer, die die Stürmer unterstützen und die das Rückgrat der Mannschaft bilden.« Nun lassen wir die Abwehr einmal beiseite, denn die Parallele zur Politik ist sichtbar: Spielführer, Stürmer, Läufer – Vorsitzender, Stellvertreter und Parteibasis. Eine gute Führungsspitze, die die Leitgedanken vorgibt und den Laden zusammenhält, mit Sportsgeist, Witz und Engagement, garantiert den Aufstieg. Schwierig wird es im Fußball und in der Politik, wenn sich Liberos allzu frei fühlen, den Ball nicht abgeben wollen oder sogar ein Eigentor fabrizieren. Hier ist ein noch so flinker Torhüter meist ohnmächtig. Von wegen Stars und Allüren: Spätestens nach Spielende beim Mannschaftsessen, am Wahlabend oder auf

Parteitagen stellt sich heraus, wie trügerisch das verklärte Bild der Einzelkämpfer, eingebettet in eine Mannschaft, sein kann.

Glücklicherweise gibt es die Möglichkeit, die Stürmer geschickt zu plazieren und freizuspielen. Bewegt sich die Spitze nicht im Einklang mit der Mannschaft, oder wird sie gar eitel und denkt, sie werde vom Gegner ja förmlich freigestellt – von Bewachung oder Kritik –, dann ist sie schnell im Abseits. Aber so legen wir unsere Konkurrenten rein, nicht uns selbst. Aufmerksamkeit gebührt auch den Läufern. Ihnen gegenüber sollte man sich solidarisch verhalten. Stärken sie den Stürmern nämlich nicht mehr den Rücken, sind sie lauffaul oder bleiben nicht mehr am Ball, ist das Spiel schnell verloren.

Weltmeisterschaften und Wahlen im Vierjahresturnus geben den Rhythmus vor, in dem über Sieg oder Niederlage entschieden wird. Wobei Fußballsiege interessanterweise der Politik häufig Auftrieb geben: So wie Fritz und Ottmar Walter, Turek, Kohlmeyer und die anderen der Herberger-Elf Geschichte machten, so vereinigten Klinsmann, Matthäus, Häßler, Littbarski und die anderen Spieler von Kaiser Franz mit nur einem einzigen Tor die Herzen der Ost- und Westdeutschen. Autokorsos zogen durch die Städte. Das deutsche Volk sang gemeinsam die Queen-Hymne »We are the champions«. Als negativ fand ich in dieser Situation einzig die Tatsache, daß neben der Nationalflagge auch Insignien aus der Zeit der Nazi-Diktatur auf die Straßen getragen wurden. Führt Trunkenheit vor Freude und Alkohol die Deutschen in die Gräben der Vergangenheit zurück? Nein, im Ergebnis stellte sich heraus, daß es sich um verirrte Einzelfälle handelte. Allerdings um Fälle, die weiterhin besondere Aufmerksamkeit verlangen, damit Menschen frei und gleich in unserem demokratischen Staat leben können.

Einige Weltmeisterschaften haben weniger Geschichte gemacht, obwohl dies mit Blick auf das Endspiel von 1974, das von manchen im Nachhinein gar als Routinesieg abgetan wird, ungerecht ist. Ebenso ungerecht, wie die Wahl des neuen Kanzlers Helmut Schmidt als Routinewahl abzutun, denn diese machte Geschichte.

Siegen und Verlieren liegen manchmal sehr eng beieinander. Hinfallen ist keine Schande, Liegenbleiben schon. Es gibt Siege, die werden gefeiert – es sind meist die eigenen. Die Siege der anderen, die versucht man wegzudiskutieren, wie das berühmte dritte Tor von 1966. Unterm Strich blieb bei diesem Spiel: England ist genauso verdient Weltmeister geworden, wie es Deutschland geworden wäre, wenn dieses Tor auf der anderen Seite des Platzes gefallen wäre. Aus diesem Grunde bevorzuge ich klare Siege und keine, die von Schiedsrichtern herbeigeführt werden.

Im Jahre 1998 fallen beide Entscheidungen, die, wer Weltmeister, und die, wer Bundeskanzler wird. Es wird das Team gewinnen, das mit scheinbarer Leichtigkeit die größten Schwierigkeiten meistert. Wer das sein soll? Na klar: Die Nationalelf und das SPD-Team. Bis dahin: Am Ball bleiben!

Tissy Bruns
(*Bonner Korrespondentin des Berliner* TAGESSPIEGEL)

Je schnöder die Wirklichkeit, desto mächtiger der Mythos

Nur wer von Fußball nichts versteht, erlebt dann und wann Situationen, die alle Fragen nach dem Verhältnis von Fußball und Politik mit einem Schlag beantworten.

Instrumentalisieren Politiker den Kampf ums runde Leder? Sicher. Seit 1954 ranken sich um Welt- und Europameister-

schaften zahllose Anekdoten über die Auftritte von Bundespräsidenten, Kanzlern und Ministern auf Ehrentribünen, in
Spielerkabinen und bei Empfängen der umjubelten Helden.

Gibt es kongeniale Schwingungen zwischen Fußball und
Politik? Ganz gewiß. Das Wunder von Bern gab Deutschland und der Welt die Gewißheit über die Wiedererstehung
der deutschen Nation. Und es war doch überzeugend, wie
Helmut Kohl der begeisterten Nation die tapferen Europameister von 1996 als Beispiel anempfahl: Nicht gleich bei
jedem Husten ins Bett, sondern rackern, kämpfen, siegen.

Deuten sich gar auf dem grünen Rasen Entwicklungen an,
von denen die Gesellschaft allenfalls etwas ahnt? Weltmeister
im Fußball waren die Deutschen, *bevor* das Wirtschaftswunder alle erreicht hatte. Und kickten Beckenbauer, Netzer &
Co. nicht schon mit innovativer und weltweit bewunderter
Brillanz, als der Reformschub der 70er Jahre noch gar nicht
so richtig losgegangen war? Hochpolitisch also die Frage,
warum 1997 ausgerechnet das Ruhrgebiet fußballerisch triumphiert, während die deutsche Politik beim kleinsten
Modernisierungsschritt stolpert.

Natürlich ist diese Frage von Politik und politischer Publi-
zistik sogleich scharfsinnig analysiert worden. Während
Norbert Blüm, selbst in schwere Kämpfe um die Bewahrung
des Sozialstaats verwickelt, in den Siegen von Blau-Weiß und
Schwarz-Gelb die ungebrochene Kraft des kleinen Mannes
entdeckte, weist Norbert Seitz darauf hin, daß heute weder
das Ruhrgebiet noch seine erfolgreichen Fußballvereine mit
den alten Mythen von Kohle und Maloche viel zu tun
haben.

Doch erst in solchen Momenten enthüllt sich die Wahrheit über das Verhältnis der politischen Kaste zum Fußball:
Jürgen Möllemann, der Politik und Fußball mit heftigem
Temperament betreibt, scheiterte mit dem Versuch direkter
Anwendung. Er trat mit Schalke-Schal vor die Parteitagsdele-
gierten und fiel bei der entscheidenden Präsidiumswahl auf
dem Wiesbadener Kongreß im Mai durch.

Können wir uns vorstellen, daß Sabine Leutheusser-Schnarrenberger oder Rita Süßmuth mit Schals und Wimpeln (welcher Verein denn auch?) öffentlich auftreten? Sie wären von Stund an nicht mehr ernstzunehmen. Möllemann aber verlor nicht *wegen*, sondern *trotz* der weiß-blauen Insignie der Fußballmeister. Warum, ist zwar komisch, aber auch nicht lächerlicher, als wenn ein Berufskollege am Tag des Halbfinales in der Champions League ein stocknüchternes Hintergrundgespräch mit dem FDP-Fraktionsvorsitzenden in schwarz-gelben Borussen-Socken leitet.

Wir spüren eben: Die Leidenschaft ist echt.

Womöglich ist sie zwingend. Unbestreitbar zeichnen sich Männer, deren Beruf oder Berufung die Politik ist, durch eine ganz besondere Affinität zu diesem Sport aus. Unerschöpflich die Energie, mit der längst vergangene Spiele noch einmal durchgespielt werden, die Einfühlung, mit der Spieler, Trainer und Vereine durchleuchtet, die Hemmungslosigkeit, mit der unter Mißachtung der einfachsten Höflichkeitsregeln gegenüber weiblichen Gesprächsteilnehmern solche Diskussionen geführt werden. (Nur wenn es um Fußball geht, sind Politikerinnen und Journalistinnen noch isolierbar.)

Die Genies und Besessenen der Computerwelt sehen ihre größte Herausforderung im Schachspiel. Denn für beide Welten gilt: Unendlich die Zahl und Kombinationen der Spielzüge, aber die Regeln, denen sie unterliegen, gelten absolut.

Der demokratische Politiker beackert ein anderes Feld. Das Repertoire seiner Spielzüge ist begrenzt durch Wahltermine und festgelegte Verfahren. Die geltenden Regeln aber werden von Menschen ausgefüllt und sind folglich unendlich. Politik und Fußball kennen nicht nur ihre Regeln, sondern auch die Schwalbe, den kleinen Schummel, die offene Regelverletzung, den Interpretationsstreit. Das dritte Tor im Wembley-Stadion, der Verlust der sozialliberalen Regierungsmacht? Beides Tatsachen, aber hätte es nicht auch ganz anders ausgehen können? Der Wähler ist auch nur ein Mensch. Nicht anders als der Schiedsrichter.

Der Computer soll den Schachweltmeister besiegen – ein logisches Ziel in der Welt eindeutiger Regeln. Der Politiker hingegen will sich mit seiner Mannschaft identifizieren – ein verständliches Ziel für Menschen aus Welten stets umkämpfter Regeln. Und die Welt der Kicker ist der des Politikers nicht nur ähnlich. Der Fußball hält, was das Spiel mit der Macht nur verspricht. Am Ende zählen Tore, Sieg oder Niederlage und die Männergemeinschaft, mit der man trauert oder triumphiert. In der unübersichtlichen Welt der Politik aber zählen Kompromiß, Intrige und die Fähigkeit zur Balance. Schon am Tag der gewonnenen Wahl muß man sich wieder arrangieren, mit begehrlichen Parteifreunden, mit Interessenverbänden und mit der Opposition.

Sage keiner, der Fußball eigne sich auf Dauer nicht mehr als Projektionsfläche für diese sympathischen, weil kindlichen und einfachen Sehnsüchte unserer Politiker. Es ist schwer zu verkraften, daß in dieser schönen Welt neuerdings die Spielerfrauen die Verträge aushandeln, am Ende eines gewonnenen Spiels gar auf das Spielfeld stürmen dürfen. Schandbar, daß die Stars wie Primadonnen nur an sich und nicht an die Mannschaft denken. Und wer denkt nicht an die Machtintrigen der Liberalen oder der sozialdemokratischen Enkel, wenn Matthäus gegen Klinsi wettet…

Ganz gleich. Je schnöder die Wirklichkeit, desto mächtiger der Mythos. Denn es bleibt beim eindeutigen Prinzip. Es zählen Tore, Sieg und Niederlage.

Schön & Brandt

Große Koalition in Wembley

Die Sozialdemokratie drängte in Bonn zur Macht. Untrügliche Signale hierfür waren 1966 auf landespolitischer Ebene die Regierungsübernahme der Sozialliberalen in Nordrhein-Westfalen. Und in München erlebte die SPD im gleichen Jahr den Höhepunkt ihrer kommunalpolitischen Macht, als OB Hans-Jochen Vogel mit 78 Prozent der Wählerstimmen wiedergewählt wurde.

Beide Erfolge wurden symbolisch begleitet vom Siegeszug zweier ähnlicher Vereinsmannschaften: Den »Löwen« und den Borussen, dem TSV 1860 München unter Max Merkel und den Dortmundern mit dem Traumduo Held/Emmerich. Auf Giesings Höhen und im Stadion Rote Erde schien die Traditions-SPD Regierungsfähigkeit zu erlangen.

Berühmt wurden die Löwen vor allem durch den »genialen Gastarbeiter« Petar Radenkovic, der als Faxenmacher im Tor der Sechziger bei seinem ersten Spiel im Stadion an der Grünwalder Straße einen Lauf bis fast hinüber zur überdeckten Südkurve wagte. Alsbald forderte der strenge Merkel ultimativ: »Entweder Radi geht – oder ich gehe.« Über Jahre hielt sich der Radi-Merkel-Konflikt als Thema Nr. 1 in den Schlagzeilen der lokalen Boulevard-Presse, bis er vom schwelenden Krieg in der Münchner Sozialdemokratie abgelöst wurde. OB Vogel geriet mehrmals in die Rolle des autoritären Merkel, während sich die Parteilinken mit allzu weiten Ausflügen aus dem Strafraum des Godesberger Programms als Polit-Radis der Isar-Sozis zu gefallen schienen. Verbittert zogen Merkel wie Vogel schließlich von dannen, ein wüstes

Schlachtfeld hinterlassend. Die Löwen und die Sozis stiegen ab, König Radi ging, der junge Kaiser erschien, die CSU und der FC Bayern kamen auf. Noch heute rühmt sich Jochen Vogel, daß zu seiner Münchner Glanzzeit Vereinsbosse – Neudecker (Bayern) und Wetzel (1860) – Parteigenossen waren.

Jahre später versuchte die CSU, neben dem FC Bayern auch die Sechziger in den Griff zu bekommen. Präsident wurde Erich Riedl, langjähriger Haushaltsexperte im Bundestag, der freilich ebenso scheiterte wie seine kurzlebigen Vorgänger. Hinterher wurde er im »Hohen Haus« von Herbert Wehner verspottet: »Sie reden wie ein Absteiger, Sie!«

Am Vorabend der Großen Koalition in Bonn wurde die DFB-Elf in England Vizeweltmeister. Die Koalition, die Helmut Schön nach Einführung der Bundesliga zusammengeschweißt hatte, bestand aus den Seniorpartnern der Herberger-Ära und einem frischen Juniorpartner. Es begann der Aufstieg der in der Bundesliga gereiften intelligenten Balltechniker Overath, Beckenbauer und Held.

Im entscheidenden WM-Qualifikationsspiel in Stockholm gab der 20jährige Beckenbauer ein brillantes Debüt, und Seeler entschied das Match instinktsicher. Das kraftvolle Spiel der Deutschen bekam erstmals eine ästhetische Dimension. Von einer ausgewogenen Mischung konnte 1966 jedoch noch nicht die Rede sein. Trotz einer spürbaren Auflockerung der Defensive, war das Team noch zu sehr auf Abwehrsicherheit statt auf Offensivspiel fixiert. Klassenunterschiede lagen zwischen den einzelnen Vorrundenbegegnungen. Beckenbauer und Haller setzten beim 5:0 gegen die Schweiz bis dahin von Deutschen selten gesehene spielerische Akzente, die so gar nicht in die gängigen englischen Klischees von den »Panzern« und »Fußballrobotern« passen wollten. Doch beim 0:0 gegen Argentinien und dem schwer erkämpften 2:1 gegen Spanien präsentierte man alte, an Sicherheit orientierte Kickertugenden und hatte ein glückliches Ende für sich, als

»Emmas« Blitz aus heiterem Himmel einschlug wie weiland Rahns Geschoß in Malmö gegen Jugoslawien:

»Der Ball tickte mir so schön auf den Fuß, da habe ich meine ganze Kraft in den Schuß zum 1:1 gelegt und den Ball dann nicht mehr gesehen. Erster Jubel verriet, daß es ein Tor war.« *(VIII. Fußball-WM)*

Nach dem 4:0-Erfolg gegen die durch Platzverweis dezimierten »Urus« im Viertelfinale wurde in der britischen und deutschen Kampfpresse kalter Krieg beschworen. Als die Deutschen im Semifinalspiel von Liverpool mit Pfiffen und die Russen mit lautem Beifall empfangen wurden, hielten dies manche für eine Sympathiekundgebung der »Arbeiterstadt« zugunsten des »sozialistischen Kollektivs« *(Fußball-Weltgeschichte)*. Und BILD stachelte in Stahlhelmmanier die deutsche Mannschaft an:

»Stürmt, stürmt, dann wackeln auch die Iwans!... aber Vorsicht vor den schnellen Russen.« *(25. 7. 1966)*
Und hinterher schwadronierte sie:
»Drin! Unsere Elf hat eine Dampfwalze gestoppt!«

Davon konnte freilich keine Rede sein, hatten doch die Deutschen lediglich zum dritten Mal gegen einen dezimierten Gegner den längeren Atem gehabt. Ähnlich martialisch urteilte man in der englischen Presse. Sogar die ansonsten eher nüchterne Londoner TIMES verstieg sich zu bellizistischen Tönen:

»Es wurde weder frohen Mutes noch leichten Fußes gespielt, eher handelte es sich um eine Seeschlacht mit schwerstem Geschütz. Wie schon gegen die Uruguayer, konnten auch diesmal die Deutschen einem ausgebrannten Gegner nicht so viel Salz in die Wunden reiben, wie sie es gerne getan hätten. Sie trafen keineswegs auf Fußballer von sehr hohem Standard, eher auf etwas wie den Geist von Stalingrad...«

Auch der DAILY TELEGRAPH grollte über eine »grausame Schlacht, die bittere Erinnerungen aus den vierziger Jahren wiederaufleben ließ.... Die Deutschen stolperten förmlich ins Weltcup-Finale.« Ohne jeden Sinn für deutsche WM-Symbolik stellte Sigi Held vor dem Finale von Wembley erfreut fest:

»Ich glaube, dieses Wetter liegt uns besser als den Engländern.« *(VIII. Fußball-WM)*

Dabei schien überall die Sonne! Erst zur zweiten Halbzeit wurden beide Mannschaften von einem heftigen Regenschauer empfangen. Schon kam im deutschen Lager wieder der Glaube an göttliche Vorsehung auf. Doch das erhoffte Fritz-Walter-Wetter war als vorübergehender Platzschauer nur eine himmlische Reminiszenz. Ebenso erwies sich der deutsche Sturm mit dem westfälischen Totalversager Emmerich nur als laues Lüftchen.

Am 30. Juli 1966 war der deutsche Fußball noch nicht soweit. Man hatte modernisierten Zweckfußball mit vereinzelten spielerischen Delikatessen geboten.

»Deutschland hat zu wenig gewagt, seine besonderen Qualitäten in die Waagschale zu werfen, die in der Offensive lagen.« *(VIII. Fußball-WM)*

An die 66er Elf ist der alte Mythos von den tapferen Kämpfern und guten deutschen Verlierern geknüpft, die in ritterlicher Haltung selbst die gröbsten Fehlentscheidungen des Schiedsrichters – das ominöse dritte Tor! – hinnehmen:

»Denn wichtiger als zu siegen ist es, sauber gekämpft zu haben.« *(Fußball-WM 1974)*

Über das erstmals ausufernde Interesse von Politikern am Fußball mokierte sich ein SPIEGEL-Leser:

»Mit welchem Recht halten sich Tausende von ›klugen Leuten‹... eigentlich über die Beatles, Provos und andere offensichtlich überdrehte Jugendliche auf, wenn sie wichtige politische Besprechungen vorzeitig absagen, geschäftliche Verhandlungen zurückstellen, mit Linienmaschinen nach England fliegen, tragbare Fernsehgeräte im Auto oder Büro aufbauen, nur um den bezahlten Zirkus der Fußball-Weltmeisterschaften zu sehen...« *(Nr. 32/1966)*

Oberste deutsche Repräsentanten beim Finale von Wembley waren Bundesinnenminister Paul Lücke *(Wahlrechtsreform!)* und sein Kabinettskollege Richard Stücklen *(Postleitzahl!)*. Bundespräsident Heinrich Lübke übermittelte Glückwünsche:

»Das Erringen dieses Platzes ist ein großer Erfolg, der viel Mut und Ausdauer erforderte. In allen Begegnungen zeichnete sich Ihr Spiel durch sportliches Können und Kameradschaftsgeist aus. Für Ihre großartige Leistung verleihe ich Ihnen das Silberne Lorbeerblatt.«

Als die Ehrung anstand, leistete sich der schlecht beratene Sauerländer seinen obligatorischen Patzer, wollte er doch das umstrittene dritte Tor der Engländer »drin« gesehen haben.

Auch Bundeskanzler Erhard gab der deutschen Nationalelf im Palais Schaumburg einen Empfang und bedankte sich »für ihre großartige Leistung«. Er durfte sich in seinem Urteil bestätigt fühlen, nachdem er vor der WM in einem Schreiben an Helmut Schön Bedenken gegen Emmerichs Einsatz in der Nationalelf geäußert hatte. Doch Erhards Tage im Kanzleramt waren gezählt. Noch während der WM stürzte in Düsseldorf CDU-Regent Franz Meyers. Die sozialliberale Koalition Kühn/Weyer sollte das Vorspiel zum Machtwechsel 1969 inszenieren. Im Mai 1965 hatte Erhard schon erste Zweifel an seiner Geistesgegenwart aufkommen lassen: Beim Festbankett mit der britischen Queen ließ er sich pausenlos die Zwischenstände aus dem Wembley-Stadion hereinreichen. Dort kämpfte nämlich zur gleichen Stunde der TSV 1860 München gegen West Ham United um den Europacup der Cupsieger.

Das politische Nachwort auf die 66er Elf lieferte im Dezember des gleichen Jahres anläßlich der Bildung der Großen Koalition unter Kanzler Kiesinger CDU-Fraktionschef Rainer Barzel:

»Es bleibt alles beim alten, die erfolgreiche Politik unserer Partei, Herr Dr. Kiesinger hat es gesagt, wird weiter fortgesetzt, die SPD kann ein paar neue Gedanken beisteuern!«

Und '68? »Blieb alles beim alten«? Fast. Den Titel errang der Rekordmeister aus Nürnberg. Und ein Pfälzer Provinzklub – der SV Alsenborn – schickte sich an, in die oberste Spielklasse aufzusteigen. Der HSV wurde im Cupfinale von Milan und einem vielgeschmähten Altbekannten vorgeführt – Kurre Hamrin. Dieses Mal tunnelte er vor dem siegbringenden 2:0 gleich zwei deutsche Abwehrspieler. Dennoch: 1968 erlebte die deutsche Nationalmannschaft ihre größte internationale Pleite. Nach einem 0:0 beim Fußballzwerg Albanien verpaßte Schöns Team die Endrunde der Europameisterschaft in Italien.

Libudas Slalom in die neue Ära

Als Libuda, von Haller geschickt, zu einem seiner unnachahmlichen Alleingänge über das halbe Spielfeld ansetzte, die Nerven behielt und zum siegbringenden 3:2 einschoß, war der Weg nach Mexiko frei. Man schrieb die 79. Minute im Hamburger Volksparkstadion beim WM-Qualifikationsspiel gegen Schottland. An jenem 22. Oktober 1969 lag der Umschwung zu einer neuen Ära in Fußball und Politik nur um Stunden auseinander. Denn vormittags war vor dem Deutschen Bundestag die erste sozialliberale Koalition vereidigt worden. Tags zuvor hatte man mit Willy Brandt seit 39 Jahren den ersten Sozialdemokraten zum Kanzler gewählt.

Symbolisch angemessen fand der historische Sieg der kulturreformistisch angetretenen neuen Regierungsformation in Hamburg statt – der festen Bastion linksliberaler Medienmacht. Und auf dem Spielfeld wurde der Start in die neue Ära eben nicht durch einen strammen Weitschuß, ein billiges Abstauber- oder gar Elfmetertor eröffnet. Die sozialliberale Koalition wurde nicht aus einer deutschen Standardsituation heraus geboren. Sie hatte 1969 noch nicht einmal eine prozentuale Mehrheit – CDU/CSU und NPD brachten zusammen 50,4 Prozent auf die Waage! –, und Sicherheitsspieler wie Wehner und Schmidt wollten schon für eine Fortsetzung der Großen Koalition plädieren.

Doch dann kam Libuda mit seinem wagemutigen Alleingang, vorbei an einer hartgesottenen Abwehr: Letzte Station war Tommie Gemmel, der beim verzweifelten Versuch, den Schalker Außen mit einer brutalen Attacke aufzuhalten, zur tragikomischen Figur degradiert wurde. Jener magische Slalomlauf wurde zum symbolischen Startsignal sowohl des euphorischen Aufbruchs in Bonn wie der Himmelstürmerei in Mexiko im Jahr darauf. Eine neue Ära hub an, Deutschland sehnte sich nach Experimenten, verdrängte Utopien wurden wach. Reformvisionen und Ballästhetik bezauberten langsam die Gemüter in einer bis dahin konservativen und defensiven Republik. »Mehr Demokratie wagen« verhieß spielerischen Offensivfußball.

»Bonn hat einen neuen Klang«, schrieb Horst Krüger im November 1969 in der Zeit:

»Daß da... ein neues Kapitel begann, das konnte man schon in der Wahlnacht zu vorgerückter Stunde spüren: in der Art, wie Willy Brandt auftrat, selbstbewußter, sicherer, entschlossener, vielleicht um eine Nuance zu entschlossen.«

Zum Mythos eines reformfreudigen Modellfußballs wurde ab 1969 Hennes Weisweilers Borussia Mönchengladbach. »Du gehst zu Borussia – vergiß die Peitsche nicht!« frotzelte man am Niederrhein über den seit den Tagen des Aufstiegs in die Bundesliga gepflegten Hurra-Stil der »Fohlenelf«. Dieser zeitigte Handballresultate und Rekordsiege – ein 11:0 über Schalke, ein 10:0 über Neunkirchen, aber andererseits auch ein 0:7 auf eigenem Platz gegen die klug konternden Bremer. Als die Borussen einmal 5:6 den damals noch berühmteren Namensvettern aus Dortmund unterlagen, nahm Weisweiler seine junge Mannschaft gegen den Vorwurf in Schutz, sie hätte sich allzu sorglos und im Grunde naiv dem Angriffsfußball verschrieben: »Lieber 5:6 als 0:1 verlieren!« Doch auf Dauer war diese Position nicht zu halten. Der Preis für das wilde Drauflosstürmen war zu hoch. Netzer, der junge, intelligente Spielmacher, hatte es schon frühzeitig erkannt und für eine Verstärkung in der Abwehr sowie für eine effizientere Dosierung des Sturm-und-Drang-Spiels der Borussen plädiert.

Um hinten dicht zu machen, stand auch zu Beginn der sozialliberalen Regierungsbildung ein kluger machtpolitischer Schachzug, ohne den die neue Ära wohl kaum möglich geworden wäre: Die widerborstigen Rechtsliberalen sollten an die neue, ungeliebte Regierung gebunden werden. Deshalb riet der unvergessene Karl-Hermann Flach (FDP), einen nationalkonservativen Bock zum ministrablen Gärtner aufzuwerten. Und das hieß, Josef Ertl aus Miesbach, einem unverdrossenen Kämpfer für ein deutsches Tirol, die Chance seines Lebens zu eröffnen; er sollte künftig die Verlängerungen und Elfmeterschießen an der grünen Front in Brüssel bestreiten dürfen. Bei seiner Eitelkeit gepackt, willigte der zungenschwere Bayer ein und ließ Willy Brandt von nun an keinen alten Landesverräter mehr sein.

Um die Meisterschaftschancen der Borussen zu verbessern, besann sich auch Hennes Weisweiler darauf, süddeutsche Lackel für die wacklige Gladbacher Abwehr zu verpflichten: Sieloff, den altgedienten Stuttgarter Abwehrrecken, vor allem aber Luggi Müller, den berühmt-berüchtigten Rauhbauz aus Nürnberg. Als der gußeiserne Franke das weiße Trikot mit dem grünen Streif überzog, rieb sich mancher Fußballfan am Niederrhein ungläubig die Augen: Es war gerade so, als ob man den rechten Ertl von der FDP ins Reformkabinett des Antifaschisten Brandt gehievt hätte!

Diese machtpolitischen Schachzüge taten ihre beabsichtigte Wirkung: Mit einem Ertl in der Abwehr konnten die Borussen von nun an noch erfolgreicher zaubern, und Luggi Müller hatte in Brüssel so viel zu tun, daß ihm für Gedanken an riskante Ausflüge aus dem Koalitionsstrafraum gar keine Zeit mehr blieb.

Es war kein Zufall, daß mit dem Gladbacher Bökelberg ein gediegen-gutbürgerlicher Fußballort und nicht eine »grimmige« Kampfbahn des Kohlenpotts zur prototypischen Reformarena avancierte. In Mönchengladbach »schaut es immer so aus, als gingen die Leute auf Zehenspitzen den Bökelberg hinauf« *(Ulfert Schröder)*. Nicht ein kämpferisches Schalke, sondern »Swinging Gladbach« lieferte die Begleitmusik zur frühen Reformphase der sozialliberalen Koalition. Bürgerliche Liberale empfanden es seinerzeit als »schick«, mal mit der SPD zu gehen, da die CDU als verstaubt und altmodisch galt. Wenn schon Establishment – dann wenigstens den moderneren Teil davon! Denn wer wollte sich gerne von der protestierenden Jugend den einabschneidenden Vorwurf verpassen lassen, ein reaktionärer Finsterling zu sein?! Zur Regierungsbildung brauchte die SPD, neben ihren kampfstarken Veteranen à la Wehner und Leber, kompetente Technokraten wie Schmidt und Schiller und den neuen Typus der technisch-wissenschaftlichen Intelligenz wie Ehmke oder von Dohnanyi. Letztere – keine typischen Parteisoldaten und ohne den Stallmief der Baracke – waren eher zufällig zur Sozialdemokratie gestoßen.

Durch »Zufälle« entstand auch die legendäre Gladbacher Mannschaft, »die den Ruhm des Bergs in Mönchengladbach begründete, und weil die Zeit danach rief und somit das Gesetz erfüllt werden mußte, wonach jede Zeit den Fußball hat, den sie verdient und der ihr zusteht« *(ebd.)*.

Reformvision und Ballzauber

Die Epoche westdeutscher Fußballbrillanz begann 1970 bei der WM in Mexiko mit einem »mythologischen Ereignis«, dem Jahrhundertspiel zwischen Deutschen und Italienern in Azteka. 1966 hatte ein Teil der englischen Presse das kämpferisch dominierte Spiel des DFB-Teams noch in martialischem Jargon »gewürdigt«, den »Geist von Stalingrad« aufgespürt, gar vor dem Finale von Wembley Helmut Schön und Alf Ramsey mit den Weltkriegsgeneralen Rommel und Montgomery verglichen. Dabei war in England das deutsche Kampfspiel längst mit spielerischen Akzenten durchsetzt. Man denke nur an Hallers »lateinische« Spielweise, Beckenbauers verblüffend eleganten Perfektionismus und Overaths Rasanz.

In Mexiko gewann der deutsche Fußball erstmalig eine ausgewogene Mischung aus Kampf *und* Technik, aus alten und neuen Tugenden wie Tapferkeit und Intelligenz, Zähigkeit und Spielwitz, Kondition und Eleganz. Der »elegante Arbeiter« Wolfgang Overath verkörperte diese Synthese wie kein zweiter. Während Netzer vor seinen Genieblitzen Kunstpausen einzulegen pflegte, rackerte der Kölner noch unverdrossen und zerrieb sich selbst in solchen Zweikämpfen, die der pragmatischere Beckenbauer für kraftverschwen-

dend und unnütz gehalten hätte. In schwelgerischen Tönen
würdigte nun die englische Presse den neuen Rang des deutschen Fußballs. Nach Schnellingers erlösendem Ausgleichstor gegen Italien im Semifinale verstummten die eher gehässi-
gen Töne von einst:

»Wo immer die deutschen Fußballer auftreten, da geben sie
dem Spiel eine fast metaphysische Note. Wir müssen uns
verbeugen, wir müssen ihnen danken. Schnellingers Ausgleichstor wenige Minuten vor dem Schlußpfiff, das war
einer der Augenblicke, wo das glückliche Herz für immer
stehenbleiben will.« *(Vgl. Karl Heinz Bohrer)*

Gegen *Marokko* mußte die alte Brechstange herhalten. Sie
kamen damit noch einmal davon. Zur gleichen Zeit brachte
die sozialliberale Koalition die Dreier-Landtagswahl in Nordrhein-Westfalen, in Niedersachsen und im Saarland gerupft,
aber nicht geschlagen hinter sich.

Gegen *Bulgarien* war das deutsche Spiel mit den Dribbel-
künsten Libudas gesegnet.

Gegen *Peru* wurde Gerd Müller zum unvergleichlichen
Vollstrecker: »Gerd ist erfolgreich, weil rundum ausge-
glichen. Der Mann hat keine Komplexe und keine Schwierigkeiten mit sich selbst« *(Prof. Schoberth, in: Fußball-WM
1974)*. Als Müller später nicht mehr erfolgreich war und
keine Tore mehr schoß, sollte das Urteil des Sportmediziners
nicht mehr zutreffen.

Im Viertelfinale gegen *England* traten alle deutschen Fußballtugenden in konzentrierter Form in Erscheinung: der
Kampfgeist, nachdem sie 70 Minuten lang zu »verschreckten
Schülern« degradiert worden waren; die Eleganz beim ansatz-
los herausgeschossenen 1:2 Beckenbauers; die »teutonische
Unberechenbarkeit« bei Seelers unmöglichem Hinterkopf-
ausgleich; die Entschlossenheit bei Gerd Müllers unerwarte-
ter Siegeschance.

Im Jahrhundertspiel gegen *Italien* vermochte das mit Intelligenz und Raffinesse durchwirkte deutsche Kampfspiel das klassische, manchmal zynische Selbstbewußtsein der Italiener tief zu erschüttern. Obgleich sich die Glückswaage am Ende zugunsten der Azzurris neigte – 3:4 nach Verlängerung –, galt dem deutschen Spiel ungeteilter Beifall. Als traumhaften »Fußball aus dem Jahr 2000«, voller Poesie und Leidenschaft, Euphorie und Ohnmacht, losgelöst von taktischen Zwängen, suchten die Reporter aus aller Welt ein unbeschreibliches WM-Drama in Worte zu fassen.

Büchsenwurf und Nobelpreis

Am 20. Oktober 1971, fast auf den Tag genau zwei Jahre nach Libudas Solo beim WM-Qualifikationsspiel gegen Schottland, sollten sich Fußball und Politik beinahe zur gleichen Stunde symbolisch berühren: Als die sensationelle Meldung über den Äther ging, Willy Brandt sei der Friedensnobelpreis zuerkannt worden, erhielten die Gladbacher Himmelsstürmer die letzten taktischen Anweisungen von Hennes Weisweiler für das Europacupmatch gegen die Catenaccio-Künstler Inter Mailands. Und als die bevorstehende Ehrung Brandts in der Tagesschau gemeldet wurde, pfiff man am Bökelberg eines der größten Europacupspiele mit deutscher Beteiligung an, das den Fernsehzuschauern aber wegen überhöhter finanzieller Forderungen der Gladbacher vorenthalten blieb.

Der Nobelpreis und das 7:1 – die strahlenden Höhepunkte einer kurzen, großen Epoche, Momente des jähen Abhebens und tragischen Scheiterns. Dem deutschen Fußball wie der deutschen Politik schienen an diesem Tage visionäre Kräfte innezuwohnen, die freilich alle Chancen und Gefahren in sich bargen.

Die Entscheidung der norwegischen Nobelpreiskommission wurde von konservativen Kreisen argwöhnisch aufgenommen. Manche vermuteten ein internationales sozialistisches Komplott dahinter. Aber die Ehrung war echt und galt. Nicht dagegen das 7:1 der Borussen. Ein Büchsenwurf vermochte es! Eine Bierbüchse an den Kopf des dahinsinkenden Boninsegna genügte, um den Borussen am grünen Tisch den Riesenerfolg zu annullieren. Netzer & Co. scheiterten in der Stunde des größten Triumphes.

Den hatte sich der Stilist Karl Heinz Bohrer auf der Zunge zergehen lassen:

»Wenn dieser Netzer seinen Elchgang in Bewegung setzte, wenn er also aus der Tiefe des Raumes kam, wenn er anhob – genießen wir das ruhig einmal in Zeitlupe – und den Ball unwiderruflich in die gefährliche Zone hob, wenn das geschah, dann wurden Heynckes, Wimmer und Lefèvre zu abgeschossenen Pfeilen, dann glaubten Italiens hartgesottenen Kommentatoren, zum zweitenmal die Kimbern und Teutonen einbrechen zu sehen, nun aber nicht barbarisch, sondern in wilder Eleganz.«

Der neudeutsche Glücksfall hieß aber damals Bayern München. Die phantasievolleren Borussen vergaßen mitunter Ziel und Zweck. Sie ästhetisierten das Spiel so sehr, daß ihnen oftmals zu guter Letzt der entscheidende höchste Erfolg versagt blieb. Dagegen kultivierten die Bayern das Zweckdenken und setzten es in Trophäen um. Die Borussen ernteten Bewunderung und Mitleid, die Bayern Pfiffe und Pokale.

Die Bayern pflegten selten so hoch wie die Borussen zu gewinnen. Sie taten meist nicht mehr als das für den Sieg unbedingt Notwendige. Und wäre ihnen ein Malheur à la Boninsegna passiert, so hätte der finanzgewaltige Vereinspräsident sicher Mittel und Wege gefunden, das europäische Exekutivkomitee zu besänftigen.

Als »Kumpel Udo« Lattek den eher verbohrten Jugoslawen Branko Zebec 1970 ablöste, empfanden die Spieler den Wechsel als »reinste Erholung«. Der Krieg um die Freistellung zu Autogrammstunden hatte ein Ende. »Alles klar, nimm' das Geld nur mit«, pflegte Lattek einzuwilligen, »war er doch selbst ganz schön hinterm Geld her, jede Mark hat er eingesammelt« *(Sepp Maier)*. Derart ökonomisch motiviert, fanden die Bayern zu einem effektiv arbeitenden Team aus fünf erstklassigen leitenden Angestellten und einigen gutfunktionierenden Subalternen zusammen.

»Für alles Angenehme« eigne sich Beckenbauer, weil sein Stil leicht und locker wirke, lotete der Düsseldorfer Werbedesigner Charles Wilp die Bayernstars aus *(SPIEGEL Nr. 24/ 1974)*. »Müller dagegen erscheine naiv, brav und ehrlich, ein rechter Verkaufshelfer für Produkte der Ordnung und Sauberkeit im trauten Heim.«

Zum Selbstläufer in der Werbung entwickelte sich Paul Breitner (»Mein Ehrgeiz war mein Hobby«), der den Beweis antrat, »wie weit es ein mittelmäßiger Spieler mit Grips bringen kann, wenn er es versteht, sich zu ›verkaufen‹« *(Thomas Städtler)*. Mit dem ihm angedichteten Titel des »Maoisten-Paule« schlüpfte er über Jahre in die publicitysichere Rolle des »enfant terrible« im erzkonservativ regierten Verein:

»Der FC Bayern, nehmen wir ihn her, ist ›schwarz‹... Man hat dort größere Schwierigkeiten als zum Beispiel als CSUler in Essen.« *(Paul Breitner)*

Bayern und Borussen begründeten ihren Ruf des deutschen Erfolgsgestirns in den frühen 70er Jahren. »Swinging Gladbach« und das Perfektionsspiel der Bayern standen für Improvisation und Kalkül, Esprit und Ökonomie, politisch gesprochen: für Reformvisionen und technokratisches Geschick. Die Leitfiguren – Netzer und Beckenbauer – befreiten den deutschen Fußballsport »von dem Image, eine Fortsetzung des Krieges mit anderen Mitteln zu sein, über Kampfkraft als entscheidendes Kriterium zu verfügen, auf Kosten der Technik und der Intelligenz« *(Gerd Hortleder)*. Der Gladbacher Individualist ließ sich als Fußball-Würdenträger niemals von profaner Politik einspannen. Der Perfektionist aus München schätzte den Umgang mit »schwarzen« Politgrößen.

Die strategischen »Denker« der Bayern und die kreativen »Dichter« der Borussen entfalteten, getrennt auf internationaler Ebene oder sinnvoll vereinigt in der glorreichen Europameisterschaftself von 1972, eine kaum je dagewesene glückliche Mischung. Diese sollte zwischen 1971 und 1973 nach Ungarns Virtuosen der frühen 50er und Real Madrids Meisterschaft der späten 50er Jahre zur dritten maßstabsetzenden europäischen Supermannschaft avancieren.

Dabei reisten sie im April 1972 nur mit einer Rumpfelf zum Viertelfinal-Hinspiel nach England. »Schlimmer geht's nimmer«, versuchte Helmut Schön die Mannschaft aufzurichten: »Wir sind ganz unten, und das hat einen gewaltigen Vorteil. Es kann nämlich nur noch aufwärts gehen.« *(Sepp Maier)*

Als der FDP-Fraktionsvorsitzende Mischnick morgens um neun vor der Abstimmung zum konstruktiven Mißtrauensvotum seinen wankelmütigen Kollegen von Kühlmann-Stumm und Kienbaum die Frage stellte, wie sie abstimmen würden, bekannten sie, sich für Barzel und gegen Brandt entschieden zu haben.

Das spannend-herzzerreißende Abstiegsspiel schien klar verloren, der Unionssekt schon eingeschenkt. Doch Wasserträger Wienand war pausenlos durch den Dauerregen der Koalition gelaufen und hatte seinem Meister Wehner die Drecksarbeit abgenommen. Eiskalt wie nie zuvor wurde die deutsche Rechte ausgekontert. Die SPD opferte ihren moralischen Überschuß der Sache. Barzel habe versucht, so Ehmke, »mit Hilfe einiger Überläufer Bundeskanzler zu werden. Wir haben mit Hilfe einiger Unterläufer dafür gesorgt, daß Brandt gerettet wurde«. Ein wahrer Begeisterungstaumel setzte ein. Auf den Straßen formierten sich spontan Demonstrationen und am Abend Fackelumzüge.

102

»Es war wie das befreiende Erwachen nach bösen Alpträumen. Einen Moment lang schien für die Sozialliberalen die Zeit stillzustehen.« *(Arnulf Baring)*

Als Günter Netzer 48 Stunden danach seine Linien auf den heiligen Rasen von Wembley zeichnete, mußte man annehmen, daß die Woge des Glücks von der Rumpfkoalition auf die ebenso aussichtslos ins Rennen gegangene Rumpfelf übergeschwappt war. Wimmer rannte unermüdlich durch den Regen, »und Netzer kam aus der Tiefe des Raumes« *(Karl Heinz Bohrer)*.

Wie oft wurde sein Spiel bedichtet, vor allem von Intellektuellen, die über seine Kunst jenen Fußball erst entdeckten, den sie zuvor noch für eine besonders perfide populistische Veranstaltung gehalten haben mochten. Er spiele nicht, sondern er »interpretiere« Fußball *(Jürgen Werner)*, er zeichne Linien, er schleudere »Pässe wie Blitze« *(Steffen Haffner)*. Und Karl Heinz Bohrer, der damalige Londoner Kulturkorrespondent der FAZ, schrieb:

»Der aus der Tiefe des Raumes plötzlich vorstoßende Netzer hatte ›thrill‹. ›Thrill‹, das ist das Ereignis, das nicht erwartete Manöver, das ist die Verwandlung von Geometrie in Energie, die vor Glück wahnsinnig machende Explosion im Strafraum...«

Doch die kurze visionäre Phase in der bundesdeutschen Geschichte sollte noch eine weitere emotionale Steigerung erfahren: durch den Gewinn der Europameisterschaft in Belgien. Die sich gegenseitig ergänzenden Bayern und Borussen brachten es zu beispielloser Rasanz. Das erste Finaltor von Brüssel entsprang einem atemberaubenden Wirbel: Beckenbauer leitete ein, Netzers Geschoß klatschte gegen den Querbalken, Heynckes paßte den Abpraller zu Müller, der blitzschnell verwandelte! Ein stakkatohaftes Raunen auf den Rängen begleitete solche Aktionen, die selbst in Zeitlupe dem fußballgeschulten Auge von damals noch zu schnell schienen.

War dazu noch eine Steigerung möglich? Konnte dieses Niveau gehalten werden? Mit dem preisgekrönten Doppelpaßtraumtor zwischen Netzer und Müller beim 5:1 gegen die Schweiz im Herbst des gleichen Jahres zelebrierte das neudeutsche »Wunderteam« sein letztes erinnerliches Mirakel. Man schrieb den 15. November 1972. Am gleichen Abend fand die »Elefantenrunde« statt, vier Tage vor jener Bundestagswahl, die zum emotionalen Höhepunkt für viele Millionen Bürger werden sollte. Die SPD nutzte die Gunst der Stunde und ließ am nächsten Tag das Flugblatt verteilen: »5:1 für Deutschland – 5:0 für Willy Brandt!« Mithin war Brandt noch besser als Deutschland.

»Nur solange Netzer aus der Tiefe des Raumes kam, so lange währte wirklich die deutsche Fußballherrlichkeit. Erfolgreich waren sie sicher sechs Jahre lang. Groß aber wirklich nur zwei bis drei Jahre, zwischen 1971 und 1973.« *(Karl Heinz Bohrer)*

Die visionäre Phase bundesdeutscher Politik nach '68 währte den gleichen Zeitraum. 1973, auf ihrem Hannoveraner Parteitag, war die SPD am Ende ihrer reformpolitischen Wegstrecke angelangt. Der Kanzler befand sich auf dem Höhepunkt seines Ansehens. Hans-Joachim Noack beschrieb Brandt nach Hannover in der FRANKFURTER RUNDSCHAU vom 14. 4. 1973 als eine »Autorität ohnegleichen«, deren Übermacht »allumfassend, berückend und fast schon ein wenig beängstigend« wirke.

Im Pokalfinale 1973 lieferten sich Mönchengladbach und Köln (2:1 n. V.) im Düsseldorfer Rheinstadion nochmals 120 Minuten lang bedingungslosen Offensivfußball, der hinterher nur in Superlativen gepriesen wurde. Vergleiche mit der dramatischen 3:4-Niederlage der Deutschen in Mexiko gegen Italien stellte man an. Hennes Weisweiler bekannte enthusiastisch: »So herrlich kann Fußball sein…« Und Vizekanzler Walter Scheel schwelgte: »Ein tolles Spiel bei einer tollen Stimmung. Da lacht einem förmlich das Fußballherz.« Dettmar Cramer bedauerte, daß eine Begegnung von »solch hohem spielerischen Format nicht in der ganzen Welt gezeigt werden konnte«. Es war Netzers letzter großer Auftritt im Dreß der Borussen. Mit der Nummer 12 auf dem Rücken hatte er 90 Minuten lang nur auf der Auswechselbank Platz nehmen dürfen. Die Bekanntgabe seines Wechsels zu Real Madrid beherrschte tagelang den deutschen Blätterwald. »Der ›Er-kann-uns-doch-das-nicht-antun‹-Schrei hatte eine feine Witterung für das Außergewöhnliche dieses Spielers« *(Karl Heinz Bohrer)*. Netzer hatte eine feine Nase für die schicksalhafte Chance eines messianischen Abschieds im Dienste der Mannschaft: »Kulik sagte mir am Ende der regulären Spielzeit, daß er fix und fertig sei. Da habe ich erkannt, daß die Mannschaft mich brauchte.« Und so schoß er in der 94. Minute den fulminanten Siegtreffer. Eine Ära war vollbracht.

Die Gladbacher Herrlichkeit verging allmählich mit dem Ende der sozialliberalen Reformeuphorie; demgegenüber sollten die Bayern gerade erst in der »Macher«-Phase ab 1974 ihre größten internationalen Erfolge erzielen.

Guillaume und Sparwasser

Graue DDR-Mäuse lieferten 1974 die Anlässe für die Umorientierung der deutschen Politik wie des deutschen Fußballs: der Spion Günther Guillaume und der Magdeburger Mittelstürmer Jürgen Sparwasser. Am 8. Mai 1974 – genau 29 Jahre nach der Kapitulation der deutschen Wehrmacht –

erfuhr die DDR mehr internationale Aufmerksamkeit und Geltung als durch den formellen UNO-Beitritt ein halbes Jahr zuvor.

Der 1. FC Magdeburg holte an jenem 8. Mai den bis dahin einzigen Europapokaltitel einer DDR-Mannschaft. Tags zuvor hatte Bundeskanzler Willy Brandt »die Verantwortung für Fahrlässigkeiten im Zusammenhang mit der Spionageaffäre Guillaume« übernommen und war als Regierungschef zurückgetreten. Der Erfolg der DDR-Mannschaft wurde dadurch aufgewertet, daß die Magdeburger im Finale gegen jene Milanesen siegten, die eine Runde zuvor Borussia Mönchengladbach, die sozialliberalen Trendsetter, aus dem Turnier gekickt hatten. Der DDR-Fußball erfuhr nachträglich Genugtuung für die unwürdigen Vorkommnisse am Rande der ersten innerdeutschen Europapokalbegegnung zwischen Bayern München und Dynamo Dresden im Landesmeister-Wettbewerb der gleichen Saison. Bayern-Präsident Neudecker hatte es im Viertelfinale 1973 zu einem schlimmen antikommunistischen Eklat nach den Sitten der bajuwarischen Staatspartei kommen lassen: »Wir fahren nur bis Hof, bleiben dort bis zum Spieltag und reisen erst dann nach Dresden weiter!« Als offizielle Begründung nannte er unter dem Hohngelächter der Journalisten »den Höhenunterschied« (!) zwischen Dresden und München. Die von Kommunistenängsten gepeinigten Bayern-Bosse verstanden die späte Anreise als Präventivmaßnahme gegen vermutete gastronomische Manipulationen.

»In Wahrheit hatten Lattek und Schwan gefürchtet, man würde uns im Hotel etwas ins Essen tun. Daher hatten wir unsere Verpflegung selber dabei. Sicher ist sicher.« *(Sepp Maier)*

Schon Beckenbauer hatte mit Beginn der sozialliberalen Koalition die Besorgnis geäußert, »es könne in der Bundesrepublik zu Verhältnissen kommen, wie sie in der DDR oder in anderen sozialistischen Ländern bereits herrschen« *(SPIE-GEL Nr. 24/1974)*. Und dem als »Maoisten« gehandelten Paul Breitner hatte Präsident Neudecker 1970 auf der Anreise zum Europapokalspiel beim tschechoslowakischen Pokalsieger Skoda Pilsen den Ausstieg aus dem Mannschaftsbus zum Zwecke der Übersiedlung nahegelegt.

Torwart Sepp Maier hatte vor dem Spiel in Dresden eher ökonomische Sorgen. Seine Gedanken kreisten weniger um die Berliner Schandmauer als um die ersten Betonpfeiler, die Baufirmen draußen auf dem Gelände seines künftigen Tennisparks gesetzt hatten. Ein Fünfjahresvertrag war dem »Gaudiburschen« im Bayern-Tor versprochen worden:

»Den kriegen's. Aber wenn wir heute ausscheiden, dann bedeutet das einen großen finanziellen Verlust für den Verein. Für ihr Darlehen für den Tennispark sehe ich schwarz.« *(Sepp Maier)*

Doch Dresden verlor, Maier bekam seinen Tennispark.

In diesem Jahr qualifizierte sich die DDR jedoch für die WM in der Bundesrepublik und wurde in die Gruppe der DFB-Mannschaft gelost. Ein pfiffig herausgespieltes Tor Jürgen Sparwassers entschied das nationale Derby zugunsten des ersten deutschen »Arbeiter- und Bauernstaates«. Helmut Schön verließ am 22. Juni 1974 um 21.17 Uhr im Hamburger Volksparkstadion schwer deprimiert die Kampfbahn, und es folgte Beckenbauers geschichtsträchtige Palastrevolte von Malente:

»Auf den Schönheitspreis können wir verzichten, ab heute wird gekämpft, gerannt bis zum Umfallen. Ich fordere von jedem den letzten Einsatz. Wer nicht bereit ist mitzuziehen, der kann von der Ersatzbank zuschauen.« *(Sepp Maier)*

Hauptleidtragender dieses markigen Kampfappells war vor allem Günter Netzer, den Schön im Match gegen die DDR in der 69. Minute in ein restlos zerfahrenes Spiel genommen hatte, wo der »Rebell am Ball« nur noch als Stan Laurel enden konnte. »Eine Riesenchance oder Gemeinheit?« befragte der PLAYBOY später Paul Breitner zu Netzers Hereinnahme:

»*Breitner*: Ich würde das hinterher als Sadismus bezeichnen.
Playboy: Und so hat es Netzer auch gesehen?
Breitner: Natürlich... denn nicht der Günter war zu schwach an diesem Tag – die ganze Mannschaft war es.«
(Paul Breitner)

»Vielleicht war es sogar ein Glück, daß wir gegen die DDR verloren haben«, erklärte Beckenbauer vielsagend nach der Hamburger Schmach vom 22. Juni 1974. Ebenso schien einigen sozialdemokratischen Führern die Guillaume-Affäre nicht unwillkommen gewesen zu sein, um dem »Schlendrian« in Partei und Regierung ein Ende zu bereiten. Brandt und Netzer – die einstigen Charismatiker – blieben auf der Strecke. Gefragt waren fortan jene, die bedingungslosen Siegeswillen, zähe Alltagsarbeit, Einsatzbereitschaft und Kampfmoral obenan stellten.

Im WM-Vorbereitungsspiel gegen Schweden waren Netzer »die Beine schwer« und »die Luft knapp« geworden. Mitleidlos spielten besonders die fünf Bayern den Ball an dem ehemaligen Mönchengladbacher vorbei. Mehrfach bettelte der Star um den Ball – vergebens: »Du mußt mehr rennen!« riefen ihm Beckenbauer und die Seinen zu *(SPIEGEL Nr. 24/ 1974)*. Hatte der Herr vielleicht in Spanien zu gerne »lau gebadet«?

Die »Nummer eins« sei »entrückt« und »abgeschlafft«, hatte Wehner Brandt in Moskau gerügt. »Jedenfalls kann ich, neben Fehlern, Konditionsschwächen nicht bestreiten«, gestand Willy Brandt in seiner »Zwischenbilanz« am Vorabend seines Rücktritts *(SPIEGEL, 16. 9. 1974)*. Zuvor hatte Finanzminister Helmut Schmidt nach der SPD-Schlappe bei

Hamburgs Bürgerschaftswahl dem Kanzler ins Stammbuch geschrieben:

»Jeder Politiker sieht in einer Fernsehdemokratie auf die Dauer so aus, wie er ist.« *(Vgl. Arnulf Baring)*

»Wir können Sie nur topfit brauchen«, ließ Helmut Schön den EM-Star von 1972 wissen, und Beckenbauer fügte hinzu: »Wenn nicht, spielen wir besser ohne ihn.« *(SPIEGEL Nr. 24/1974)*

Jürgen Busche
(früherer Chefredakteur der Berliner WOCHENPOST)

Der FC Bayern ist unbeliebt

Zu einem Aufsatz über den FC Bayern München kann einem vieles einfallen – aber kein erster Satz. Was stimmt, wenn von diesem Verein die Rede ist, kann man so nicht sagen. Was man üblicherweise von Fußballklubs zu sagen hat, stimmt so nicht, wenn es um diesen deutschen Rekordmeister geht. Rekordmeister der Disziplin Fußball gibt es ja einige in Deutschland: den FC Schalke, den Hamburger Sportverein, den FC Nürnberg. Doch der FC Bayern unterscheidet sich von diesen vor allem dadurch, daß er auch Meister zu sein scheint, wenn er einmal die Saison gar nicht an der Spitze der Tabelle beendet. Auch in der abgelaufenen Saison 1996/97 hat er dort Platz genommen, aber es hätte nicht sein müssen.

Das Thema ist groß genug, um die Erörterung mit einem Dichterwort zu schmücken. Bleiben wir südlich der Main-

linie und zitieren den schweizerischen Literatur-Nobelpreis-
träger Carl Spitteler, der gesagt hat, wenn die Schweizer die
Alpen selber gemacht hätten, wären sie bedeutend flacher
ausgefallen. Nun, wenn der FC Bayern die Alpen geschaffen
hätte, wären sie unvergleichlich größer ausgefallen.

Trotzdem sind die Fußballer dieses Vereins unbeliebt. Wir
wollten, weil sie gerade Meister geworden sind, obwohl sie es
nicht hätten werden müssen, mit diesem Satz nicht gleich
wie mit der Tür ins Haus fallen und bringen ihn daher erst
jetzt, wo sich mancher Leser schon entschieden haben mag,
den Artikel nicht weiterzulesen. (Wer liest schon noch bis
zum dritten Absatz?) Der FC Bayern München ist unbeliebt.

Nun, da es heraus ist, wollen wir auch dabei bleiben. Denn
Schöneres gibt es über den Verein wirklich nicht zu sagen.
Die Deutsche Presseagentur erschien an dem Tag, als alle Zeitungen den ruhmreichen Sieg von Borussia Dortmund im
Endspiel der Champions League verkündeten, mit der Meldung: »Die Profis des Fußball-Bundesligisten Borussia Mönchengladbach haben in einem offenen Brief an die Fans
appelliert, bei der Ehrung nach dem letzten Heimspiel dieser
Saison am Sonnabend gegen den FC Bayern München dem
neuen Deutschen Meister von der Isar Anerkennung und
Applaus zu zollen. Die Lizenzspieler der Borussia wiesen
darauf hin, daß ›ganz Deutschland‹ nach Mönchengladbach
schaue, den Bayern als verdienter Meister Gratulation und
Anerkennung gehöre und Pfiffe unangebracht seien.«

»Zollen« ist hübsch. Und »unangebracht« ist auch hübsch.
Aber das Entzückendste an dieser Meldung ist, daß es sie
gibt. Und vielleicht ist jener Brief, dessen Inhalt sie wieder-
gibt, ja überhaupt aus einer abscheulichen Gesinnung heraus
entstanden, eine Gemeinheit. Der FC Bayern ist unbeliebt,
auch wenn einige mittlerweile das Gegenteil behaupten.

Warum ist er das? Er ist es nicht bei allen, aber doch überall in Deutschland. Viele lieben, weil wir schon dabei waren,
Borussia Mönchengladbach wegen der Spielweise der Mannschaft in den 70er Jahren, jenem Jahrzehnt, in dem Gladbach

und Bayern die Deutsche Meisterschaft unter sich ausmachten. Und wenn das Fernsehen einmal Zuschauerwünsche erfüllt, dann zeigt es in voller Länge das Pokalfinale von 1973, Borussia Mönchengladbach gegen den 1. FC Köln, als Günter Netzer zunächst nicht mitspielen durfte, weil er Krach mit Trainer Weisweiler hatte, dann aber in der Verlängerung doch hereinkam und ein phantastisches Tor erzielte, mit dem er die Partie entschied. Wer aber möchte schon ein altes Spiel von den Bayern sehen, wo doch die aktuellen schon unangenehm genug sind?

Und ist, wo wir gerade vom Hereinnehmen sprechen, bei den Bayern und ihrem Publikum ein so großer Augenblick vorstellbar wie jener bei dem schon erwähnten Europacupendspiel Dortmund gegen Turin, wo die Fans in kräftigen Sprechchören hartnäckig »Susi, Susi!« rufen und damit den 34 Jahre alten Michael Zorc meinen, immer bei Dortmund gewesen, zuletzt nicht mehr so schnell und kampfstark, wie er sein sollte und deshalb kaum noch von Trainer Hitzfeld berücksichtigt, ein Schicksal wie das der Bremer Stadtmusikanten. Und dann wechselt wenige Minuten vor Schluß (und beim Stand von 3:1) der barsche Coach Susi doch ein. Ach, Dortmund... vergangene Zeiten, als die Schwarz-Gelben, deren Triumphe am Steinplatz und am Borsigplatz gefeiert wurden, im Endspiel um die Deutsche Meisterschaft, das gab es früher, die Chance nutzten, zweimal nacheinander mit denselben elf Spielern – Auswechseln gab es damals nicht – den Titel zu erringen und dafür auf die Aufstellung eines aktuellen Nationalspielers aus ihrem Verein, den jungen Aki Schmidt, verzichteten. Elf Freunde sollt ihr sein!

Was hat sich geändert? Die Frage ist nicht, wie paßt der FC Bayern ins Bild, sondern, wie paßt das neue Bild des Fußballs, trotz Borussia Dortmund, Schalke und Energie Cottbus, zum FC Bayern?

Man darf hier wiederum der Methode vertrauen, die der Soziologe Norbert Seitz in seinem genialen Buch »Bananenrepublik und Gurkentruppe«, später erschienen mit dem veränderten Titel »Kohl und Maradona«, entwickelt hat: die Parallelisierung von Politik und Fußball als gegenseitige Interpretationshilfen zum Verständnis der Geschichte der Bundesrepublik Deutschland. Also Adenauer und Herberger, Willy Brandt und Helmut Schön (»Guillaume und Sparwasser«), Schmidt und Derwall, Kohl und – ja, er hat Platz für zwei: Beckenbauer und Vogts.

Bayern München und Borussia Mönchengladbach kickten in der ersten Bundesligasaison nicht in der obersten Spielklasse. Aber sie stiegen rasch auf und gehörten bald zu den Besten. In den 70er Jahren waren sie nicht nur die Besten, sie waren zugleich das Beste, was der deutsche Fußball je hervorgebracht hat. Tatsächlich bezeichnet ihr Aufstieg zur europäischen Spitze den Wechsel des Sports vom Proletenfuror zur Angestelltenkultur. Die erfolgreichsten Vereine vorher kamen durchweg aus SPD-Hochburgen: Frankfurt, Hamburg, Essen, Dortmund; man rackerte und malochte, das Idol der Zeit des deutschen Wiederaufstiegs – der Titel von 1954 war noch mit Vorkriegsmitteln erzielt worden – hieß Uwe Seeler.

Mönchengladbach dagegen war eine CDU-Hochburg am Niederrhein, und in München verdrängte der FC Bayern, aus dem CSU-Milieu stammend, den TSV 1860, die Löwen aus dem Arbeiter-Stadtteil Giesing. Beckenbauer verließ Giesing und lebt heute in Kitzbühel. Das sagt alles.

Für das Folgende von Bedeutung wurde, daß Mönchengladbach eine kleine Stadt mit einem kleinen Stadion war. Um sich das Kicken unter den Besten leisten zu können, mußte die Borussia vom Niederrhein stets Klassespieler hervorbringen und dann teuer verkaufen. Bei den Bayern ging es umgekehrt zu. Seit sie im Münchner Olympiastadion spielen, haben sie Einnahmen, die es ihnen erlauben, von jedem deutschen Verein den Spieler wegzukaufen, der nur ein wenig über den Durchschnitt herausragt. Und sie tun es. In den letzten Jahren war es der Karlsruher Sportclub, der auf diese Weise kontinuierlich die besten der Jungen an die

Bayern verlor. Der Karlsruher Trainer, Winfried Schäfer, hatte früher in Mönchengladbach gespielt.

Die neue Angestelltenmentalität der 70er Jahre, gepaart mit dem neuen Selbstbewußtsein aus der zweiten Hälfte der 60er Jahre – doch dabei sind die Beatles wichtiger als die Studentenbewegung –, der Regierungswechsel in Bonn, das neue Alles-ist-möglich-Gefühl führten zu dem Höhenflug der deutschen Nationalmannschaft, zu dem Bayern und Gladbacher noch gemeinsam beitrugen: die Europameisterschaft von 1972 und der Titel 1974.

Doch dann ging die Entwicklung auseinander. In München bestimmte das Geld die Karrieren der Angestellten – und beförderte sie erkennbar, wie eben Geld das tun kann. Anderswo mußte man entdecken, daß es auch kleine Angestellte gibt, und nicht alles ist möglich.

So hatten sich die Zeiten geändert. Aber vielleicht ändern sie sich wieder. Gewiß, der FC Bayern ist unbeliebt. (Dieser Satz könnte einen süchtig machen.) Doch daß der FC Bayern in diesem Jahr wieder Meister geworden ist, was er nicht hätte müssen, wird erträglich durch die alles überragenden Erfolge von Schalke und der Borussia aus Dortmund in den europäischen Wettbewerben. Die scheinen doch eindeutig mit Tugenden errungen worden zu sein, die einer grauen Vergangenheit anzugehören schienen.

Nach diesen Tugenden: Mut statt Geld, am Torpfosten Blut statt Tausendmarkscheine, oder, um jetzt endlich Sepp Herberger zu zitieren: »Ihr müßt brenne, Männer«. Herberger kann man auch zweimal zitieren. Als er gefragt wurde, weshalb die Leute Fußball so spannend finden, antwortete er: »Weil sie nicht wissen, wie es ausgeht.« In dem *Alles-ist-möglich* der leitenden Angestellten des FC Bayern bedeutete dies: Wenn sie gewinnen, ist das normal, wenn sie verlieren, ist das Grund zur Freude, und zwar zur schönsten Freude, der Schadenfreude. Denn wenn der FC Bayern etwa am Hamburger Millerntor gegen den FC St. Pauli spielte, dann waren die Gastspieler auf dem Rasen reicher als alle Zuschauer auf den Rängen, trotz prall gefülltem Stadion.

Wenn man nicht weiß, wer gewinnt, weil die Gründe für Sieg und Niederlage bei den heiligsten Tugenden der Akteure liegen, erlebt man den Ausgang der Begegnungen anders. Und dann freut man sich vielleicht auch einmal wieder über einen Sieg der Männer von Bayern München.

Walter Schumacher
(seit 1994 Sprecher der rheinland-pfälzischen Landesregierung)

Am Bezze

Meine Fahne war ein Fähnchen, und es flatterte nicht, es knatterte, weil es aus Papier war.

Die Farbe: rot!

Ich hielt das Fähnchen fest in der Hand, und mein Vater hielt mich auf dem Arm.

Es war das Jahr 1953, und wir waren auf einer Demonstration in der Karl-Marx-Straße. Politik? Fußball! Der 1. FC Kaiserslautern hatte die Deutsche Meisterschaft gewonnen, und lauter lautere laute Lauterer jubelten in der Stadt.

In meiner Heimat Kaiserslautern wurde nie große Politik gemacht, hier wurde großer Fußball gespielt. Als Fritz Walter wirbelte, Ottmar Walter wuchtete, Horst Eckel rackerte, Werner Liebrich köpfte und Werner Kohlmeyer grätschte – da war ich dabei; und nicht als Zuschauer, denn ich war zu klein, um im Stadion was sehen zu können.

Mein schönstes Fußballerlebnis in jenen fünfziger Jahren: Ich wurde vom Stadionsprecher ausgerufen – auf dem Betzenberg! Es hallte, wie wenn Fritz Walter genannt wurde, gemeint war aber der kleine Walter (»Der kleine Walter sucht seinen Vater!«).

Mein erstes Politikerlebnis hatte ich erst später, nach dem Rücktritt von Fritz Walter und vor dem Rücktritt von Konrad Adenauer: Wahlkampf 1961 mit dem Bundeskanzler in Kaiserslautern.

Zum Thema »Fußball und Politik« kann ich keinen großen Beitrag leisten. Ich wurde weder Fußballer noch Politiker, auf keinem Feld ein Profi. Und alles hat sich in meiner kleinen Heimat abgespielt.

In der Schülermannschaft durfte ich mitspielen, weil ich schon für die Heimatzeitung schrieb. Und weil ich für die Heimatzeitung schrieb, hatte ich einen Stammplatz in der Kommunalpolitik. Im Stadtrat von Kaiserslautern gründeten Amateure aus allen Fraktionen eine Stadtrats-Fußballmannschaft, wir traten auch gegen die Bayern an, auf einem Seitenplatz eines Nebenplatzes des Olympiastadions in München.

In den siebziger Jahren fiel dann in Kaiserslautern ein Fußballplatz dem Terrorismus zum Opfer. Das Vereinsheim des Polizeisportvereins wurde zum Gerichtsgebäude umgebaut, fast wie Stammheim sah das Stammheim der Fußballer nun aus, und drin wurde ein Terroristenprozeß verhandelt, »der kleine Baader-Meinhof-Prozeß« hieß es in den Medien.

Ich war Gerichtsreporter der Deutschen Presseagentur.

Journalist!

Journalismus ist besser als Fußball und Politik. Du verdienst mehr als Politiker, nur weniger als Fußballer; und die Verletzungsgefahr ist gering, die eigene jedenfalls.

Klaudia Martini
(seit 1991 Ministerin für Umwelt und Forsten in Rheinland-Pfalz)

Rot pur

In Politik und Fußball geht's manchmal ganz schön rund. Da werden Siege und Niederlagen errungen, Fouls gespielt, Treffer und Eigentore geschossen, Mannschaften gefeiert und gefeuert. Und in Politik und Fußball haben's mir dabei die »Roten« angetan.

Hätte ich für 1998 Wünsche frei, so wünschte ich mir beim Fußball, daß sich mein Lieblingsverein, der 1. FC Kaiserslautern, nach Abschluß der Saison 1997/1998 wieder in der Ersten Bundesliga etabliert hat. Und wenn ich noch einen Wunsch frei hätte, würde ich die »roten Teufel« vom Kaiserslauterer Betzenberg im Jahre 1998 sogar in der Champions League spielen lassen. Na ja, ein UEFA-Cup-Platz tät's vielleicht auch!

Wenn ich mir in der Politik etwas für 1998 wünschen dürfte, dann, daß die »Roten« in Bonn den »Roten« vom Bezze nacheifern und sich endlich wieder als »Winning Team« präsentieren. Wenn die Bonner »Roten« dann noch fair, aber stürmisch und in einträchtigem Doppelpaßspiel die gegnerischen Teams von »Schwarzen«, »Grünen« und »Blau-Gelben« in die Abseitsfalle jagen oder gar vom Felde fegen, wär's meinerseits eine »La-Ola-Welle« wert.

Indiziert also mein Bekenntnis als rheinland-pfälzische Umweltministerin zu »Rot pur« in Politik und Fußball bereits die im Buchtitel erwähnte nahtlose Übereinstimmung zwischen Fußball und Politik? Mit Blick auf meine bevorzugte Farbe: Ja! Zumal viele prominente Politiker FCK-Fans sind. So der Spielführer der siegreichen rheinland-pfälzischen »Roten«, Ministerpräsident Kurt Beck, aber auch der Mannschaftskapitän der vom Abstieg bedrohten Bonner »Schwarzen«, Bundeskanzler Helmut Kohl.

Zeigt sich die nahtlose Übereinstimmung zwischen Fußball und Politik nicht auch darin, daß Politiker wie Fußballer den Erfolg brauchen, sich gerne feiern lassen und bei Mißerfolg leicht gefeuert werden? Als »rote« Politikerin kann ich meiner Mannschaft nur eines auf den Weg geben: Von den »Roten« vom Bezze lernen, heißt siegen lernen! Mannschaftsgeist statt Eigenbrötlertum, Taktik statt Planlosigkeit, Doppelpaß statt Ego-Zock. Denn nur so spielen die »Roten« in Zukunft wieder um die Deutsche Meisterschaft – in der Politik, versteht sich! Wenn's dann auch noch im Fußball klappt, wär's doppelt schön. Sollen sich die anderen doch schwarz, grün und blau ärgern.

Und wenn die bundesdeutsche Politik mit dem bundesdeutschen Fußball auch in Sachen Umweltschutz noch an einem Strang zieht, habe ich als Umweltministerin gleich einen »Hattrick« in Sachen Freude. In den Dienst des Umweltschutzes haben sich die »Roten« schon seit längerem gestellt – auf dem Bezze ebenso wie in Bonn und Mainz. Nicht umsonst gilt das Fritz-Walter-Stadion bundesligaweit als umweltfreundlichstes Stadion. Vom *Park and Ride* bis zur Abfallverwertung. Und die FCK-Fans wissen von der Rückseite ihrer Eintrittskarte: Wer gegen die Umwelt spielt, schießt nur Eigentore. Und eine Verlängerung gibt es für die Umwelt nicht. Also, hoffen wir gemeinsam für 1998 auf ein nahtloses »Rot pur« in Politik und Fußball.

Derwall & Schmidt

Kontinuität und Konzentration

Als im Mai 1974 die Charismatiker den Weltökonomen weichen mußten, ging es nur noch um die Sicherung des Erreichten. Man wollte das internationale Niveau halten. »Kontinuität und Konzentration« nannte Helmut Schmidt das Motto seiner Regierungserklärung.

Nur noch schnörkellose Technokraten und zuverlässige Routinearbeiter fanden Platz auf der Regierungsbank. Hatte nicht Beckenbauer die phantasiereichen Borussen als »Topfenmannschaft« belächelt und Helmut Schmidt Brandts Literaten als überflüssige »Hofschranzen« vor die Tür des Kanzleramts gesetzt, die rebellischen »Jusos« von der Kanzel aus als »Traumtänzer« beschimpft? Die Schwärmer sprechen für die Galerie, die Tatsachen sprechen für sich.

Schmidt ließ den Perspektivdenker Eppler ziehen und behielt die Pragmatiker um Apel im Kabinett. Mönchengladbachs Borussen fanden im WM-Team von 1974, wenn überhaupt, dann nur noch als Eisenfuß (Vogts) oder als Pferdelunge (Bonhof) Platz. Und Overath anstelle von Netzer tauchte im flügellosen Spiel des Bayern-Pulks unter. Der gedemütigte Kölner war froh, überhaupt noch dabeizusein, nachdem er zwei Jahre lang während des Netzer-Kults in Vergessenheit geraten war: Im Vergleich zu seiner Rolle von 1970 in Mexiko war Overath gewissermaßen vom Chefkoch des deutschen Spiels zum Oberkellner der dominierenden Bayern degradiert worden.

Schon vor der Hamburger Pleite gegen die DDR hatte die Schön-Elf nur dürftige Erfolge auf dem Rasen errungen, dafür aber ein bis zuletzt auf Messers Schneide stehendes »Scheißspiel« gegen den DFB um die Titelprämie für sich entscheiden können – in der berühmten Nacht von Malente, »als die Feilscherei bis vier Uhr in der Früh' dauerte ... « *(Sepp Maier).*

Gegen *Chile* hatte Breitner, der einzig verbliebene Individualist, vor zahlreichen Anti-Chile-Demonstranten mit einem wuchtigen Fernschuß für eine rasche Entscheidung gesorgt. Als wenn er sich lieber unter die Gegner des Junta-Regimes im Stadion gemischt hätte, statt für Pinochet zu kämpfen, leitete Junta-Gegner Carlos Caszely mit einem Foul seinen vorzeitigen WM-Abgang ein. Zeitverzögert erhielt er das wohl beabsichtigte »Rot«!

Gegen *Australien* hatte der gereizte deutsche Kapitän für Schlagzeilen gesorgt, als er seinen »kaiserlichen Speichel« unflätigen Fans entgegenschleuderte und dafür gnadenlos ausgepfiffen wurde.

Seinem energischen Machtwort nach der Pleite gegen die *DDR* pflichtete auch Bundestrainer Schön bei, dem die deutsche Mannschaft zuvor mehr Magen- als Aufstellungsprobleme bereitet hatte:

»Die neue Parole hieß nur noch: ›Wer nicht kämpft, der hat keinen Platz mehr in der Nationalmannschaft verdient.‹ Rennen, kämpfen!«

Damit war der alte deutsche Fußball-Maßstab – freilich auf höherem technischem Niveau – wiederhergestellt. Die »geniale« Phase, wie sie 1970 in Mexiko begonnen und im Europameisterschaftsgewinn von 1972 ihren glanzvollen Höhepunkt gefunden hatte, gehörte halbwegs der Vergangenheit an. Was Wunder, daß die deutschen Kicker von 1974 über die Rückbesinnung auf ihre ureigenen kämpferischen Tugenden wieder mit jenen schicksalsmächtigen Himmelswinken rechnen durften, wie sie der Herberger-Elf von 1954 auf dem Weg ins Finale schon beschieden waren. Es regnete unaufhörlich ...

Bindfäden goß es in Düsseldorf beim 4:2-Sieg über *Schwe-den* in der Zwischenrunde. Im anschließenden Spiel gegen *Polen* im Frankfurter Waldstadion mußte der wohlwollende Regenmacher die Himmelsschleusen noch viel weiter öffnen, um den konditionsmächtigen Deutschen gegen den quirligen polnischen Angriffsfußball eine Siegeschance zu verschaffen. Vergeblich waren Wasserabsaugwalzen, Wasserstrahlpumpen und Flachsauger eingesetzt worden, um die Seenplatte auf dem Rasen einzudämmen. Mit halbstündiger Verspätung begann das Fußballroulette, in dem selbst der noch so kurz gespielte Ball nach wenigen Metern im Wasser liegenblieb. Das war nun nicht mehr Fritz-Walter-Wetter, sondern Katsche-Schwarzenbeck-Unwetter: Denn endlich traf der ansonsten eher ungelenke Münchner Abwehrschrat jene Bodenverhältnisse an, wo er sich mit Ball und Boden besser zurechtfinden konnte als alle mitspielenden polnischen Techniker; vor allem besser als Lato und Gadocha, jener Linksaußen, den Weisweiler seinerzeit mit dem sagenumwobenen Garrincha verglichen hatte. In dem nassen Glücksspiel prallten hohe Flanken bei der Annahme auch den brillantesten Technikern vom Fuß. Deutschland siegte 1:0 nach erfolgreichem Abschluß der einzigen zustande gekommenen präzisen Kombination. Eine englische Zeitung kommentierte nach dem WM-Turnier ironisch, die Deutschen seien nicht nur Weltmeister im Fußball, sondern auch im Wasserball.

Der Polen Pech war Katsches Glück. Der »Putzer des Kaisers«, wie man ihn häufig nannte, wurde wie kein Geringerer als Helmut Kohl am 3. April geboren; allerdings zur Zeit des pekuniären Urschreis der Republik – im Jahr der Währungsreform. Die astrologischen Vorzeichen standen günstig für einen begnadet Spätgeborenen und unbegnadet Talentlosen, der sich strecken und schinden mußte, um nach oben zu kommen. Als Spieler des MSV Duisburg oder des 1. FC Kaiserslautern hätte er vermutlich nie ein Nationalmannschaftstrikot von nahem gesehen, geschweige denn übergestreift, sondern bestenfalls die Ersatzbank im Verein angewärmt.

Erst in der kaiserlichen Münchner Umgebung erfuhren seine knechtischen Dienste eine ungeahnte publizistische Beachtung. Getreu dem Motto der Bayern-Fans:

>>Wenn's brenzlig wird, dann kommt der Katsche
und hilft dem Kaiser aus der Patsche.<<

Umgekehrt mußte die Mannschaft auf der Hut sein, wenn Schwarzenbeck sich ein Herz nahm und zu seinen berühmt-berüchtigten Vorstößen ansetzte. Dann war stets Alarmstufe eins im perfekten Sicherheitssystem der Bayern. Die Patzer tickten wie eine Zeitbombe, und der obligatorische Fehlpaß ließ nicht lange auf sich warten. Immer, wenn Katsche sich von den Zwängen des Apparates freimachte und drauflos-stürmte, bedeutete dies sicheren Ballverlust. »Das kann er nicht, das sollte er besser lassen«, seufzten dann die Bayern-Anhänger mitleidig.

Als der bequeme Beckenbauer dem Bundestrainer den devoten Gesellen für die Nationalmannschaft andienen wollte, hielt Schön dies zunächst anscheinend für eine Schnapsidee:

>>Ach Gott, ich weiß nicht. Ist der nicht zu eckig? Mit so einem lachen mich doch alle aus.<< *(SPIEGEL Nr. 24/1974)*

Die verstolperten Soli Schwarzenbecks hatten allerdings auch eine andere, sympathische Seite. Er streute unwillkommenen Sand in das ansonsten meist reibungslos funktionierende Getriebe der Bayern-Elf mit ihrer durchrationalisierten Rasenökonomie. Im Perfektionismus der Lattek-Crew wirkte Katsches Unbeholfenheit oftmals wie ein letzter Rest an menschlicher Schwäche.

Eine maßlose Unterschätzung wurde dem spanischen Torhüter Reina von Atlético Madrid im Europacupfinale 1974 in Brüssel zum Verhängnis. 119 Minuten waren gespielt, Bayern lag 0:1 hinten und schien geschlagen. Wer von den Spaniern konnte schon ahnen, daß der Katsche etwas Schlimmes im Schilde führte, als er nach Überqueren der Mittellinie den Ball immer noch nicht verloren hatte? Ihm blieb auch nichts anderes übrig, als ihn weiter zu führen, denn von seinen ausgelaugten Mitspielern bot sich keiner mehr an. Wo es für Schwarzenbeck also normalerweise höchste Eisenbahn gewesen wäre, den Ball rasch bei einem Mitspieler unter Dach und Fach zu bringen, war ihm diese Möglichkeit in jener 119. Minute im Brüsseler Heysel-Stadion nicht mehr gegeben. Er konnte das Leder nur noch mit einem Schuß loswerden. Der aus 30 Metern abgezogene Ball wurde immer länger und schlug hinter dem verdutzten spanischen Keeper ein. So kam Schwarzenbeck zum einzigen erfolgreich abgeschlossenen Alleingang und rettete den schon geschlagenen Bayern ein Wiederholungsspiel, in dem die Mannschaft wie umgewandelt schien und die »immer noch konsternierten Madrilenen« vom Platz fegte. Damit hatte sich der Katsche auch an jenem Teil der spanischen Sportpresse gerächt, die seinen in südeuropäischen Gefilden zungenbrecherischen Namen auch nach der Europameisterschaft 1972 noch nicht gelernt hatte: »Schwanzerbech« nannten sie ihn!

Katsche war auch im WM-Finale gegen Holland dabei, obgleich er für die Aufgabe als Vorstopper gegen Weltstar Johan Cruijff gänzlich ungeeignet schien. Dennoch ließ Helmut Schön des Kaisers »Putzer« im Team und bot ihn als Außenverteidiger gegen Johnny Rep auf. Statt dessen wurde Berti Vogts mit der Bewachung von Cruijff betraut.

»Durch Kraftakte hineingehievt, wenig elegant, aber ungemein zweckmäßig« *(Fußball-WM '86)*, wurden die Deutschen Weltmeister, ohne das spielerische Format der Jahre zuvor gehalten zu haben. Der 2:1-Finalerfolg über die Holländer war »keine souveräne Handlung mehr«, sondern ein »Sieg der Abwehr« *(Hennes Weisweiler)* mit einem überragenden Sepp Maier im Tor und Beckenbauer, dem »Kapitän, der das Kämpfen gelernt hat«, wie Rudi Michel in seiner Fernsehreportage begeistert ins Mikrophon seufzte. Doch der knappe Sieg hatte schon wieder etwas von »den braven Zitterspielen der fünfziger und sechziger Jahre, wo den Tapferen das Glück zu Hilfe kam« *(Karl Heinz Bohrer)*.

Der »Mann mit der Mütze«, Helmut Schön, machte als leibhaftiger Glückspilz Fußballgeschichte und durfte bei der WM 1974 in Deutschland mehr Glück auf einmal einheimsen, als alle deutschen WM-Mannschaften bislang zusammen genommen: Die WM fand in heimischen Stadien statt; die Vorrundenauslosung bescherte den Deutschen die schwächste aller möglichen Gruppen; die schwache Vorrundenleistung brachte ihnen die Zwischengruppe ohne die WM-besten Holländer; der deutsche »Lagerkoller« schenkte der Elf im Finale überaus arrogante Holländer, und den Rest besorgte der britische Schiedsrichter, der Hölzenbeins schwalbenverdächtigen Fall im Strafraum sehr wohlwollend auslegte. Man konnte ihn, mußte ihn aber nicht geben, wie Reporter bei solchen Grenzfällen zu sagen pflegen. Und bei alledem vom Wetter nicht zu reden!

Ein unterschiedliches Echo in der Fußball-Presse fand die Anteilnahme der sozialliberalen Staatsspitzen, wobei die Sozialdemokraten Heinemann und Schmidt schlechter abschnitten als die Liberalen Scheel und Genscher. Nicht nur, daß die »nüchtern gesprochene Eröffnungsformel« des scheidenden Bundespräsidenten sorgsam registriert wurde, Helmut Schmidts beschwichtigende Einlassungen am Vorabend des deutsch-holländischen Finales fand man sogar »mißraten«. Der neue Kanzler hatte bei der »Reduzierung des Ereignisses auf das Normalmaß« seiner Hoffnung Ausdruck gegeben, daß fair gespielt werden möge: »Denn es ist ja kein Krieg« *(Fußball-Weltgeschichte)*.

Sein »Vize« Genscher vermochte sich dagegen lieb Kind bei Deutschlands gespannter Fußballgemeinde zu machen. In den politischen Topmeldungen des 6. Juli 1974 hieß es:

»Bei seiner Ankunft in München äußerte sich Bundesaußenminister Hans-Dietrich Genscher zuversichtlich über den

Ausgang des Endspiels. ›Ich denke, daß wir gewinnen‹, sagte Genscher.« *(ebd.)*

Höchst symbolträchtig fand während der WM auch der in der fußballverrückten Öffentlichkeit jener Tage fast untergegangene Wechsel in der Villa Hammerschmidt statt. Heinemann, der nüchterne Moralist, machte der Frohnatur Scheel Platz. In einer seiner letzten großen Amtshandlungen hatte der scheidende sozialdemokratische Hoffnungsträger die WM in Frankfurt eröffnet. Dem Nachfolger Scheel blieb zu Beginn seiner Amtszeit die feucht-fröhliche Siegesfeier im Münchner Olympiastadion vorbehalten – ganz so, als habe der liberale Bonvivant heimlich Regie geführt. Der FDP-Vorsitzende Scheel paßte gut ins Bild zum jubilierenden Beckenbauer mit seiner glanzlosen Siegerelf, die schon den Beginn einer neuen Stilepoche repräsentierte.

Alsbald sollte sich Scheel mit jenem Volkslied einen festen Platz im Herzen deutscher ZDF-Gemüter ersingen, das Herberger seine geschlagenen Mannen stets als Muntermacher hatte anstimmen lassen: »Hoch auf dem gelben Wagen«.

Nach dem Münchner Finale fanden auch wahre Verbrüderungen zwischen den obersten Repräsentanten der CSU und den erfolgreichen Bayern-Weltmeistern statt. Franz Josef Strauß landete mit seinem WM-Kommentar allerdings einen Querschläger, als er mit Stolz auf die bajuwarische Herkunft der beiden Schützen – Breitner und Müller – verwies. Daß der Rechte Strauß mit dem »Linken« Breitner hausieren ging, sollte sich jedoch nur wenige Tage nach dem WM-Sieg bitter rächen, als der Offensivverteidiger seine Emigration zu Real Madrid bekanntgab. Umgekehrt biederte sich in den Stunden des Triumphes Sepp Maier beim weiß-blauen Landesvater Goppel an:

»Servus Alfons. Wie geht's dir denn?«
»Servus Sepp. Mir geht's gut nach eurem Spiel. Prima warts.« *(Sepp Maier)*

Doch DFB-Funktionär Joch wollte diese Ungezogenheit gegenüber dem bayerischen Staatsoberhaupt nicht durchgehen lassen und rüffelte den frischgebackenen Weltmeister:

»Das kannst du doch nicht machen!«
   »Was kann ich nicht machen? Heute gehört uns die Welt.«
(ebd.)

Die WM sollte jedoch noch ein politisches Nachspiel besonderer Art haben. Es wurde im Oktober 1974 beim Europapokal der Landesmeister in Magdeburg ausgetragen. Nicht daß die Bayern aus den Peinlichkeiten ihres Gastspiels in Dresden gelernt hätten – im Gegenteil: Guillaume und Sparwasser waren nicht vergessen!
   Aus Angst vor DDR-Spionen (»Da könnten ja Abhörgeräte installiert sein!«) fand die Spielerbesprechung nicht etwa im Hotel oder im Bus, sondern in Gottes freier Natur statt:

»Im Wald und auf der Wiese haben wir haltgemacht, uns in einem Halbkreis niedergekauert, wie die Indianer, und der Udo hat jedem nochmal erklärt, was er zu tun hatte. Dann wußten wir's alle. Wir mußten gewinnen.« *(Sepp Maier)*

Aber auch im Kampf gegen die Gefahren der kommunistischen Giftküche demonstrierten die Bayern-Bosse christlichsoziale Standfestigkeit: »Wir werden uns doch nichts ins Essen tun lassen«, tobte Robert Schwan. »Wenn sie uns nicht gestatten, selber zu kochen, dann reisen wir einfach mit einem extra Speisebus. Gesagt, bestellt. Mit zwei Bussen fuhren wir nach Magdeburg. Das gleiche Theater wie in Dresden.« Mit dieser »Politik der Stärke« durfte sich der FC Bayern der Rückendeckung seitens der bayerischen Staatsregierung sicher sein, die schon wegen Brandts Ostpolitik nach Karlsruhe gegangen waren.
   Hatte nicht schon Adenauer 1955 in Moskau den trinkfe-

sten Carlo Schmid vor den möglichen Gefahren des »soffjet-russischen« Wodkas gewarnt?

In Magdeburg fielen jedoch nicht nur die Köche, sondern auch die Kellner unter den Radikalenerlaß des schwarzen Staatsfeinds.

»Die Ober taten uns wirklich leid. Die haben beinahe geweint, als wir im Bus blieben. Sie hatten sich so darauf gefreut, uns bedienen zu können, mit uns zu sprechen und zu diskutieren. War das eine merkwürdige Situation: Hunderte von Leuten standen um die Busse herum, sahen uns beim Essen zu.« *(Sepp Maier)*

Zumindest einer der Bayern-Stars distanzierte sich später öffentlich vom »Sicherheitstick« der Vereinsführung. Sepp Maier bekannte hinterher, sich »richtig geschämt« zu haben:

»Stell' dir vor, da stehst du morgens auf, bist geduscht und rasiert, dann gehst du runter in den Bus, um zu frühstücken. Vopos drängen die Leute zurück. Platz für die Herren Stars aus dem Westen – und zwar ein bißchen plötzlich. Der Kaffee wird kalt. Da glaubst, du träumst...«

Uli Hoeneß statt Sozialismus

Zynisch und destruktiv verteidigte der FC Bayern 1975 in Paris den Europacup der Landesmeister gegen das haushoch überlegene Team aus Leeds (2:0). Bilderbuchhaft offensiv erspielten sich die Gladbacher gegen den FC Twente den »kleineren« UEFA-Cup (5:1). Bayern bot effizientes Krisenmanagement. Und Gladbach experimentelles Reformkabinett. Fußball für Buchmacher und Fußball in Verzückung.

Dettmar Cramer, der eloquente neue Bayern-Coach, schien seine inzwischen nur noch mittelmäßige Bundesligamannschaft per Computer auf das unintelligente Anrennen der Engländer eingestellt zu haben. Der Fußballprofessor unterhielt ein umfangreiches Fußballarchiv, über das sich Sepp Maier lustig machte:

»Der ist stark im Kopfball, der hat 50 Haare auf dem Kopf, ..., der hat Schuhgröße 48, und jener ißt gerne Sauerkraut.«

Auch dem jungen Karl-Heinz Rummenigge wurde es fast zuviel:

»Wir saßen oft von 8 bis Mitternacht da und lauschten fasziniert seinen Vorträgen.«

Während dessen schien sich Hennes Weisweiler vor dem Finalrückspiel in Twente einzig auf den kategorischen Imperativ aller Fußballherrlichkeit verlassen zu haben:

»Spielt!«

Der französische Schiedsrichter Kitabjan, der Meister Leeds United im Pariser Finale gegen die Bayern benachteiligte, wurde hinterher von der Europäischen Fußballkommission wegen schwacher Leistung für künftige Cupspiele gesperrt. Die europäische Presse empfand den Bayern-Sieg überwiegend als ein Unglück. Nur die anwesenden DFB-Oberen im Parc des Princes spielten Schweinchen Schlau und rühmten in höchsten Tönen die vorzügliche Taktik der deutschen Sieger. Der liberale deutsche Wirtschaftsminister Hans Friderichs dozierte bei einer mitternächtlichen Siegesfeier:

»Es kommt im Leben nicht darauf an, wieviel Chancen man hat, sondern wie viele Chancen man nutzt.« *(KICKER 1986)*

Mönchengladbach stellte die *spielerisch* stärkste Mannschaft Europas und Bayern München die *psychisch* stärkste! Als beide Mannschaften im Jahr darauf gemeinsam im Landesmeisterwettbewerb antraten – Gladbach als Meister und Bayern als Titelverteidiger –, empfanden Gerechtigkeitsfanatiker den Ausgang der Pokalrunde als einzige Fußballfarce. »Phänomenal und sensationell – besser als die deutsche Nationalmannschaft«, so urteilte der jugoslawische Coach Real Madrids, Milan Miljanic, über die Spielweise der Borussen im Bernabeu-Stadion, wo sie durch die eklatanten Fehlentscheidungen eines holländischen Schiedsrichters um den Sieg gebracht wurden.

Derweil heckte Fußballprofessor Cramer abermals Pläne aus, wie mit dem substanzlos gewordenen und satten Bayern-Team doch noch eine drohende Niederlage in einen mühsamen Abstaubersieg zu verwandeln sei. In Glasgow gewannen Beckenbauer & Co. gegen die brillanten Franzosen von St. Etienne mit einem Minimum dessen, was sie noch zu bieten hatten, mit einem Freistoßtörchen »Bulle« Roths. Sie waren streckenweise an die Wand gespielt worden. Und Sepp Maier war Hören und Sehen vergangen, als die Bälle der anstürmenden »Grünen« an Pfosten und Latte klatschten. Im Triumphzug über die Champs-Élysées zogen die unglücklichen Verlierer zum Empfang des Staatspräsidenten Giscard d'Estaing.

Im Bernabeu-Stadion hatte noch Gladbachs Akteur Jürgen Wittkamp zur Pause den gerechten Borussenanteil am bislang nur bayernfreundlichen Segen des Allmächtigen gefordert: »Wenn es einen Gott gibt, dann läßt er uns heute gewinnen.« *(FAZ, 19. 3. 1966)* Nach dem Schlußpfiff hätte Wittkamp, dem ein einwandfreies Tor annulliert wurde, zum fanatischen Atheisten werden müssen.

»Es fehlt ihnen (den Bayern, N. S.) auch alles, was die unglücklicheren Borussen so sehr auszeichnete. Erfolg ist alles? Wie wenig die so oft gehörte Sentenz stimmt, zeigt sich hier. Was ist der Fußballsieg denn anderes als eine Fiktion, eine Sekunde oder Emotion? Als reiner Fakt ist er stumpfsinnig, oder besser: ohne Sinn. Er wird nur lebendig, erinnert, ein kultureller Fakt sogar, durch die Manier, wie er zustande kommt.« *(Karl Heinz Bohrer)*

Beckenbauer wechselte alsbald über ins kapitalistische Superland. »Das war kein schöner Zug vom Franz«, kommentierte Helmut Schön. Da schlug auch die Stunde des Sozialdemokraten Ambros Neuburger im Münchner Maximilianeum. Er richtete nämlich eine parlamentarische Anfrage, ob Beckenbauer beim Verlassen der Bundesrepublik Steuerschulden in Millionenhöhe hinterlassen habe. Der Bayern-Star hatte aber 1,8 Millionen DM nachgezahlt. Der Beckenbauer-Franz blieb ein Weltstar und der Neuburger-Ambros ein Hinterbänkler. Das Dreigestirn Maier-Beckenbauer-Müller war aber auseinandergebrochen, und die SPD blieb in Bayern bei knapp dreißig Prozent.

Aber noch eine weitere Ära ging 1977 zu Ende. Borussia Mönchengladbach wurde zum letzten Mal Deutscher Fußballmeister, unspektakulär und mehr mit der Brechstange als mit der einstigen Rasanz. Im römischen Europacupfinale gegen Liverpool war der tollkühne Konterfußball von einst einem hasenfüßigen Sicherheitsspiel gewichen. Lattek, der Meistermacher aus München, hatte Weisweiler beerbt, und Vogts sah gegen Keegan fürchterlich »alt« aus. Was in München Erfolg verhieß, nämlich aus mittelmäßigen Statisten effektive Zuträger Beckenbauers zu machen, führte bei den Gladbachern zum Mißerfolg. Mit seinen Disziplinarmaßnahmen hatte Lattek den Borussen am Ende auch die Genialität ausgetrieben.

Als Uli Hoeneß im Belgrader Europameisterschaftsfinale gegen die CSSR zum entscheidenden Elfmeter antrat, stand die sozialliberale Koalition auf der Kippe. Bundespräsident Scheel dachte im Vorfeld der Bundestagswahl laut über den versiegenden Vorrat an Gemeinsamkeiten im Regierungsbündnis nach. Prophet oder Verräter? Schon damals – sechs Jahre vor dem eigentlichen Vollzug der Wende – wollte der gelernte Kaufmann aus Solingen seinen Liberalen auf die Sprünge zu einem Koalitionswechsel helfen. Die SPD pries im Wahlkampf ihr Krisenmanagement mit der Parole »Modell Deutschland« und verklärte damit die Bundesrepublik zum Eldorado des kleineren Übels. Zu bieten hatte sie nur tabellarisch geordnete Arbeitslosenquoten und Preissteigerungsraten im europäischen Vergleich, die das Land und seine Wirtschaft »unter dem Strich« gut dastehen ließen. Die Union gab mehr Butter an die Fische und hielt den trockenen sozialdemokratischen Bilanzen mit »Freiheit statt Sozialismus« eine Adenauersche Kreuzzugsformel entgegen.

Lässig wie der damals frisur- und brillenoptimierte Kohl lief Hoeneß zum Elfmeter an: »In die rechte Ecke kannst du nicht schießen«, dachte er. »Also donnerst du den Ball mit dem Innenspann ins linke Eck, so hart, daß notfalls der Torwart mit dem Ball ins Tor fliegt.« Jawohl, so war's recht bedacht! Doch vor lauter wilder Entschlossenheit verlor der Bayern-Jungstar die geopolitische Orientierung:

»Einsam spazierte ich auf den weißen Punkt, rings um mich Sahara.«

Irrtum, Uli, nicht Afrika, Ostblock! Auf den Zuschauerrängen Jugoslawen und auf dem Rasen Tschechen.

»Ich lief an, ich schoß, ohne auf den Torwart zu blicken.«

Das war der Fehler! Er verlor den ideologischen Feind aus den Augen. Gleichzeitig schien Gott ein Einsehen zu haben. Zuviel himmlischen Segen hatte er den Deutschen schon beschert. Genug war's, und Hoeneß schoß in die Wolken. Der Herrgott nahm den Ball an sich.

Genug hatte man aber auch allerseits von Kohls dämmernd-trotzigem »Ich will Bundeskanzler werden!« In der

Sendung »Drei Tage vor der Wahl« verlor der Kanzlerkandidat der CDU/CSU wie Hoeneß den Hauptgegner aus den Augen und schimpfte auf Stammtischniveau:

»Herr Schmidt, wer sind Sie denn überhaupt?«

Herr Schmidt war Bundeskanzler und sollte es noch eine Weile bleiben.

Die Union scheiterte 1976 nur knapp. In der Wahlnacht redete Kohl »ohne Sinn und Verstand«, als gelte es, »eine Negativ-Werbung für die Zwergschule in Rheinland-Pfalz in die Wege zu leiten« *(Walter Jens, Momos)*. Es hatte gewissermaßen an der Verwandlung des Hoeneß-Elfmeters gefehlt. Dies kam einer eindeutigen Niederlage gleich. So nah am Ziel und doch so klar verschossen! Während dem gescheiterten Kandidaten der eiskalte Guß von Wildbad Kreuth – der Trennungsbeschluß der CSU! – bevorstand, erfuhr der Fehlschütze von Belgrad, was es mit der altfränkischen Fußballparole »Elf Freunde müßt ihr sein« auf sich hatte:

»Zu Hause lagen Telegramme von Franz Josef Strauß und von Helmut Kohl. Ich hatte aus meiner Sympathie zu ihnen nie einen Hehl gemacht. Jetzt sprachen sie mir Trost zu. Das sind Freunde.« *(In: Paul Breitner/Bernd Schroeder)*

Das Glück der Krisenmanager

»Zum erstenmal in meinem Leben bin ich stolz darauf, ein Deutscher zu sein.« *(Tanja Botzat u. a.)*

So einen Begeisterungstaumel hatte es in der Bundesrepublik bislang nur am 4. Juli 1954 gegeben. Das Wir-Gefühl kannte im Oktober 1977, am Morgen nach der Geiselbefreiung in Mogadischu durch die GSG-9-Helden, kaum Grenzen. Wildfremde Menschen fielen sich um den Hals, vor Geschäften mit laufendem Ferngerät bildeten sich Menschentrauben. Sogar die Bundeszentrale für politische Bildung sonderte nationale Poesie ab:

»Wir alle haben 45 Tage mitgelitten. Wir alle haben 45 Tage lang entdeckt, daß uns mehr verbindet, als hier wohnen, hier schlafen, hier arbeiten, hier Geld verdienen, hier Schalke 04 und Bayern München. Wer es zu spät mitbekommen hatte, begriff es spätestens bei Mogadischu. Für Sekunden war der Blitz des ›Wir-sitzen-alle-in-einem-Boot‹. Da war ganz zum Schluß auch jener kleine Stolz, der uns so lange nicht mehr unterkam: Wir sind – nicht nur der Pässe und der Betroffenheit wegen – Deutsche. Erfolgreich, wie es das schlimmste Klischee über uns in allen Ländern sagt. Aber im Dienst der guten Sache. Hartnäckig und zäh, wie die Deutschen sind. Aber im Dienst der guten Sache.« *(Tanja Botzat u. a.)*

»Dank an unsere jungen Helden«, kommentierte BILD an jenem 19. Oktober 1977. Und Kanzler Schmidt betonte, die deutsche Jugend habe nun wieder Leitbilder:

»Die befreiende Tat in Somalia entspringt den bewußt erlebten Grundwerten der Freiheit und der Solidarität. Hier wurde ein Beispiel gegeben für die Bedeutung unserer Grundwerte. Hier wurde Orientierung gegeben.«

Schmidt und Apel wurden jetzt die tonangebenden Führer in der staatstragenden Regierungs-SPD. Der HSV setzte sich im Cupsiegerfinale 1977 gegen Anderlecht couragiert durch. Im Kampf gegen die Übermacht der »schwarzen« Bayern trat am Ende der 70er Jahre anstelle der Gladbacher Schönspieler das moderate hanseatische Zweckdenken. Hatten sich die Borussen gerne auf Brandts verspielte Skandinavier verlassen – die Dänen Lefèvre, Simonsen, Jensen –, so setzte der HSV eher auf Schmidts seelenverwandte Angelsachsen, z. B. auf Liverpools *mighty mouse* Kevin Keegan!

Und ins Hamburger Sturmzentrum holte man sich bald mit Hrubesch einen schmucklosen Exekutor, wie ihn Schmidt in Wischnewski besaß, dem »Helden von Mogadischu«. »Die Arbeit ist erledigt«, verkündete »Ben Wisch« bluthündisch nach dem Blitzsieg der GSG 9 in Somalia. »Da hab' ich ihn reingetan«, pflegte Hrubesch, das »Ungeheuer«, genauso lapidar entscheidende Torschüsse zu kommentieren. Im Defensivspiel des auf Sicherung bedachten Krisenmanagements wurde Verteidiger »Manni« Kaltz mit seinen Bananenflanken oftmals als bester deutscher Außenstürmer bezeichnet.

1977 war aber auch ein Jahr des Aufbruchs. Die Pomadigen hielten Einzug: Das Stuttgarter Mittelfeld-As Hansi Müller sorgte mit seiner jungdynamischen Elf für Furore in der Bundesliga. Die Junge Union Killesberg schien direkt von der Disco in die Bundesliga aufgestiegen zu sein:

> »Glatt wie die leitenden Bonzen zu wirken
> war Streben der Spieler,
> einige trugen ein nappaummanteltes Köfferchen bei sich,
> Vorbild die Marketing-Männer.
> In Stuttgart trat Hansi zum Match an,
> smart wie ein Börsen-Experte...«
> *(Jürgen Woldt, in: Paul Breitner/Bernd Schroeder)*

So sehr sich an ihn auch falsche Hoffnungen von einem neuen Overath oder Netzer knüpften – Hansi Müller

wurde zum ersten Yuppie-Star einer neudeutschen Fußball-
epoche. Eitel-Hansi zog zur WM 1978 seine erste internationale Ölspur. Die Elf sah das nicht so »eng«, im faschistisch
verunstalteten Argentinien zu spielen. Während andere
anstrengende Diskussionen über die Einhaltung der Men-
schenrechte führten, gaben Hansi und seine Kollegen Autogrammstunden.

General Videla habe Worte wie »Frieden« ausgesprochen,
»als gelte es, Feinde seines Regimes mit einem einzigen Biß
zu verschlingen«, kommentierte Walter Jens die Eröffnungs-
feier in Argentinien 1978. Umgekehrt durfte man hinter
jedem überschwenglichen Lob für die »einmalige« argentinische Gastfreundschaft einen Seitenhieb gegen die uner-
wünschten Spielverderber von Amnesty International vermuten. Spieler Rummenigge betonte:

>In keinem Land der Welt sind wir vorher so herzlich
begrüßt worden. Das ging nahe. Wir waren überwältigt.«

Als würdige Leibwächter für die deutschen Titelverteidiger
heuerte der DFB-Chef Hermann Neuberger die erfolgreichen GSG-9-Leute an. Die Meinungen über deren nationalen
Ehrenauftrag waren unter den Spielern durchaus geteilt.
Maier empfand sie eher als lästig, während Jungstar Kalle
Rummenigge auf den langen Spaziergängen mit der vorzügli-
chen deutschen Bewachung grübelte:

>Unser Quartier in Ascochinga erfüllte die Aufgabe eines
richtigen Erholungsheimes.«

Als die Deutschen dann zu spielen begannen, spottete die
FAZ, die Ruhe habe wohl eher eine einschläfernde Wirkung
auf die Spieler gehabt. In Córdoba, wo einst Che Guevara
studiert hatte, schien den deutschen Fußballführern eher
Reaktionäres im Kopf herumzuspuken. Noch 1978 waren
Kicker, die bei ausländischen Vereinen ihr Geld verdienten,

nicht vor Diskriminierung sicher. Beckenbauer und Stielike mußten ihre Engagements bei Cosmos New York und Real Mardrid mit einem Quasi-Rauschmiß aus dem WM-Team bezahlen.

Breitner, der ewige Kritikaster, nun bei Real, war von vornherein außen vor geblieben. Joachim C. Fest konstatierte in der FAZ:

»Man kann den selbstbewußten, eigenwilligen Spieler nicht unentwegt verpönen, ihn gleichzeitig aber in kritischen Situationen auf dem Spielfeld fordern.«

Und er resümierte:

»Mit hemdsärmeliger Robustheit hat Neuberger den Verband seinem autoritären Stil unterworfen, ein ambitiöser Provinzkönig, dessen Gängelungsgelüste den Spielern noch vorschreibt, welche Socken oder Pullover sie außerhalb des Spielfelds zu tragen haben. Die Tatsache, daß Franz Beckenbauer oder Ulrich Stielike nicht in das deutsche Aufgebot berufen wurden, hat nicht zuletzt mit dem Vorwurf zu tun, daß sie um gemeinen Mammons willen ins Ausland gingen; ein Element deutsch-nationaler Empörung über so viel vaterlands- und sportvergessener Geldschneiderei blieb in allen Weigerungen, sie zu nominieren, unüberhörbar. Unterdessen bestreitet Hermann Neuberger seinen Lebensunterhalt selbst auch über den Sport... Ideologie ist hier wirklich, was die Traktatliteratur darin sieht. Das falsche Bewußtsein der dummen Kerls, erzeugt und verbreitet zum Zwecke der Herrschaft.«

Das vom DFB gebotene »Bild von gestern« paßte zum rechtskonservativen Wunschdenken. Musterbeispiel hierfür war die Tatsache, daß sich das ewiggestrige Weltkriegsfliegeras Hans-Ulrich Rudel Zutritt ins deutsche Trainingscamp verschaffen konnte, während dem ehemaligen Fußballstar Günter Netzer als Journalist der Besuch verwehrt wurde.

Als parasouveräne Ordnungszelle der Nation leistete sich

der DFB mit dem Rudel-Empfang sogar eine politische Korrektur. Denn zwei Jahre zuvor – 1976 – hatte Verteidigungsminister Leber jene Generäle aus dem Dienst entfernt, die Rudel in eine Bundeswehrkaserne zu einem Traditionstreffen eingeladen hatten.

Viermal spielten die Deutschen in Argentinien remis, davon dreimal 0:0. »Wieder hatte Fortuna das Füllhorn für die Deutschen parat«, wurde gespottet. »Geht heim, geht heim!« sollen die argentinischen Zuschauer gerufen haben. »Tunesien war der erwartet schwere Gegner.« Derart Ungereimtes aus dem deutschen Trainingslager nach erneuter Torlosigkeit kommentierte *Momos* in der ZEIT: »Das klang gerade so, als ob Jimmy Carter die Großmacht Luxemburg beschwor.« Das Aus kam wie eine kalte Dusche: Die Blamage von Córdoba gegen Österreich (2:3) war das einzig historische Match der WM '78 mit unfreiwilliger deutscher Beteiligung.

Berti Vogts, damals als Kapitän völlig überfordert, partizipierte an dem Debakel mit einem Eigentor, ehe er im Jahr danach seinen Abschied als Spieler nehmen sollte. Es war der 23. Mai 1979, der Tag, an dem Karl Carstens zum Bundespräsidenten gewählt wurde. Dies war ein Stück Machtwechsel, denn die Sozialliberalen hatten keine Mehrheit mehr in der Bundesversammlung. Aber noch regierte Kanzler Schmidt. Und sein HSV war immer noch gut genug, um auch mit einem alkoholkranken Trainer Deutscher Meister zu werden. Gleichzeitig erlebte Oppositionschef Kohl in Holland bei der TV-Diskussion *Bürger fragen, Politiker antworten* ein Debakel wie Jahre zuvor Bayern bei Ajax Amsterdam (0.4).

Doch Schmidt und Derwall trieben nur noch Krisenmanagement. Ihre Erfolgsbilanzen glichen Pyrrhussiegen. »Nicht jeder Sieg ist ein Gewinn«, kommentierte Erhard Eppler das Durchpeitschen der Pershing-Stationierung auf dem Berliner Parteitag. Und Paul Breitner frotzelte über Derwalls EM-Sieg 1980 in Italien, seine Mannen seien »die

Einäugigen unter den Blinden« gewesen. Die Demontage der Sieger ließ nicht lange auf sich warten:

»Nichts gegen die Sieger von Rom, sie sind immer noch die Besten, aber – mit Verlaub gesagt: Ein Cullmann, ein Dietz, ein Zehnkämpfer Briegel, ein Allofs in seiner Italienform hätten 1972 gerade vor dem Fernseher ihren Stammplatz gehabt... Vom Weltklasse-Fußball zur Kraftmeierei...« *(Paul Breitner)*

Getreu dem Sprichwort, daß ein guter Antreiber mehr wert sei als zehn Arbeiter, hatte Graf Lambsdorff zu Beginn der achtziger Jahre das neudeutsche Übel aufs Korn genommen, hierzulande werde zwar immer noch sehr gründlich, aber nicht mehr schnell genug gearbeitet. Die deutsche Präzisionsarbeit halte dem japanischen Tempo nicht mehr stand.

Als die Deutschen das EM-Eröffnungsspiel nach mäßiger Leistung 1:0 gegen die Tschechen gewannen, verteidigte Derwall den Erfolg gegen alles Anspruchsdenken: »Und wenn wir noch dreimal so 1:0 gewinnen, sind wir auch Europameister.« Zu guter Letzt reichten zwei glänzende Schuster-Halbzeiten zum Titel.

Die Elf um den Kanalarbeiter Dietz und den eckigen Torschützen Hrubesch erinnerte stark an den letzten Sieg Helmut Schmidts bei der Bundestagswahl des gleichen Jahres. Hier siegten »einäugige« Sozialliberale gegen offensichtlich »blinde« Konservative, die mit der chancenlosen Reizfigur Strauß als Kanzlerkandidat angetreten waren. Aber auch gegen seinen erklärten Wunschgegner konnte der Kanzler nur dürftige Zuwächse hinter dem Komma verzeichnen. Was als Schützenfest geplant war, endete mit müdem Sonntagsfußball. Wo Schmidt Exportüberschußbilanzen zu hätscheln pflegte, brüstete sich Derwall mit einer überwiegend gegen mittelmäßige Mannschaften herausgespielten Erfolgsserie.

Breitner und Genscher leiteten den Umschwung ein. Beide erklärten übereinstimmend, daß in deutschen Landen die

»Gleichmacherei« dominiere und die Leistungsträger zu kurz kämen.

»Mitte der 70er Jahre wurden wir ein Volk der Gleichmacher. Die Mittelmäßigen wollten und sollten plötzlich soviel verdienen wie die Guten. Ein tödlicher Schritt.«

Dies stammte nicht aus Genschers berühmten Wendebrief vom August 1981, sondern aus einem BILD-Interview mit Paul Breitner. Helmut Schmidt und Jupp Derwall standen schwere Zeiten bevor. Die sozialliberale Koalition ging in ihre letzte Runde, auch wenn der Kanzler 1982 noch eine Vertrauensabstimmung vor dem Deutschen Bundestag überstand und Jupp Derwall unter fragwürdigen Bedingungen den zweiten Platz bei der WM in Spanien belegte.

Genscherismus in Gijon

Im nordspanischen Gijon wurde in der Vorrunde der WM 1982 das Ende der sozialliberalen Ära stilistisch antizipiert. Die Nationalelf spielte an der Schwelle zur Bonner Wende genauso Fußball wie in Kreisen der Koalitionäre Politik gemacht wurde. Mit der Dominanz des Taktierens und der Intrige hatte der Fußball sein ursprüngliches Plus gegenüber der Politik – das Spiel und den Zufall – eingebüßt. Auf den ersten Blick mochte es wie ein Kontrastprogramm ausgesehen haben – hier die friedliche Kungelei auf dem Rasen beim Skandalmatch Bundesrepublik gegen Österreich, dort das Ränkespiel beim freidemokratischen Ausstieg aus dem Regierungsbündnis. Gleichwohl entsprachen sich beide Vorgänge: Sie waren eine taktizistische Farce. Die Stichworte dazu liefert das vielgeschmähte Tagebuch Klaus Böllings

»Die letzten 30 Tage des Kanzlers Helmut Schmidt«. Dort scheinen die Seitenzahlen die Spielminuten jenes Fußballdesasters vom 25. Juni 1982 widerzuspiegeln. Gijon war Bonn. Breitner-Genscher dominierten rückwärtsspielend.

»Ein Teilnehmer berichtet, daß Walter Scheel neulich Genscher mit einem Fußballer verglichen hat, der unentwegt vor dem gegnerischen Tor dribbele und auf ein Foul warte, um sodann einen sicheren Elfmeter schießen zu können« *(Klaus Bölling)*.

Genscher habe sich besorgt darüber geäußert, »daß die Sozialdemokraten (wegen des Lambsdorff-Papiers) das Tempo von sich aus beschleunigten«. In der SPD sei während dessen darüber beraten worden, »wie das taktische Spiel Genschers konterkariert werden kann, mit dem er die Schuldfrage den Sozialdemokraten anhängen will« *(ebd.)*.

Zu Beginn der Woche habe Genscher wiederum nicht genau gewußt, »wohin er gehen soll«.

Und die FDP-Linke: »Baum rackert sich ab… Er meint es ehrlich. Aber weiß er… ganz genau, was er ehrlich meinen soll?« Von Breitner-Genscher abgedrängt, ist Baum im Stile Felix Magaths als »hängender Linksaußen« ohne spielentscheidenden Einfluß. Der Kanalarbeiter findet zwar »die ganze Veranstaltung etwas makaber«, aber: »Es muß ausgehalten werden.«

Noch der Abschaffung des Fußballs mit fußballerischen Mitteln vermochte eine blinde Claque Lust abzugewinnen. So tönte zum Beispiel der Obertechnokrat unter den deutschen Trainern, Udo Lattek, in der Halbzeitpause des späteren WM-Finales BRD–Italien, es sei ein »Genuß«, das taktische Abtasten der beiden Mannschaften zu beobachten.

Nach den Generationen der »Helden« und der »Traumfußballer« war offenbar jetzt eine Elf kickender Immobilienhändler am Werk.

McDonalds-Werber Schumacher nach dem Anti-Spiel:

»Ich weiß nicht, was die wollen. Für uns ging es heute schließlich um viel Geld.«

Neuberger erteilte dem deutschen Team sofort Absolution:

»Die deutsche Mannschaft hatte das Recht, langsam und auf Sicherheit zu spielen, wenn es dem Erfolge dienlich ist.«

Im Stile Genschers und seiner Parole »Die Sachprobleme suchen sich ihre Mehrheiten« wies auch der deutsche Libero Stielike alle Vorwürfe zurück: »Wir haben gespielt, wie wir spielen mußten.«

Doch es sollte alles noch viel schlimmer kommen. Schumacher setzte im Stil eines Amokläufers den Franzosen Patrick Battiston während des Semifinalspiels von Sevilla nicht nur brutal außer Gefecht, sondern stellte »fehlendes Unrechtsbewußtsein« – wie man den Tatbestand während der Flick-Spendenaffäre zu nennen pflegte – unbekümmert zur Schau:

»Unter Profis gibt es kein Mitgefühl. Sagt ihm, ich zahl' ihm die Jacketkronen.«

Herberger hatte seinerzeit noch von seinen Spielern gefordert:

»Denkt immer daran, daß ihr eine Art Botschafter eures Landes seid. Eine Fußballelf kann durch ihr einwandfreies Auftreten manchmal mehr Freunde für ihr Land gewinnen als ein Diplomat in vielen Jahren.« *(Fritz Walter, Der Chef)*

Das Rowdytum Schumachers war hingegen fast geeignet, am vielbeschworenen Aussöhnungswerk de Gaulles und Adenauers zu rütteln. So stellte Brigitte Sauzay in ihrem Aufsatz »Keine Liebe, aber Bewunderung. Warum Franzosen sich so schwer tun, ihren deutschen Nachbarn zu verstehen« fest:

»Namentlich bei der älteren Generation wirkt immer noch das Trauma des Kriegs und der Hungerjahre fort. Es genügt, daß während einer Fußballweltmeisterschaft der Deutsche Schumacher dem Franzosen Battiston hart zusetzt, und schon kommen alte Ressentiments hoch.« *(DIE ZEIT, 12. 12. 1986)*

Ausgerechnet Jupp Derwall, Schöns damaliger Assistent, hatte noch 1974 vor der WM in der Bundesrepublik erklärt:

»Unsere Nationalspieler aller Mannschaften des Deutschen Fußball-Bundes sind nicht nur Spieler, die sich auf das Fußballspiel verstehen... Wir legen auch Wert darauf, daß sie charakterlich einwandfreie Kerle sind... und nicht zuletzt auch ihr Land würdig vertreten.« *(In: Harig/Kühn)*

Gegenüber solchen Einlassungen wirkte das Verhalten seiner Kicker während der WM 1982 in Spanien wie der blanke Hohn. Denn nach dem »Fußball-Porno« gegen Österreich und der Staatsaffäre Battiston galt die BRD-Equipe nicht nur als die unsympathischste unter allen bislang bei WM-Turnieren angetretenen deutschen Mannschaften, sondern schlimmer:

»Wohl nie zuvor ist eine derart verhaßte Mannschaft in ein WM-Endspiel gegangen.« *(Fußball-WM '86)*

Jupp Derwall verbreitete – anstatt sich zu mäßigen – Dolchstoßlegenden über die Sportpublizistik an der Heimatfront:

»Statt uns aufzubauen, haben sie uns niedergetrampelt. Das Zerstörerische gab den Ausschlag. Sie wollten den Menschen zerstören. Sie wollten die Mannschaft zerstören.«

Zum deutsch-italienischen Finale war Kanzler Schmidt nach Madrid gereist. Ein verräterischer Schnappschuß hielt das

Cheeselächeln des Regierungschefs nach Spielende an der Seite des ungeniert frohlockenden italienischen Staatspräsidenten Pertini fest. Vieldeutig wurde dieses Foto betextet:

»Politiker nach dem Match: Bundeskanzler Helmut Schmidt scheint die Freude des italienischen Staatspräsidenten Pertini zu teilen.« *(Fußball-Weltgeschichte)*

Die Konservativen hingegen – an der Schwelle zur Bonner Macht – sahen überhaupt keine Veranlassung, sich ein Büßergewand für das skandalöse Auftreten der DFB-Kicker anzuziehen. Das Positive herausstreichend, wollte zum Beispiel Kurt Biedenkopf die spielentscheidende Hereinnahme Rummenigges während des Frankreich-Spiels von Sevilla auf das Konto einer innovatorischen Politik buchen:

»Die sozialistische Politik hat unsere Leistungsträger entmutigt. Fallen die Leistungsträger wegen Verletzung, Überlastung oder Miesmacherei aus, läuft das Spiel nicht mehr. Wenn es mehr Rummenigges gäbe, sähe es im Lande anders aus.«

Hatten die Westdeutschen bei den Landtagswahlen von Hessen und Hamburg im Spätjahr 1982 noch atavistisch auf die sozialdemokratische Verratslegende reagiert und die FDP fast »weggeharkt«, so schien sich im Ergebnis der Bundestagswahl im März 1983 Hermann Neubergers klassische, nach dem WM-Skandalmatch gegen Österreich verwandte Formel zu bestätigen: »Schnee von gestern!« Die alte Regierung war am Ende, auch wenn Jupp Derwall letzte Kampfparolen ausgab:

»Ich bin zum Kampf nicht geboren, aber ich kann umschalten und auch mit dem Hammer reinhauen.« *(Jupp Derwall)*

Krampfhaft bemühte sich Derwall, aus dem Bannkreis des scheidenden Schmidt zu treten. Mit generalistischen Formulierungen suchte er die Nähe zu dessen Nachfolger:

»Auf Harmonie baut alles auf. Aus ihr kommt das Positive. Über die Harmonie läuft alles Wichtige ab.«

»Bei uns wird immer gegen etwas demonstriert. Ich bin hier, um für die Nationalmannschaft zu demonstrieren«, ließ sich Kanzler Kohl vernehmen, als er vor der Europameisterschaft in Frankreich das Quartier der Derwall-Equipe aufsuchte. BILD hatte die Chefvisite groß angekündigt, um dem seit Januar 1984 *(Wörner-Kießling-Affäre!)* von einer in die andere Panne tapsenden Kanzler aus dem Reputationstief herauszuhelfen: »Kanzler Kohl kommt und macht uns Mut.« Und Jupp Derwall fügte hinzu: »Der Bundeskanzler hat mich vor ein paar Wochen telefonisch erreicht und mir Mut zugesprochen. Eine Geste, die mich richtig glücklich machte.« Was Kanzler und Bundestrainer in einer wahren Schicksalsgemeinschaft verband, soll Kohl damals Derwall mit den Worten erklärt haben: »In der Politik ist's wie im Sport: immer wieder Höhen und Tiefen, da muß man durch.«

Derwall redete nach dem EM-Aus gegen die Spanier ebenso salbungsvoll von »Pech«, »Pflicht«, »Arbeit tun« und »Vertragserfüllung«. Dank des bundesdeutschen Druckerstreiks blieben Derwalls ausgeschiedene Mannen von Kritik der heimatlichen Presse verschont. Um so bitterer trafen die Kommentare der ausländischen Medien.

Die LIBÉRATION übernahm die journalistische Exekution des deutschen Fußballs:

»Dieses wilde Tier, das der deutsche Fußball ist, verdiente an diesem Abend, im eigenen Urin ertränkt zu werden. Nicht, daß der spanische Kobold auf einen Schlag alle Sympathien an sich gezogen hätte… Nein, das deutsche Monster hat zu lange überlebt… Sie hatten schon die peinliche Einbildung, daß die Geschichte nach ihrem Sinn laufen wird, daß es ein Schicksal gibt, das immer gut für den deutschen Fußball ausgeht.«

Am Mittwoch, dem 27. Juni 1984, trat Derwall zurück. Die so häufig verwandte Parallele zum CDU-Kanzler stimmte nicht. Kohl war weder Erhard, noch war Derwall Kohl. Kein Wunder, daß sich DIE ZEIT verleiten ließ, Derwall mit Genscher gleichzusetzen, den bevorstehenden Rücktritt des FDP-Bosses vorwegnehmend: »Das Ende zweier Lebenskünstler.«

Jetzt sollte Beckenbauer als Notstandskaiser ran, der deutschen »Augenwischerei« *(FRANKFURTER RUNDSCHAU)* und »Arroganz« *(FAZ)* ein Ende zu bereiten.

Lucas Delattre
(bis 1997 Bonner Korrespondent von LE MONDE)

France '98 –
Zwischen Euphorie und Zweifeln

Daß Frankreich eine große Fußballnation ist, wird keiner bezweifeln. Insofern ist es ganz richtig, daß die nächste Weltmeisterschaft bei uns stattfindet. Die Amerikaner, die vor vier Jahren Gastgeberland waren, hatten mit dem Soccer nichts am Ball. Dies soll mit uns Franzosen nicht der Fall sein: Wir brauchen Fußball wie die Luft zum atmen. Aber braucht uns die Weltfußballgemeinschaft? Warten wir mal ab, ob wir diesmal fähig sind, einen wertvollen Beitrag zur Geschichte dieses Sports zu bringen. Eines ist sicher: Die Mannschaft von Aimé Jacquet wird es wahrscheinlich schwerhaben, gegen die Deutschen eine überzeugende Alternative anzubieten.

Geprägt von seinem traditionellen Hang zu Prestige und

Glanz, bereitet sich das Land auf das Großereignis mit Spannung vor. Der Bau eines neuen Stadions, in Saint-Denis nördlich von Paris, soll die hohe Bedeutung der Veranstaltung dokumentieren und den Beweis erbringen, daß die Franzosen einen Sinn für die Veranstaltungskunst haben. Nach den Olympischen Winterspielen von Albertville im Jahre 1992 ist es das zweite herausragende Sportereignis, das Frankreich in diesem Jahrzehnt ausrichten darf. Man kann mit Spannung die Reaktion all derer erwarten, die sich über die Monumentalität der ganzen Sache und das fehlende Umweltbewußtsein der französischen Eliten – Stichwort: *Beton über alles* – ärgern werden.

Sind wir aber für die WM nicht nur sportlich, sondern auch mental vorbereitet? Eindeutig *nein*: Die Globalisierung des Fußballs, die sich durch die WM dokumentieren läßt, wird bei uns als Bedrohung empfunden. Eine Anekdote zeigt das ganz gut: Die französische Regierung hat ein Problem damit, daß die üblichen Regeln für Werbung im Stadion – keine Werbung für alkoholische Getränke – mit der WM kaum zu vereinbaren sind.

Fußball in Frankreich: Das ist eine Geschichte für sich. Weit entfernt von den anderen Sportkulturen Europas (Großbritannien, Deutschland, Italien), ist Fußball in Frankreich dadurch geprägt, daß »Professionalismus in diesem Sport nie wirklich akzeptiert wurde«, wie der Soziologe Charles Suard meint. Die Figur von Bernard Tapie zeigt, daß Fußball und finanzieller Erfolg in Frankreich immer noch zwei verschiedene Angelegenheiten sind, fast entgegengesetzt. Der französische Fußball ist der einzige in Europa, der immer noch stark von Subventionen abhängig ist (tatsächlich sind 15 Prozent der Einnahmen der Clubs öffentliche Subventionen).

Gemeinsam mit seinem Kollegen Jean-Michel Faure interessiert sich Charles Suard seit längerer Zeit für die soziologischen Aspekte des Sports. In einer Sonderbeilage der Zeitschrift Actes de la Recherche en Sciences sociales

(Juni 1994) haben die beiden Soziologen versucht, die Merkmale des Fußballsports in Frankreich zu analysieren. Ihr Fazit lautet: »Der Professionalismus des französischen Fußballs hat sich noch nicht ganz durchgesetzt. Alles sieht so aus, als ob die Franzosen nicht wagen würden, den Fußball als eine kommerzielle Unterhaltung zu empfinden.« Fußball wird bei uns immer noch als ein pädagogisches Mittel gesehen, um die universellen Werte der Körperkultur zu vermitteln. Fußball in Frankreich ist ohne die Verbindung zum »service public« (öffentliche Dienstleistung) nicht zu verstehen.

Die Konflikte zwischen den großen reichen und den kleinen armen Clubs, die sich innerhalb der *Ligue nationale de football* abspielen, sind von erheblicher Bedeutung für das Verhältnis des ganzen Phänomens. In der Ligue haben die kleinen Amateurclubs die Mehrheit der Stimmen; sie verstehen die professionellen Clubs nicht. Marseille, Bordeaux, Paris-Saint-Germain und Monaco haben eine Kultur des großen Geldes entwickelt, die sich vom traditionellen Verständnis des Sports klar unterscheidet. Andere Clubs, wie zum Beispiel Nantes, gelten nur noch als Spielerschmiede für reichere Clubs: Sobald ein Spieler gut ist, wird er weggekauft.

Die Strukturen des französischen Fußballs sind eindeutig zu »fragile«, wie Charles Suard und Jean-Michel Faure schreiben. Ein Problem ist, daß es immer schwieriger wird, eine Nationalmannschaft aufzustellen. Die großen Talente sind zwar zuhauf auf der Vereinsebene anzutreffen, aber sie sind immer weniger bereit, für die *équipe de France* Engagement zu zeigen. Das Problem von Aimé Jacquet ist ein grundsätzlich französisches Problem. Inwieweit wollen wir, inwieweit können wir uns von der Globalisierung des Sports abkapseln?

Rolf Uesseler
(lebt als freier Publizist in Rom)

Forza Italia

»Forza Italia« ist der Schlachtruf der italienischen »Tifosi« für ihre Nationalmannschaft. Und das ist schon seit Generationen so; hat sich vererbt vom Großvater auf den Vater, den Sohn und die Enkel.

Berlusconi schien also gut beraten zu sein von seinen Meinungsforschern und Wahlkampfstrategen, als er 1993 beschloß, seiner aus dem Boden zu stampfenden Partei den Namen »Forza Italia« zu geben. Wenige Monate später, im Frühjahr 1994, schien ihm der Wahlsieg recht zu geben. Noch nie hatte eine politische Formation in so kurzer Zeit eine solche Popularität erlangt. Doch es war ein Pyrrhussieg.

Fußball und Politik, Politik und Fußball: Wohl in keinem anderen europäischen Land sind diese beiden Welten so eng miteinander verbunden wie in Italien. Nun stürzen über verlorene Weltmeisterschaften zwar keine Regierungen, Wahlen werden auch nicht mit errungenen Meisterschaften oder Fußballidolen gewonnen, wie vielleicht in Bananenrepubliken oder einigen südamerikanischen Staaten – eher stimmt das Gegenteil –, aber dennoch hängt beides miteinander zusammen. Auf eine sehr diffizile und komplexe Weise. Wen kann es dann noch wundern, wenn sich dieses Verhältnis auch in der Spielweise sowohl der Clubs wie der Nationalmannschaft niederschlägt?

Daran ändern auch die nicht enden wollenden Beispiele nichts, die man aufführen könnte: beginnend mit Mussolini und seinen massiven Einmischungen, um Italien 1934 und 1938 zum Weltmeister zu machen, über die zahlreichen DC-Führer von Fanfani bis zu Andreotti, die mit doppelten Pässen für südamerikanische Fußballstars ihren Clubs zu Meisterehren und der Nationalmannschaft zu Ruhm verhalfen, bis hin zu Berlusconi und seinem AC Mailand, seinem »Wundertrainer« Arrigo Sacchi, der später Nationaltrainer wurde und dann wie sein Sponsor Silvio Berlusconi zum Sturzflug in die Versenkung ansetzte. Und daran ändert auch nichts, daß Maradona gehen mußte aus Neapel, aus Italien, weil die Politik es so wollte, und weil sie es für geeignet hielt, die unter Verschluß gehaltenen Akten von längst bekannten »Kokainskandalen« des argentinischen Stürmerstars der Presse zum Fraß vorzuwerfen.

Wenn die Mailänder Clubs AC und Inter ab Mitte der fünfziger Jahre zum Höhenflug ansetzten, sich, wie Milan mit dem schwedischen Stürmertrio Gre-No-Li (Gren, Nordahl, Liedholm, die bei der Weltmeisterschaft 1958 in ihrem Heimatland für Furore sorgen sollten), an die nationale Spitze spielten und beide dann in den sechziger Jahren den europäischen Spitzenfußball beherrschten, so hat das auch mit innen- und gesellschaftspolitischen Verhältnissen zu tun. Anders als Turin, FIAT und damit Juventus waren Mailand und sein Finanz- wie Handelskapital an internationaler Öffnung und Reputation interessiert. Mailand war sozialistisch, Turin war gespalten zwischen Kapital und Arbeit, zwischen »Torino« und »Juve«, zwischen roten und schwarzweißen Fahnen.

Als Anfang der sechziger Jahre die USA mit der Demokratischen Partei unter Kennedy die Linksöffnung zum »Centro Sinistra« in Italien zuließen, triumphierten die Sozialisten, ihre Hochburg Mailand und auch die Clubs mit Rivera, Mazzola, Boninsegna, Facchetti, Burgnich. Schnellinger wurde aus Köln geholt und bildete zusammen mit dem heutigen italienischen Nationaltrainer Cesare Maldini, dem Coach von Bayern München, Giovanni Trapattoni, dem *golden boy* Gianni Rivera, Sormani und Prati die Meistermannschaft Milan.

Der Höhenflug der Mailänder Clubs endete nach der Weltmeisterschaft in Mexiko; und zwar genau nach dem in der Verlängerung 4:3 gegen Deutschland gewonnenen Halbfinalspiel. Um dieses Spiel, das erst kürzlich zum schönsten WM-Spiel aller Zeiten gekürt worden ist, ranken sich heute in Italien Geschichten und Legenden; über dieses Spiel wurde ein Film gedreht, der zum Kultkino vor allem der 68er-Generation gehört. Das »Centro Sinistra« kriselte schon mächtig, und der Fußball bekam es wenig später auch zu spüren. Bei der WM 1974 in der BRD ging Italien sang- und klanglos unter, und in Italien waren die »Eurokommunisten« auf dem Vormarsch.

FIAT und Agnelli hatten sich Mitte der siebziger Jahre vom »Heißen Herbst« '68 und der Folgezeit erholt. Der Schock über den Aufstand der Arbeiter, der Turin für mehrere Jahre in ein rotes Meer verwandelt hatte, war verarbeitet. Man arrangierte sich auf nationaler Ebene mit den Kommunisten (»Solidarieta Nazionale« hieß das Zauberwort).

Kampfgeist und Zähigkeit verschmolzen auf dem Rasen mit den seit jeher bevorzugten Tugenden der hohen (Ball- und Spiel-)Technik. Dieser Stil war in Italien nahezu unschlagbar. Als man dann Enzo Bearzot zum Nationaltrainer berief, war jene Mischung perfekt. Der defensive Mittelfeldstratege hatte mit dem feindlichen Arbeiterclub »Torino« Ende der vierziger/Anfang der fünfziger Jahre den italienischen Fußball beherrscht und Juventus auf den zweiten Platz verwiesen.

Die ersten Früchte dieses Pfeife rauchenden, bauernschlauen Taktikers zeigten sich schon bei der WM 1978 in Argentinien. Nur durch Eingreifen der Militärjunta und durch Manipulationen wurde sein junges Team, dessen Stamm aus Juve-Spielern bestand, daran gehindert, schon 1978 das Endspiel auszutragen. Die »Revanche« kam dann 1982, als sich sein Team souverän den Weltmeistertitel erspielte, vor allem gegen das Argentinien Maradonas und das Brasilien von Zico, Falcao und Socrates. Das Endspiel gegen die BRD war nur eine Formsache. Die Elf um Scirea, Cabrini, Antognoni, Tardelli, Bergomi, um Bruno Conti, Paolo Rossi und Dino Zoff war den deutschen Spielern in allen Belangen überlegen. So wie die deutsche Mannschaft '54 vorwiegend aus Kaiserslauterern und '74 aus Münchnern, so bestand die siegreiche WM-Elf unter Bearzot aus sechs Juve-Spielern.

Das Verhältnis zwischen Politik und Fußball, oder besser: zwischen gesellschaftspolitischer Grundstimmung in der Bevölkerung, ihrem bevorzugten Spiel, dem Fußball, und einem Teil der offiziellen Politik konnte sich nicht besser ausdrücken, als in Mimik und Gestik des damaligen »Volkspräsidenten« Sandro Pertini, der frohlockend das Endspiel auf der Ehrentribüne neben BRD-Kanzler Schmidt und dem spanischen König Juan Carlos verfolgte. Aber vor allem waren Stimmung und Atmosphäre im Staatsjet des Präsidenten auf dem Rückflug nach Italien typisch und charakteristisch, als Sandro Pertini, Enzo Bearzot, Paolo Rossi und Dino Zoff verbissen »Scopa« (ein Volksspiel wie Skat) spielten und beim Kartenklopfen sich gegenseitig über Fußball und Politik anfrotzelten und auf den Arm nahmen.

Diese »glückliche Ehe« alterte schnell, schneller als erwartet. In Mexiko '86 war die Scheidung schon eingereicht. Der »Rampismo«, das rücksichtslose Aufsteigertum eines Craxi, der »Yuppismus« der Reagan-Ära und der Thatcherismus hatten sich schon breit gemacht. Solide, auch brillante Technik, wohldurchdachte Strategien und eine mühselig erworbene athletische Stärke waren nur noch als Sekundärtugenden gefragt; »calcio spettacolo«, Spektakulum Fußball, hieß die neue Zauberformel. Juventus verschwand von der Bildfläche für ein halbes Jahrzehnt – und mit der »alten Dame« ihr Stil und ihre fußballerischen Grundauffassungen und Tugenden.

Der neue Prophet hieß Berlusconi, der sich den AC Mailand mit Hilfe seines Politbruders Craxi unter den Nagel gerissen hatte. Verkünder der neuen Philosophie wurde ein Schuhverkäufer aus der Emilia Romagna: Arrigo Sacchi. Fußball war zum nicht enden wollenden Volksfest geworden, war »totaler« geworden als das *panem et circenses* der diktatorisch herrschenden Kaiser im antiken Rom. Und als

Italien 1990 alle europäischen Cupwettbewerbe gewann (den UEFA-Cup sogar unter sich ausspielte), aber nicht den WM-Titel im Heimatland, da war nicht die neue Philosophie schuld, sondern der Nationaltrainer Azeglio Vicini, der einen Spagat zwischen Altem und Neuem versucht hatte.

Auch der italienische Fußballverband war inzwischen auf das »Neue« eingeschworen: Vicini mußte gehen, und der Guru Sacchi kam. '94 waren die beiden Protagonisten auf dem Höhepunkt ihrer Macht angelangt: Berlusconi war Ministerpräsident geworden, Sacchi, der mit unumschränkten Vollmachten und einer Millionendollar-Traumgage ausgestattete Nationalcoach. Doch in der athletisch unzumutbaren Hitze der US-Stadien zerbrach diese »Traumehe«. Der verkündete »Traumfußball« war wie des Kaisers neue Kleider – ein nacktes Nichts. Mit Grausen und Scham wandten sich die Tifosi von der Apenninenhalbinsel von ihrer »Nazionale« ab; »Forza Italia« kam nicht mehr aus ihren Mündern, nur noch vergessen wollte man das peinliche Spektakulum, obwohl, oder gerade weil am Ende noch eine Vizeweltmeisterschaft dabei herausgesprungen war. Und wie Sacchi, der Verkünder der neuen Fußballreligion, so entpuppte sich auf der politischen Ebene auch sein Mentor Silvio Berlusconi als Blender, als Showman, als ein Kaiser ohne Kleider.

Mitte der neunziger Jahre war der Spuk vorbei. Sacchi landete, reich gemacht, aber wegen erwiesenen Unvermögens in der Bedeutungslosigkeit, Berlusconi in der Opposition. Juve nahm im italienischen Fußball erneut die Zügel in die Hand und setzte nach und nach wieder die Maßstäbe. Mit der Öffnung der italienischen Grenzen nach Europa und der einsetzenden Globalisierung interessierte FIAT-Chef Agnelli, daß sein ererbtes Familienjuwel Juventus auch über die Grenzen des eigenen Landes als Markenname bekannt wurde. Juve spielte sich nicht nur an die Spitze der italienischen Liga, sondern auch auf Platz eins der weltbesten Clubs.

Doch die Zeit wurde nicht zurückgedreht. Juves technisch perfekter, athletisch solider, mit Spielwitz gepaarter Stil beherrscht den italienischen Fußball nicht mehr wie in den Jahrzehnten nach dem Krieg (mit dem Zwischenspiel der Mailänder Vereine in den sechziger Jahren). Die Clublandschaft in Italien ist hinsichtlich ihrer Spielweisen und -auffassungen fast so bunt zusammengesetzt wie das regierende Mitte-Links-Bündnis. Aber man spielt überall wieder »italienisch«. Gianni Brera, brillanter und zu früh verstorbener Sportjournalist und Literat, hatte Fußball zur Philosophie erhoben. Noch bis zuletzt schrieb er von den Seiten der Anfang '90 größten Tageszeitung LA REPUBLICA gegen die »neuen Moden« in der Spielweise der italienischen Clubs an und beschwor den »italian style« in »playing football«. »Wir sind in Europa wie die Uruguayer in Südamerika«, verkündete er unablässig und immer wieder. Was er meinte, hieß, defensiv und mit Intelligenz und Schläue spielen; so, sein Credo, gewinnt man auch gegen vermeintlich übermächtige Gegner – David Italien gegen die Goliaths Deutschland, Brasilien, England. »Denn wie will man sonst gegen die Nordmänner gewinnen, die zwei Köpfe größer und sehr viel stärker sind, schneller und ausdauernder laufen können? Die Stärken des italienischen Fußballs liegen woanders. Darauf sollten wir uns immer besinnen, und die müssen wir pflegen.«

Daß Enzo Bearzot und Gianni Brera eng befreundet waren, daß beide Pfeife rauchten, gern gut aßen und neben dem Fußball nur noch guten Wein liebten, muß vielleicht nur noch am Rande erwähnt werden.

Joep M. Bik
(diplomatischer Redakteur der niederländischen Tageszeitung NRC
HANDELSBLAD)

Mythos Cruijff

Als der Fußball in den Niederlanden anfing zu rollen, im letzten Viertel des vorigen Jahrhunderts, war jede Form der Freizeitgestaltung weitgehend der oberen Bürgerschicht vorbehalten. Die 40-Stunden-Woche war noch ein fernes Ziel der Arbeiterbewegung, eine Schulpflicht gab es praktisch nur für die allerjüngsten Kinder. Die meisten Teenager jener Zeit hatten noch lange Arbeitstage und nur sonntags frei. Der Begriff Volkssport war sozusagen noch ein *contradictio in terminis*. Die Namen der ältesten niederländischen Fußballvereine entsprechen jener sozialen Lage. Die jungen Oberschüler, die sich beim Metzger eine ballförmige Schweinsblase besorgten und sich beim befreundeten Bauern oder Stadtrat die Genehmigung einholten, eine holprige Wiese gebrauchen zu dürfen für ihr neues, aus England importiertes Ballspiel, gründeten ihre Vereine unter Namen, die vielfach aus dem Englischen oder der ihnen schon bekannten Welt der Antike, also der Welt der griechischen Leibesübungsideale, stammten.

So kam es auf manchmal kurz vorher noch von Kühen frequentierten Wiesen zu Fußballspielen zwischen Vereinen mit distinguierten Namen wie Ajax (Amsterdam), Excelsior, Xerxes, Sparta, Leonidas (Rotterdam), Vitesse (Arnheim), Heracles (Almelo), Velox, Hercules (Utrecht), Concordia (Delft), Marathon (Den Haag), Rapiditas, Robur et Velocitas (Amersfoort, Kräftig und Schnell), Alcmaria Victrix (Alkmaar wird siegen), Utile Dulci (UD/Deventer, das Nützliche und Angenehme). Und es gab und gibt immer noch Namen, die die guten sportlichen Vorsätze der jungen Gründer und das Herkunftsland des Fußballs mit klarmachen sollten: Be

Quick, Alliance, Be Fair, Quick, Go Ahead, Upward, Quick Boys usw. Alte Bilder zeigen etwa ein Jahrhundert später Mannschaften aus ernsten jungen Männern, oft mit imposantem Schnurrbart, die Vereinsfarben mit einem Tuch um den Oberkörper drapiert, die Köpfe bedeckt mit Mützen, denn das Kopfballspiel wurde seinerzeit von medizinischer Seite noch für sehr gefährlich gehalten. Privilegiert waren sie gewiß, *the best and the brightest*, auch nach eigener Auffassung.

Als um die Jahrhundertwende in den nach Religion, politischer Überzeugung und gesellschaftlichem Stand streng »versäulten« Niederlanden die Emanzipation von großen Bevölkerungsgruppen nach und nach Wirklichkeit wird, bekommt Fußball als Volkssport seine Chance. Und er wird gleichzeitig anerkannt als gesellschaftliche Erziehungs- und Ordnungsmöglichkeit während der nun schon vorhandenen Freizeit der Massen. Die Städte wachsen mit der Industrialisierung des Landes schnell. Die Spitzen der gesellschaftlichen Säulen (die christ- und die sozialdemokratische Partei etwa) freuen sich über ihren Emanzipationserfolg und ihre gewachsene Macht, fürchten sich aber gleichzeitig vor einem Dauerstreit in der Kneipe, vor Kriminalität oder gefährlicher Langeweile (»des Teufels Ohrkissen«). Eine große Zahl von neuen Vereinen in kleinbürgerlichen Stadtteilen und Arbeitervierteln entsteht von nun an. In der »versäulten« Gesellschaft gibt es nicht nur den »allgemeinen« niederländischen Fußballverband (NVB, der inzwischen längst »königlich« ist), sondern auch einen römisch-katholischen und einen christlichen Verband, der Sport, wie heute, nur an Samstagen gestattete.

Sportlichkeit, *Fairness* (ein Begriff aus dem Staat, der damals sicherlich die größten Klassenunterschiede in Westeuropa kannte), Solidarität, freiwillige Mitarbeit in einem Verein, dem man sozial und geographisch angehörte, wurden in den zwanziger und dreißiger Jahren »von oben« als gesamtgesellschaftlich nützliche Tugenden verordnet. Andere Vereinsnamen bzw. -kürzel spiegeln die brav-biederen Züge und die massenpädagogisch stimulierte Ordnungsqualität des Fußballs wider. ADO (Alles durch Übung), DOS (Durch Übung Stark), DWS (Durch Willenskraft Stark), WIK (Wollen ist können), Lens (Geschmeidig und Schnell), KMD (Klein aber Tapfer), BMT (Leiste Mutig Widerstand) und der womöglich schönste von allen: Tonegido (Zu unserem Nutzen und Vergnügen ist dieser Verein gegründet). Klein, fein, fügig in einer Art kontrollierter sportlicher Gemütlichkeit; habt Spaß, aber bleibt auf eurem Platz als Leitmotiv. Die Bindung an eigene Stadtviertel oder die Region kann man erkennen in Vereinsnamen wie Feijenoord (Rotterdam), Elinkwijk (Utrecht), Spoorwijk, Laakkwartier (Den Haag), Helpman (Groningen), Frisia, Zeeburgia, Limburgia, Brabantia und Maurits (nach der damaligen Zeche in Limburg, ein Klub, für den Georg Kessler mal spielte). Das feste Band zur damals neutralen Nation und zum Fürstenhaus spricht aus Namen wie DHL (Der Holländische Löwe), Graf Willem II. VAC, Willem II (Tilburg), Wilhelmus, Wilhelmina, Juliana.

Die Nationalmannschaft, alles Amateure versteht sich, war damals sehr beliebt und in ihrer ständigen Davidsrolle zumindest im eigenen neutralen Land berühmt. Einmal, in den dreißiger Jahren, schaffte sie es fast bis in die Endrunde der Weltmeisterschaft in Italien. Aber leider warf die Schweiz »Oranje«, das sich schon in Rom glaubte, kurz vorher aus dem Turnier. Es ist die Zeit, in der junge Sozialdemokraten und Christsoziale massenhaft zelten, an Lagerfeuern reden und singen für eine bessere Welt, in der das Völkerrecht sich letztlich doch durchsetzen wird. Es ist die Zeit einer schlimmen, scheinbar hoffnungslosen Wirtschaftskrise, in der viele Wohlfahrtsverbände und gemeinnützige Stiftungen ihre finanzielle Unterstützung anbieten und Mäßigung der Ansprüche des einzelnen predigen.

Nach dem Krieg bleiben die Niederlande und der niederländische Fußball »in der Vorkriegszeit«. Das ruinierte Land

wird in seinen Grundzügen nicht erneuert oder gar moder-
nisiert, sondern restauriert, auch in seiner »versäulten« gesellschaftlichen Struktur. Fußball ist nach wie vor Volkssport
Nummer eins, und die enorme Geburtenwelle der ersten
Nachkriegsjahre macht aus dem Fußballverband (KNVB)
bald eine Organisation, die zeitweilig mehr als eine Million
Mitglieder hat. Die Nationalmannschaft, noch immer Amateure, behauptet sich tapfer gegen Luxemburg, Finnland,
Norwegen. Belgien, Dänemark und die Schweiz sind meistens ein Nümmerchen zu groß, und von Goliath-Mann-
schaften wie der italienischen, westdeutschen, französischen,
britischen, schwedischen oder gar der glorreichen ungarischen Mannschaft lieber ganz zu schweigen.

Erster Wendepunkt. Im Jahre 1953, als die Provinz Zeeland
von einer Sturmflut überschwemmt wird und das Meer die
nur relative Sicherheit vieler Niederländer wieder mal unter
Beweis stellt, spielt schon eine kleine niederländische Fuß-
balltruppe im Ausland als Profis. Sie sind als solche alle von
ihrem nationalen Verband auf Lebenszeit gesperrt. Unter
ihnen ist Frans de Munck, der Torwart des 1. FC Köln, dort
bekannt als »der schwarze Panther«. Jene »Fremdenlegio-
näre« aus Frankreich, Italien und Deutschland entschließen
sich spontan zu einem Spiel gegen die offizielle französische
Nationalmannschaft in Paris, um Geld für die Opfer der
Überschwemmung in Zeeland zusammenzubringen. Die
zusammengestückelte Truppe gewinnt im Parc des Princes
und erregt damit eine Begeisterungswelle im eigenen Land.
Der Anfang des bezahlten Fußballs in den Niederlanden ist
danach nicht mehr aufzuhalten. Jener kommt ein Jahr später
wie eine Revolution über ein Land, in dem man sich ansonsten lieber gesund restaurieren will und wenig von dramatischen Veränderungen hält. Es geschieht aber im Fußballbe-
reich vorerst noch wenig Erregendes. Norweger, Finnen und
Luxemburger bleiben ernstzunehmende Gegner, z. B. für
den jungen Mittelstürmer Rinus Michels (Ajax), der sich
zwanzig Jahre später als Trainer einen Namen machen wird.

156

Zweiter Wendepunkt, gut zehn Jahre später. Im nördlichen Teil der Niederlande werden große Erdgasvorräte entdeckt, die dem alten calvinistischen Kleinstaat auf einmal eine halbe OPEC-Statur verleihen. Die physische Restauration des Landes ist außerdem vollzogen, die Zeit der organisierten Harmonie scheint vorbei. Die gesellschaftlichen und politisch-ideologischen Säulen beginnen rapide zu zerbröckeln, sozialwirtschaftliche Verteilungskämpfe und Streitigkeiten zwischen Generationen bestimmen das Bild, wie es anderswo schon längst üblich ist.

Eine ähnliche Entwicklung beginnt in der niederländischen Fußballwelt. Die lebende Legende Hendrik Johannes Cruijff ist zu diesem Zeitpunkt ein siebzehnjähriges Mitglied im Renommierklub Ajax, wo er trotz physischer Nachteile – für den Militärdienst wird er wegen zu schmaler Brust, Ellbogen- und Fußbeschwerden (!) für untauglich erklärt – von den Kennern schon als größtes Talent der Vereinsgeschichte vergöttert wird.

Cruijff, der zweifellos beste niederländische Fußballspieler aller Zeiten, wurde am 24. April 1947 als zweiter Sohn eines Gemüsehändlers in einem bescheidenen Amsterdamer Viertel geboren, das mit Recht auch »Betondorf« genannt wird und wo auch bis 1996 Ajax spielte. Seit seinem sechsten Lebensjahr war der junge Cruijff praktisch Tag und Nacht im Ajax-Stadion *De Meer* oder in umliegenden Straßen beim Fußballspielen zu finden. Johan oder »Jopie« Cruijff gehörte zur Generation der *Baby Boomer* der ersten Nachkriegsjahre; am Scheideweg zwischen Fußball, Geld (inklusive Macht und Publizität) sollte er ihr erster und aufsässigster Vertreter werden, erst als begnadeter Spieler und später als Erfolgstrainer. Als junger Spieler hatte Cruijff, der als Halbwaise – sein Vater starb bereits 1954 – aufwuchs, das Glück, daß sich sein Lebensweg 1965 mit dem neuen Ajax-Trainer Rinus Michels kreuzte, zu dem er eine Art Vater-Sohn- und ein entsprechendes Haß-Liebe-Verhältnis entwickelte. Umgekehrt kann man auch sagen, daß Cruijff ein Glücksfall im Leben von Michels war, der als Trainer vom Können seines Starspielers an den gemeinsamen Stationen (Ajax, Nationalmannschaft, Barcelona, Amerika) profitierte. Cruijff glänzte als Spieler und später als Trainer überall, doch stets zu seinen eigenen Bedingungen. Niemand hat aus einer solchen Position heraus so um Geld und Einfluß gekämpft wie er. Außer ihm hat keiner solche, für damalige Verhältnisse unerhörten, finanziellen Forderungen bei Ajax, der Nationalmannschaft und Barcelona durchsetzen können (mit Unterstützung seines gerissenen Schwiegervaters und Beraters Cor Coster). Nicht nur bei Ajax, sondern im ganzen niederländischen Profi-Fußball haben viele einen Teil ihres Einkommens diesem »Cruijff-Trend« zu verdanken.

»J. C. Superstar«, wie er in den USA genannt wurde, oder »der Erlöser«, wie die Katalanen ihn bei Barcelona als Spieler und als Trainer feierten, ist wohl auch einer der eigensinnigsten, entschlossensten Querköpfe in der Fußballgeschichte. In seinem zweiten Länderspiel wurde er, 18 Jahre alt, als erster niederländischer Nationalspieler wegen Schiedsrichterbeleidigung vom Platz verwiesen. Ein Schiedsrichter mit Humor, Cruijffs ständiges Meckern übersatt, hat ihn mal gebeten, sein Spielführerband nicht um den Arm, sondern lieber vor dem Mund zu tragen! Wegen immer neuer Streitigkeiten mit dem Fußballverband, die er letztendlich dank der Unterstützung durch die Fans meistens gewann, brachte er es übrigens nur zu 47 Länderspielen. Als die Ajax-Spieler im Sommer 1973 nicht ihn als Spielführer wiederwählten, sondern sich für Piet Keizer entschieden, entschloß Cruijff sich kurzerhand, nach Barcelona zu wechseln. Der Tag, an dem das geschah, heißt seitdem »der teuerste Tag in der Ajax-Geschichte« (wenngleich der Tag, an dem ein Ajax-Hilfstrainer einem zwölfjährigen Jungen namens Ruud Gullit die Mitgliedschaft verweigerte, sich später auch als arg teuer herausstellen sollte).

Als Barca-Trainer Hennes Weisweiler Johan Cruijff beauftragte, mehr in der Sturmspitze zu spielen und nicht – wie der Star es selber für besser hielt – aus der »zweiten Linie«, kam es zu einer Machtprobe (1976), die Weisweiler peinlich verlor. Cruijff verlangte ultimativ einen anderen Trainer. Rinus Michels kam nach Barcelona und wurde mit seinem Ziehkind mal wieder Landesmeister. Als der Mittdreißiger Cruijff sich Anfang der achtziger Jahre, nach seiner amerikanischen Zeit, bei Ajax zurückmeldete, wurden seine Gehaltsforderungen zurückgewiesen. Schäumend vor Wut ging er zum Rotterdamer Erzfeind Feijenoord, schloß dort einen Vertrag, der ihm einen hohen Prozentsatz der Zuschauereinnahmen zusicherte, und wurde Landesmeister. Sogar die Rotterdamer Fans mußten erkennen, daß jene Meisterschaft zwar viel Geld gekostet hat, aber alles in allem auch eher dem 36jährigen »J. C.« als Feijenoord selber zu verdanken war.

Nach seinem mißlungenen Griff nach der Macht als Trainer bei Ajax und seinem inszenierten Abschied als Coach bei Barca, nach sieben außergewöhnlich erfolgreichen Jahren in der katalanischen Hauptstadt, beging Cruijff seinen 50. Geburtstag, im April 1997, als »freier Mann« und als eine Art Kultfigur. Intellektuelle Liebhaber im schönen und lauwarmen Grenzgebiet zwischen Fußball, Politik, Gesellschaft und Kultur, sagen wir mal die junge oder lang jung gebliebene geistige Schickeria im Dreieck zwischen Amsterdam, Utrecht und Den Haag, deklarierten ihn, wenn auch rückwirkend, in vielen Büchern und Zeitschriften zur Symbolfigur für die Veränderungen, die es seit Mitte der sechziger Jahre in den Niederlanden gegeben hat. Ja, als Vorkämpfer einer Emanzipationsbewegung, einer Art kulturellen Revolution, als Modell für das Erwachen und Erwachsenwerden eines schläfrigen Säulenstaates. Der arme Cruijff wird das alles selber wohl nicht gelesen haben. Das ist vermutlich auch besser so, denn wenn er alles verstanden hätte, hätte er über soviel intellektuelle Zirkusarbeit vermutlich nur in vertrauter Manier seine Achseln hochgezogen.

Gefeiert wurde er übrigens auch, und nicht mal zu Unrecht, als Mann, der unwissentlich oder bewußt eine Revolution im niederländischen Fußball zuwege gebracht hat. In sportlicher Hinsicht (teilweise auch in Spanien) mit seiner Präferenz für das publikumsgerechte »totale« Angriffsspiel, stets mit drei Sturmspitzen (und, wenn möglich, auch mit dem Torwart als elftem Feldspieler). Auch in finanzieller Hinsicht wird er an vielen Stellen gefeiert, wie mancher Schatzmeister es bis heute für den spanisch-niederländischen Millionär bestätigen kann.

Wo aber stehen der niederländische Fußball und seine Nationalmannschaft vor der Weltmeisterschaft 1998 in Frankreich, jetzt, da die euphorischen Jahre des AFC Ajax vorüber zu sein scheinen? Auch hier ist Cruijff noch von Interesse für die Qualität, das Selbstvertrauen und die Spielweise der Nationalmannschaft. Denn Cruijff ist nicht nur der Mann, der als Aktiver brillierte zwischen Spielern wie Piet Keizer, Johan Neeskens, Arie Haan, John Rep, Wim Jansen, Willem van Hanegem, Ruud Krol und Rob Rensenbrink. Er ist auch der Mann, der als älterer Spieler und Trainer bei Ajax wie kein anderer junge Talente entdeckt und geformt oder zu Ajax geholt und verfeinert hat.

Die Reihe solcher Cruijff-Adepte, bei denen man seine Hand erkennen konnte oder noch kann, ist lang. Sie erstreckt sich gerade noch bis in das heutige Nationalteam: Jan Wouters, Arnold Mühren, Frank Arnesen, Ronald Koeman, Gerald Vanenburg, Marco van Basten, Frank Rijkaard, John van't Schip, John Bosman, Danny Blind, Dennis Bergkamp. Man kann daher ruhig sagen, daß sowohl die niederländischen Vizeweltmeister von 1974 und 1978 als auch die Europameister von 1988 »Cruijff-Teams« waren, auch wenn er selber '78 und '88 nicht dabei war und – vor allem '88 – an Trainer Michels vorbei die Spieler van Basten, Rijkaard und Koeman per »Fernlenkung« betreuen sollte.

Das alles hat sich langsam verändert. Bei Ajax sind die fetten Jahre des Trainers Louis van Gaal nun vorbei. Sein Nachfolger Morten Olsen muß erst neue Aufbauarbeit leisten.

Ein halbes »Ajax-Team« spielt nun – nach der Saison 1996/97 – anderswo in Europa, in unterschiedlichen Spielkulturen (Reiziger und Seedorf in Spanien; Davids, Bogarde, de Kreek, Winter in Italien; Bergkamp wie Cruijffs Sohn Jordi in England). Und in der Nationalmannschaft praktiziert Trainer Guus Hiddink ein eigenes System, das der Spielweise von PSV Eindhoven ähnlich ist. Nicht mehr mit drei, sondern mit zwei Sturmspitzen und in anderen Staffelungen im Mittelfeld und in der Verteidigung, als es seit den Tagen von Cruijff bei Ajax und »Oranje« üblich war. Das lief in den Vorrundenspielen nicht schlecht, mit Ausnahme einer unglücklichen, jedoch peinlichen Niederlage im Auswärtsspiel gegen die Türkei (1:0). Somit ist »Oranje« vermutlich bei der Weltmeisterschaft 1998 mal wieder ein unbeschriebenes Blatt, für die einen ein überschätzter Außenseiter, für die anderen ein Mitfavorit. In letzterem Fall hätten die Niederländer '98 wieder eine Gelegenheit, sich über ihre Fußballnationalmannschaft zu den »Großen« rechnen zu können, um damit erneut die aus internationaler Sicht so merkwürdige Art der »Selbstmarginalisierung« zu betreiben: nämlich so zu tun, als ob das einzige, was die Nation wirklich bewegt und den ganzen Stolz aller Schichten hervorruft, der Fußball ist: *Oranje boven!*

Robert Misik
(bis 1997 Deutschland-Korrespondent des österreichischen
Wochenmagazins PROFIL*)*

Zwischen Königgrätz und Córdoba

»Es ist ein Kampf auf Leben und Tod, der noch lange nicht aus ist. Wenn man alle Welt gegen sich und gar keinen Freund hat, so ist wenig Aussicht auf Erfolg; aber man muß sich so lange wehren, als es geht, seine Pflicht bis zuletzt tun und endlich mit Ehren zugrunde gehen.« So schrieb Kaiser Franz Joseph, gleich nach Königgrätz, an seine Mutter.

Eine solche Haltung, man mag sie auch preußisch nennen, war unter den Untertanen des geschlagenen Regenten nicht sehr verbreitet. Den »Kampf auf Leben und Tod«, mochte er auch darin enden, »in Ehren zugrunde« zu gehen, wollte in den Alpenlanden kaum jemand austragen, zumindest wenn es gegen die Deutschen ging. Der Weg zur österreichischen Nationalstaatsbildung war ein verschlungener, und er führte nicht geradewegs über die Schlachtfelder.

Sondern über die Fußballfelder.

Selbstverständlich, ohne den Ersten Weltkrieg wäre die Monarchie, die kein Nationalstaat hat sein können, nicht zerfallen, und ohne den Zweiten wäre Österreich nicht zu jener Nation geworden, als welche sie sich heute fühlt. Doch die ersten und die letzten Impulse zur Nationalstaatsbildung kamen wie nirgendwo sonst vom grünen Rasen.

Vonnöten waren zur Entwicklung eines österreichischen Nationalgefühls: Abgrenzung gegenüber den einstigen slawischen und magyarischen Mitbürgern der Donaumonarchie; ein raffiniertes System von Rivalität und Affirmation, von Anschlußsehnsucht und Ausschlußangst gegenüber dem deutschen Nachbarn im Norden. Und es brauchte eine dialektische Bewegung von urbaner, metropolitaner Selbstbehauptung des »Wienertums« bei gleichzeitiger Zerstörung desselben durch Austrifizierung, was immer auch Provinzialisierung meint.

Schon 1927, als kaum jemand mit Herzensblut am Kleinstaat Österreich hing, wurde ein Schlachtruf populär, der eigentlich gar nicht zum Gefühlshaushalt des Landes paßte: dem rhythmischen *Tem-po Magyarok* der ungarischen Schlachtenbummler setzten die Fans im Wiener Stadion ihr *Tem-po Österreich* entgegen.

Dabei war die Parole von keiner Realität getragen. Die Auswahl, wie auch das »Wunderteam« der dreißiger Jahre um den legendären »Papiernen« Matthias Sindelar, war eine Wiener Formation und als solche Ausdruck einer »zutiefst urbanen Kultur«, wie der Wiener Historiker Wolfgang Maderthaner schreibt. Auch das elegante »Scheiberlspiel«, das die »Wiener Schule« berühmt machte, war eine »eigentümliche Durchmischung von vorstädtischen Lebenswelten und spezifischen Elementen der Bohème und der Kaffeehauskultur«, somit ein »explizit wienerisches Phänomen«.

Wir können also auch im Fußballspiel jene Eigenart historischer Prozesse ausmachen, die man die Dialektik der ungleichzeitigen Entwicklung nennt: der Wiener Fußballfuror der dreißiger Jahre war ein österreichisches Phänomen und lag gleichzeitig in einem Spannungsverhältnis zu demselben. Das »Wunderteam« war die Auswahl einer Stadt, konnte nur im »Roten Wien«, wo man am »Sozialismus in einer Stadt« baute, gedeihen und spielte dennoch zur höheren Weihe eines Regimes, dem »Austrofaschismus« der dreißiger Jahre, das diesem Experiment ein gewaltsames Ende bereitet hatte.

Das Wunderteam geigte zum eigenen Ruhm auf, unterminierte aber mit jedem Treffer die Grundlage seiner Existenz. Der letzte Triumph der legendären Auswahl, das 2:0 im Spiel zwischen »Ostmark« und »Altreich« am 3. April 1938, setzte dem ein notwendiges Ende.

Erst von diesem Schlußpunkt an lief alles auf Córdoba zu. Der kommunistische Autor Alfred Klahr erfand in einer Artikelserie im illegalen KP-Organ WEG UND ZIEL die

Theorie von der »österreichischen Nation«, und sie nahm auf den Stadionrängen und den Fußballfeldern erstmals Konturen in der Realität an, wenngleich noch in Gestalt alpenländischen Regionalismus. Bei Begegnungen Wiener Klubs mit jenen aus dem »Altreich« kam es zu so heftigen Krawallen, daß selbst der Sicherheitsdienst der Nazis empfahl, »reichswichtige Spiele eine Zeitlang nicht mehr nach Wien zu legen«.

Vordergründig knüpfte man 1945 dort an, wo 1938 aufgehört wurde. Man stahl sich aus der gemeinsam verschuldeten Katastrophe der Hitlerei durch ostentatives antideutsches Ressentiment heraus. So weit, so offenkundig. Doch damit Österreich zu einem Land im Sinne einer Nation werden konnte, mußten erst die untergeordneten Loyalitäten, die kleineren Heimaten zerstört werden. Die »Idee Österreich« mußte sich nicht nur gegen das mächtige Deutschland behaupten, sondern gegen das identitätsstiftende Wien.

Als dann die Nationsbildung Österreichs ihren Höhe- und Schlußpunkt erlangte, in der 88. Minute des legendären Fußball-WM-Spiels Österreich–Deutschland 1978 im argentinischen Córdoba, als Goleador Hans Krankl zum 3:2 einschoß, da war die »Wiener Schule« längst zerstört, da ballerten Spieler aus Salzburg, Innsbruck und Wien einträchtig nebeneinander. Da hatte Österreich an Nationalbewußtsein gewonnen und an Identität verloren. Heutige Teenager, so berichten geschockte Väter, sind Fans von Salzburg, obwohl sie in Wien aufwachsen. Für sie sind die verbliebenen Wiener Großklubs Rapid und Austria Vereine wie andere auch, für und gegen die man sich entscheidet, wie man am Markt der Moden Schuhe von *Adidas gegen Nike* tauscht. In diesem Sinne nannte der Wiener Kultursoziologe Roman Horak Córdoba »das identitätsstiftende Ereignis schlechthin«, den Moment der »Verösterreicherung« in vielfachem Sinne.

»Wenn ich einen Deutschen sehe«, sagte Hans Krankl zu Córdoba-Zeiten, »werde ich zum lebendigen Rasenmäher.« Gleichzeitig kann er aber, ohne ins Rotieren zu kommen, problemlos zu Barcelona oder Krems oder St. Pölten wechseln.

Im postmodernen *Haut die Piefkes* (so ein Cover des Wiener Nachrichtenmagazins PROFIL) der achtziger und neunziger Jahre kommt also längst nicht mehr jener Ernst des Fußballspiels zu Wort, bei dem buchstäblich etwas »auf dem Spiel« steht, sondern ein Patriotismus, der sich selbst zur Mittwochabend-Unterhaltung gerät.

Heute ist Österreich ein Land, das in sich ruht, und der Preis, der hierfür zu entrichten ist, ist das Fehlen an Spannung, an Risiko, an Emphase und Begeisterung. Jetzt, wo acht von zehn Österreichern der Meinung sind, Österreich sei eine Nation wie jede andere auch, werden keine »Jahrhundert-Goals« mehr geschossen.

Volker Mauersberger
(langjähriger ARD- und ZEIT-Korrespondent in Madrid;
Bonner Korrespondent von Radio Bremen und des ORB)

El Presidente

Weil er eine breite Flügelnase hat und mit einem unnachahmlichen Watschelgang daherkommt, nennen ihn seine Fans gerne *el pato*, die Ente; doch für die meisten fußballbegeisterten Spanier heißt der Präsident von Atlético Madrid nur kurz und bündig »Gil«. Der rüstige Mittsechziger verkörpert im spanischen Profifußball jene Generation von Vereinspräsidenten, die nach Francos Tod viele Jahre gebraucht haben, um sich an die neuen demokratischen Zeiten zu gewöhnen – und die sich zuweilen nach jener Epoche zurücksehnen, als mit der Macht des »Caudillo« auch Spaniens

Fußballwelt in Ordnung war. Für Jesus Gil y Gil hört demokratisches Mitspracherecht spätestens vor den Umkleidekabinen des Madrider Fußballclubs auf; denn für den schwerreichen Bauunternehmer sind die kickenden Profis Leibeigene, mit deren Schicksal je nach Belieben umgesprungen werden kann. In den turbulenten Jahren als Atlético-Präsident hat Gil y Gil fast fünfzig Spieler von einem Tag auf den anderen entlassen, mußte hohe Entschädigungen zahlen und beleidigte die gefallenen Stars in einer Tonart, die in der spanischen Öffentlichkeit häufig zu empörten Kommentaren führte.

Den portugiesischen Stürmer Futre verkaufte er 1992 nicht an andere Vereine, weil ihm Futre »persönlich gehöre«, wie das Großmaul Gil überall verbreitete. Der brasilianische Abwehrspieler Donato, wegen seines Fleißes und der Bescheidenheit geschätzt, mußte sich nach einem schwachen Spiel von seinem Präsidenten sagen lassen: »Der schwarze Hungerleider Donato, den ich aus dem Schmutz gezogen habe, ist bequem geworden.« Der empfindliche Brasilianer fiel danach in tiefe Depression und spielte immer schlechter; doch Gil y Gil, der spanischen Presseleuten gerne persönlich den Zugang zum Calderon-Stadion im Süden von Madrid verweigert, setzte in ordinärem und ausländerfeindlichem Ton noch eins drauf. Den schwarzhäutigen Stürmer Adolfo Valencia, der 1995 von Bayern München zu Atlético Madrid gewechselt war, diffamierte Gil y Gil als »den Neger« und drohte nach einem Unentschieden beim Tabellenletzten in Logrono sogar, dem kolumbianischen Stürmer einen Fußtritt zu geben.

Als aufgebrachte Atlético-Anhänger vor dem Stadion auf die Madrider Mannschaft warteten, wurde der Präsident mit erhobenem Faschistengruß empfangen. Gil y Gil bediente die Franco-Anhänger mit einem Zuruf, der danach zu einem Fall für den Staatsanwalt wurde. »Kreideweiß ist der schwarze Kerl geworden, nachdem ich ihm einige Wahrheiten gesagt habe«, sagte der Präsident damals über seinen Spieler, der vom spanischen Fußball-Verband und der seit einigen Jahren existierenden »Kommission gegen die Gewalt im Sport« unter persönlichen Schutz gestellt wurde. Wegen Rassismus und Ausländerfeindlichkeit mußte sich der umstrittene Atlético-Präsident gegenüber dem Staatsanwalt verantworten. Die Geldstrafe danach war für ihn nur ein Kavaliersdelikt von vielen, die seinem Ruf wenig anhaben konnten: Bei den Kommunalwahlen im mondänen Marbella wurde Gil y Gil, dessen Spieler längst die Werbeinschrift »Marbella« auf ihren Trikots tragen, zum zweiten Mal hintereinander zum Bürgermeister gewählt. Im Wahlkampf schickte der Atlético-Präsident, der gerne von »meinen Jungs« im Vereinsteam schwärmt, Videofilme an die Wähler der neugegründeten GIL-Partei (Gruppo Independiente Liberal), in denen er im offenen Hemd mit behaarter Brust und im Whirlpool im knapp sitzenden Badeshort zu bestaunen war. Selbst Spaniens König Juan Carlos soll sich über diese populistischen Politauftritte eines Mannes öffentlich geärgert haben, der sich nicht nur als Wunderheiler für einen angeschlagenen Fußballclub, sondern jetzt auch als »Retter von Marbella« einem Wählerpublikum empfahl, das seine ständigen Quertreibereien honorierte; denn mit seinen frechen und vulgären Auftritten bediente der schwerreiche Aufsteiger genau jene neureiche Geldadel-Mentalität, die sich jenseits der Pyrenäen immer stärker verbreitet.

Schon hat der Herrscher über den Atlético-Club angekündigt, daß sich die GIL-Partei nicht nur in Marbella, sondern auch in anderen andalusischen Städten zur Wahl stellen wird. Viele nachdenkliche Spanier sehen im Aufstieg von Gil y Gil eine bedenkliche Entwicklung zu einem post-franquistischen Populismus, der bei Le Pen in Frankreich und dem österreichischen Haider seine ausländischen Vorbilder sucht. In seinem Madrider Fußballverein ist *el pato* längst zur unangefochtenen *persona non grata* geworden, die gegenüber Spielern, Trainern und dem zahlenden Publikum schalten und walten kann, wie sie will; denn Atlético ist, wie viele spanische Ligaclubs, zu einer Aktiengesellschaft geworden, in der Gil y Gil die Kapitalmehrheit besitzt. Dem Machtmenschen, der nach Aussagen von Spöttern kaum die Entfernung vom Elfmeterpunkt zur Torlinie hersagen kann, gehört inzwischen der Fußballverein samt menschlichem Inventar. »Die meisten Spieler haben Angst vor ihm«, heißt es in Madrid, wo Gil y Gil auf der Suche nach neuen Finanzquellen für seinen hochverschuldeten Club längst befohlen hat, hohe Summen für die Übertragungsrechte einzutreiben. Neben dem Fernsehen müssen inzwischen auch Nachrichtenagenturen, Radiosender und Zeitungen dafür zahlen, daß sie über Spiele von Atlético berichten, das in den letzten Jahren erfolgreich um einen der Spitzenplätze in der Liga kämpfte.

Die Frage bleibt, ob der umstrittene Stil dieses Mannes im ruinösen Marktwettbewerb der spanischen Profiliga nicht allmählich Schule macht. Jeder vierte Spieler der Liga besitzt keinen spanischen Paß und ist damit auf Gedeih und Verderb von Geldgebern abhängig, die sich in der Liga der Superreichen oft nur mit dem Einsatz ausländischer Spitzenstars über die Runden bringen konnten. Der ballverliebte Hugo Sanchez aus Mexiko wurde mit viel Geld und Tücke dem Stadtrivalen Atlético Madrid abgeluchst, bevor er es zum Torschützenkönig von Real Madrid brachte. Die Deutschen Netzer, Breitner, Stielike und Schuster, der Rumäne Hagi, die Argentinier Ruggeri und Esnaider, der Brasilianer Rocha, der Kroate Prosinecki und der Chilene Zamorano bildeten bzw. bilden das sportliche Rückgrat jener Vereine, die oft nicht weniger als zehn Ausländer in ihren Reihen haben.

Längst hat man sich daran gewöhnt, daß unter den 22 Ver einen der ersten Liga drei große Clubs die Meisterschaft unter sich ausmachen: Real Madrid, CF Barcelona und Atlético Madrid, deren Präsidenten überall mit unbeschränkter Machtfülle regieren. Auch eine ehrgeizige Pokernatur wie Ramon Mendoza gab bei Real Madrid nach über einem Jahrzehnt auf dem Präsidentenposten erst auf, nachdem der einst ruhmreiche Verein in den sportlichen und finanziellen Ruin abgeglitten war und mit über 80 Millionen Mark Schulden Gefahr lief, in die Zweitliga abzusteigen. Supermachos wie Gil y Gil und Mendoza, aber auch Barcelonas Vereinsboß Josep Lluis Nunez zogen stets aus der heiklen Vermischung von Kapital und Sport ihre Stärke. Als schwerreiche Bosse, die den Fußball zum prestigefördernden Hobby erklärten, konnten sie persönlich den Spielertransfer diktieren. Allein im vergangenen Fußballjahr 1996 hatten die Clubs in der selbsternannten »Liga der Welt« mehr als 62 Milliarden Peseten (über 730 Millionen DM) veranschlagt, wobei die Hälfte aus den Fernseheinnahmen gedeckt wurde. Fußball ist auch in Spanien noch ein Mannschaftssport, bei dem zehn Feldspieler und ein Torwart über Sieg und Niederlage auf dem Rasen entscheiden. Doch mehr denn je wacht in der gepolsterten Tribünenloge ein allmächtiger Gottvater, *el presidente*, darüber, ob ein Spieler aufgestellt wird oder nicht – selbst ein Provokateur dieses modernen Bonapartismus, der Deutsche Bernd Schuster, hat es niemals gewagt, die gutsherrlichen Neigungen seiner Vereinspräsidenten zu boykottieren.

Der »blonde Bernd«, seit kurzem beim Zweitligaverein Fortuna Köln als Trainer unter Vertrag, erschien stets brav zu allen Vereinsessen, die in Barcelona und Madrid zu den herrschaftlichen Ritualen der mächtigen Vereinsbosse gehören – zu den wichtigen Vertragsverhandlungen der Machobranche schickte Schuster jedoch schon vor fünfzehn Jahren seine Frau, die mit den erstaunten Präsidenten in der Regel kaltblütig und erfolgreich verhandelte. Heute sitzen längst die Angetrauten der Häßlers, Illgners oder Effenbergs beim Vertragspoker mit am Managertisch – »Wir waren die Vorreiter dieser Entwicklung«, bekannte Schuster jetzt dem SPIEGEL, »ich habe dafür büßen und zahlen müssen.« Ja, es ist wahr! Dieser begnadete Flankenschläger aus Deutschland war in Spanien der einzige, der den Nunez, Mendozas und Gil y Gils den Stuhl vor die berühmte Nase setzte und der es sich leisten konnte, durch jene Tür nicht wieder zurückzukommen, die *los presidentes* angeblich hinter ihm, dem *enfant terrible* eines angepaßten Profi-Fußballs, unwiderruflich zugeschlagen hatten...

Kohl & Vogts

Beckenbauer & Weizsäcker

1984 hatte man zum ersten Mal über die »Bananenrepublik« und die »Gurkentruppe« gespottet, nachdem der Amnestieversuch in der Flick-Spendenaffäre im Mai gescheitert und im Juni die DFB-Equipe bei der Europameisterschaft in der Vorrunde ausgeschieden war.

Danach traten mit Weizsäcker und Beckenbauer die »Retter der Nation« auf den Plan. Beide ragten als stilvolle Saubermänner aus ihren mittelmäßigen Umfeldern heraus: Der »Kaiser« und der »Herr aus der Oberschicht« (Kohl über Weizsäcker) sollten es richten.

»Bananenrepublik« und »Gurkentruppe« waren damals polemische Kampfbegriffe, die Staats- und Politikverdrossenheit sowie schleichenden Zuschauerschwund scharf markierten. Fußball und Politik schienen ihren Reputationstiefstand erreicht zu haben. Otto Schily und Uli Stein schrieb man damals diese Begriffe zu: dem moralinsauren grünen Anwalt, der einer »käuflichen Politik« der »Altparteien« den radikaldemokratischen Spiegel vorhielt, und dem umstrittenen HSV-Keeper, der für seine Polemik gegen den »Suppenkasper« Beckenbauer und dessen »Gurkentruppe« mit dem Rausschmiß aus der WM-Equipe bestraft wurde, ein bis dahin einmaliger Vorgang im deutschen Fußball. Ein oppositioneller Rechtsexperte im Deutschen Bundestag ging damals noch weiter als Schily und sprach sogar von einer »Bananen- und Bakschisch-Republik«. Der Kanzler verteidigte sich mit wütendem Tackling:

»Das ist keine Bananenrepublik, das ist ein großartiger Staat, diese Bundesrepublik.«

DIE ZEIT vom 9. 11. 1984 hielt dagegen:

»Die freundliche Klüngel-Devise ›Mer kenne ons, mer helfe ons‹ auf den Staat übertragen, macht die Bundesrepublik zur rheinischen Variante der Bananenrepublik.«

Übrigens, als Bananenrepubliken wurden in den 60er Jahren jene mittel- und südamerikanische Staaten tituliert, die von der United Fruit Company ausgepowert und von CIA-gesteuerten Militärdiktaturen politisch im Zaum gehalten wurden. Während des Protestes gegen die Notstandsgesetze 1968 stellte Hans Magnus Enzensberger die provokative Frage:

»Leben wir in einer Bananenrepublik? Werden wir von Gorillas regiert? Liegt Bonn in Haiti oder in Portugal? ... Aber woher denn! Aber nein. Davon kann doch überhaupt keine Rede sein.« *(Wagenbach)*

»Hoch über Manhattan« hatte sich der Weltmann Beckenbauer beim Hubschrauberrundflug über New York entschieden und spontan den Stift zur Vertragsunterschrift gezückt. Die gewieften Bosse von Cosmos New York wußten, wie sie ihre Pappenheimer beeindrucken konnten. Jetzt lernte der Kaiser auch die Größen der Welt kennen – von Kissinger über Carreras, der vor ihm kniete, bis zum Tänzer Nurejew, dem Franz als eleganter Ausputzer die Hand vom Oberschenkel fortzukomplimentieren verstand, wie Beckenbauer hinterher in seinen Memoiren »Ich. Wie es wirklich war« berichtete.

In einer auf Autorität und Hierarchie basierenden Fußballwelt führte er sogleich jene Hackordnung wieder ein, die beim Autoritätsfall seines kumpelhaften Vorgängers (»Prost, ich bin der Jupp!«) am Tresen und auf dem Trainingsplatz abhandengekommen war. Unter seinem geschaßten Vorgänger waren Juntapolizisten in Montevideo 1981 für DFB-Kicker im Bordell als Preisdrücker tätig geworden. »Pistoleninkasso« nannte man diesen Vorfall.

Richard von Weizsäcker mußte für seine Präsidentschaftskandidatur auch im Fußballstadion kämpfen, freilich nicht auf dem Rasen, sondern in der Ehrenloge. Zu lange hatte der Machtmensch Kohl als Parteichef den aller Orten favorisierten Regierenden Bürgermeister von Berlin zappeln lassen und immer wieder neue Kandidaten – von Albrecht bis Dregger – ins Gespräch gebracht. Da platzte Weizsäcker der Kragen. Im Berliner Olympiastadion war Besuch des Kanzlers angesagt, als das Länderspiel gegen die Türkei aus Solidarität zu unseren türkischen Mitbürgern stattfand. Von diesem kühlen Herbstabend 1983 berichtet Weizsäckers damaliger Sprecher Friedbert Pflüger in seinem Präsidenten-»Portrait aus der Nähe«. Beide Politiker hätten sich lautstark und für ihre Umgebung vernehmbar angeherrscht:

»Er (Weizsäcker, N. S.) lasse sich nicht reinlegen. Kohl schnaubt wütend vor sich hin, da pfeift der Schiedsrichter das Spiel an, und beide Politiker fallen in tiefe Schweigsamkeit.«

Das angekratzte Image der deutschen Politik erfuhr durch Weizsäckers geistvolle Sonntagsreden Besserung. Und Derwalls Nachfolger umgab sich mit einem schreibenden Hofschranzentum, das ihn mitunter sogar zum Vollstrecker der erhofften »geistig-moralischen Wende« verklärte:

»Kanzler Kohl redet ständig von der Wende – Franz Beckenbauer vollzieht sie.« *(BUNTE ILLUSTRIERTE)*
Auch Alt-Nationalspieler Bonhof hatte nach der Berufung des Münchners zum Teamchef erwartungsvoll verkündet:
»Ich hoffe, daß Beckenbauers Wende besser wird als die Kohlsche.«

Erste Aufgabe des neuen Coachs war es, die in Verruf geratene Nationalmannschaft wieder manierlich zu machen.
Bereits das zweite Länderspiel unter Beckenbauers Verantwortung wurde zum nationalen Gesinnungstest erhoben.
Vor dem WM-Qualifikationsspiel gegen Schweden im Oktober 1984 bekamen die geldstrotzenden Elitekicker die dritte
Strophe des Deutschlandlieds zugestellt. Mitsingen war
erwünscht. DER SPIEGEL registrierte die Leistungen der into-
nierenden Balltreter beim Abspielen der Nationalhymne:

»Die Note gut, weil ›kräftig‹ und ›mit Herz‹ bei der Sache,
wie die BILD-Zeitung bemerkt hat, verdienten sich Schumacher, Jakobs und Briegel... Etwas enttäuschend der Stuttgarter Karlheinz Förster, der nach jahrelanger intensiver Einzel-
betreuung durch seinen Vereinspräsidenten, den baden-würt-
tembergischen Kultusminister Gerhard Mayer-Vorfelder
(›Erst die Heimat, dann das Weitere‹) über ein paar zage
Ansätze nicht hinauskam. Unsicher Lothar Matthäus, stark
im Luftholen, aber schwach im Ausstoß, befremdlich dekla-
matorisch die Individualisten Magath und Rummenigge, ein
klarer Ausfall des Kaiserslauterers Brehme.«

Beckenbauer bastelte an der Nationalelf wie an einer Keimzelle der Nation. Schon bald verbuchte er die ersten Erfolge
des Gesundungsprozesses. Alle seine Spieler seien »höflich,
zuvorkommend und anständig zu jedermann«. Er habe »nie
eine charakterlich stärkere Mannschaft« gesehen. Wie »anständig« die Spieler geworden waren, unterstrich das Mönchengladbacher Jungtalent Michael Frontzeck nach einem
glänzenden Auswärtsspiel der Borussen in Hamburg. Auf
dem Rasen ein abenteuernder und nicht zu zähmender Terrier, pflegte er vor dem Mikrophon in gestanztem Politiker-
jargon seine Spitzenleistung zu erklären: »Ich habe doch nur
meine Pflicht getan.«
    Nach der siegreichen Schlammschlacht von Avellino gegen
Italien im Februar 1986 entsetzte sich die auswärtige Presse:

»Beckenbauer baut ein rauhes Deutschland, das ohne Rücksicht auf Verluste unbedingt ein Resultat sucht« *(CORRIERE DELLA SERA)*, oder »Der Sieg der Panzer« hieß es dort, während man beim DFB die »Überwindung des inneren Schweinehundes« feierte. Da waren sie wieder, die eingängigen Bilder der 50er Jahre von der deutschen Kampfmaschine, der Dampfwalze, dem finsteren Adler, dem unaufhaltsamen Panzer. Nachdem Deutschland »aus dem Sumpf von Avellino entsprungen war«, trat der Teamchef wie ein siegreicher Feldherr auf. »Nun wird hoffentlich Ruhe im eigenen Land einkehren.«

Unschön, aber effektiv – ganz im Stile der weiß-blauen Staatspartei – staubte der FC Bayern den Titel 1986 ab. Und bieder-verzagt verlor ihn Werder. Kutzop verschoß im Weserstadion den Meisterschaftselfer für die Hanseaten. Helmut Böttiger verspottete die unglücklichen Werderaner:

»Immer, wenn es darauf ankommt, haben die Sozis keinen Biß.«

Bayern-Manager Uli Hoeneß maßregelte nach dem Meisterschaftserfolg den unterlegenen Werder-Manager Willi Lemke, ehemals Pressechef der Bremer SPD:

»Der muß lernen, daß er nicht mehr bei der SPD ist, die leider an zweiter Stelle steht, aber hoffentlich noch lange dort stehen wird.« *(SÜDDEUTSCHE ZEITUNG)*

Kein Zweifel, die Konservativen hatten Oberwasser bekommen. Selbst VfB-Goalgetter Allgöwer bekam dies zu spüren, obwohl er Werders Schicksal am letzten Spieltag besiegelte. Präsident Mayer-Vorfelder wollte seinen als links stigmatisierten Kicker am liebsten »mit der Schubkarre über die Grenze« bugsieren.

Für die WM in Mexiko hatte Beckenbauer »neue Spritzigkeit« versprochen. Während dessen redeten die Spieler verdächtig oft vom »inneren Schweinehund«. Aber bereits nach wenigen Tagen wurde deutlich, daß es sich dabei nicht um dessen Überwindung, sondern, im Gegenteil, um dessen Veräußerung handelte. Nicht gebändigt, sondern rausgelassen sollte er werden. Sie begannen in Mexiko, wie sie 1982 in Spanien aufgehört hatten. Mit einem erneuten Würgerauftritt Schumachers. Dieses Mal im Training und am eigenen Mann. Es werde einfach nicht mehr »genial« gespielt, monierte vor Ort Otto Rehhagel als TV-Kommentator.

Dagegen gefiel man sich im deutschen Camp darin, Horrorkicks wie die Spiele gegen Dänemark und Marokko als vorweggenommene Endspiele von 1A-Qualität zu bewerten. Deutsche Schicksalsfragen vor den Spielen waren immer destruktive Fragen: Ob Förster Elkjär-Larsen und Hugo Sanchez, ob Rolff Platini und Matthäus Maradona ausschalten könnten... Die deutsche Planung war stets um keine noch so billige Kalkulation verlegen.

Der körperlich zu klein geratene französische Torwart Joel Bats tat ihnen den Gefallen und patzte beim frühen Freistoßtreffer Brehmes im Halbfinalmatch. »Was habe ich gesagt!« kommentierte ARD-Reporter Walter Johannsen schadenfroh, »den hätte er haben müssen, aber uns soll's egal sein.« Ausgepumpt nach dem Jahrhundertspiel gegen Brasilien, lief die *équipe tricolore* vergeblich dem 0:1 hinterher.

Horst Vetten landete in der ZEIT einen fetzigen Belanovschen Dropkick, als er feststellte:

»Ab und zu stolpert mal eine Mannschaft eher aus Versehen unter die letzten Vier. Auch das gehört zum Fußball. Nur daß es immer die deutsche sein muß, das wirkt mit der Zeit befremdlich.«

Als Maradona, der argentinische Superstar, den güldenen Weltpokal zu küssen begann, und die gierigen Fotografen zum Schnappschuß auf den fußballhistorischen Augenblick ansetzten, da stand der Kanzler unabweisbar im Bild. Es genügte nicht, daß er mit Mitterrand händchenhaltend auf dem Soldatenfriedhof von Verdun posierte, nunmehr wollte er auch in die Fußballannalen eingehen. In einer Fotogalerie mit dem Brasilianer Bellini und dem schwedischen König Gustav Adolf (1958), der Queen und Bobby Moore (1966), Scheel, Prinz Bernhard und Beckenbauer (1974), Passarella und dem schnauzbärtigen General Videla (1978). Und nun anno '86: Maradona und Kohl; der Artist und das Schwergewicht, der Unsagbare und der Unsägliche, der Stilist und der Stilarme. Kein noch so versierter Retuscheur aus der Redaktion des NEUEN DEUTSCHLAND oder der PRAWDA hätte den mächtigen Kanzlerschädel unauffällig aus dem Siegesfoto entfernen können.

Kohls profilneurotische Schlußoffensive lieferte das symbolische i-Tüpfelchen auf ein nur momenthaft beglückendes, aber in letzter Konsequenz zutiefst frustrierendes WM-Turnier. Maradona wurde zum letzten Fußballalibi eines zynischen Gekickes. Wie er zu beschatten, kaltzustellen, ja auszuschalten sei war drei Tage lang Schicksalsfrage der Nation gewesen. Mit der Fiktion, Argentinien sei Maradona und sonst nichts, wurde das letzte Register bundesdeutscher Minimaxstrategie beim WM-Turnier 1986 gezogen. »Rückkehr zum Primitivfußball« hatte man die Berufungen von Augenthaler, Eder, Förster, Jakobs, Rolff, Briegel und Dieter Hoeneß genannt.

Erst hinterher bekannte der Fußballästhet Beckenbauer, wie hochnotpeinlich er die spielerisch kargen Tretkünste seines versilberten Teams empfand:

»Wir sind zum Glück nicht Weltmeister geworden, denn das wäre eine Niederlage für den Fußball geworden. So wurde Mexiko zwar sportlich kein Reinfall... Für mich jedoch war es eine persönliche Niederlage... Was wir konnten, und zwar besser als die meisten anderen: kämpfen. Das hat, mit Glück, bis zum Finale gereicht. Noch selten hat eine Mannschaft mit so bescheidenen Voraussetzungen so viel gewonnen.« *(Franz Beckenbauer)*

Ein Politiker, der Beckenbauers Höllenqualen voraussah, war der grüne hessische Umweltminister Joschka Fischer. In seinem »politischen Tagebuch« bekundet er sein tiefes Mitgefühl, als er seinen Besuch des Frankfurter Länderspiels gegen Brasilien im Februar 1986 schildert: »Wie mag es dem ›Kaiser‹ da vorne am Spielfeldrand gehen, wenn er dem bemühten Getrete der Wendejugend auf dem Rasen zuschaut? Der Mann muß doch wahre Torturen leiden.«

Daß Beckenbauers mediokre Elf sich unter den weltbesten Teams platzmäßig behaupten konnte, ließ auf seiten der Linken schlimmste Befürchtungen im Hinblick auf die Bundestagswahl 1987 aufkommen. Vielsagendes Omen hierfür war ein Trainingsbericht aus dem bundesdeutschen Camp. Auf die Frage, ob Briegels Einsatz wegen einer schmerzhaften Schulterverletzung gefährdet sei, antwortete der Betroffene: »Ein Pfälzer kennt keinen Schmerz!«

Die Modernisierer kommen

Phönixhaft stieg der Fußball bei der EURO '88 in Deutschland wieder auf. Mit Ruud Gullit schien die dumpfe Abwehrphalanx des europäischen Neokonservatismus endgültig gebrochen worden zu sein. Wer hierzulande noch an den Thatcherismus als Wendemodell Hoffnungen geknüpft hatte, brauchte sich nur das klägliche Scheitern der englischen Kicker vor Augen zu führen. Vom Hooliganismus der Fans, dem »Abfall« der unbeirrt angestrebten Zweidrittelgesellschaft, nicht zu reden!

Schwadronierende Fußballintellektuelle sahen sogleich eine Renaissance des von Cesar Luis Menotti so gern beschworenen »Fußballs der Linken« heraufziehen. Abgesehen vom proletarischen Umfeld, versteht der argentinische Erfolgscoach darunter »Einfallsreichtum« und »Begeisterungsfähig-keit« – im Klartext: riskantes Angriffsspiel mit schwungvollen Kombinationen und technischen Kabinettstückchen, »um Freude zu empfinden, um ein Fest zu erleben, um als Menschen zu wachsen«.

Teams solch stilvollen Zuschnitts gehören längst der Vergangenheit an: das Wiener »Wunderteam« mit Sindelar, dem »Papiernen«, zu Beginn der 30er Jahre, der Magyarenzauber von Puskas, Hidegkuti & Co. in den 50ern, der brasilianische Traumkombinationsfußball mit Didi-Vava-Pelé und dem krummbeinigen Garrincha, die deutschen und französischen Europameister von 1972 und 1984.

Nicht zu vergessen die Vereinsteams jener Tradition: Real Madrids Ballzauber in den 50ern mit di Stefano und Gento, Eusebios Benfica in den 60ern, Borussia Mönchengladbachs Angriffswirbel in der Weisweiler-Ära, Ajax Amsterdams Expreßfußball unter Michels und Cruijff.

Menottis »Fußball der Linken« entpuppte sich jedoch als eine Illusion, sein »Fußball der Rechten« war nur ein Negativklischee. »Linken« Fußball gibt es ebensowenig wie eine identitätssichere »linke Politik« im Wandel der Industriegesellschaft. Ernsthafte Analytiker hielten ohnehin dagegen, daß Menottis »linker Fußball«, verstanden als »Kampf für die Entstehung einer neuen Kultur«, ein Euphemismus des *panem et circenses* sei, ja eine Mythisierung des Kickergewerbes zum nebulösen Utopieersatz darstelle. Der Fußball als Bahnbrecher eines »guten und gerechten Lebens« ist danach nur blanke Ideologie.

Ebenso kommt Menottis Definition des »Fußballs der Rechten« nicht ohne Vorurteile aus. Beim »rechten« Kicken heilige der Gewinn alle Mittel. Ultradefensive Taktik sei »Ausdruck von Raffgier und Spekulation«. Solcher Fußball verleugne seine eigenen Ursprünge, er verachte die Begabung und fördere die Gewalttätigkeit.

Bei der EURO '88 wurde eher ein Fußball der Modernisierer gespielt. Was Holländer, Sowjets und Italiener darboten, entsprach der sinnvollen Integration von wiederentdeckter Individualität und Vielfalt. Hier wurde der »Vision einer kollektiven Mobilisierung« Ausdruck verliehen, wie sie seinerzeit Daniel Cohn-Bendit in einer Laudatio auf den französischen Premier Michel Rocard schon beschworen hatte. Nicht jenen ungezügelt offensiven Hurrastil pflegte man, an dem sich die andächtige TV-Gemeinde der Fußball-Linken nicht satt sehen konnte. Hier fehlte es vielfach an jenem nötigen Machtinstinkt, den die Konservativen den Linken stets voraus hatten.

Der Fußball der Modernisierer à la Gullit und van Basten hielt nichts von jener ästhetizistischen Stilisierung, wonach der Fußball »nichts als seine Form« sei; gleichwohl pflegte er keineswegs einen brutalen Realismus, wonach nichts »erfolgreicher sei als der Erfolg«. Soviel Ökonomie wie nötig, so viel spielerischer Glanz wie möglich, lautete seine gewiß alte, aber in den Jahren davor so häufig verdrängte Devise.

Erinnern wir uns: Zur EM 1984 fiel der Triumph des gallischen Platinismus zeitgleich mit dem Bruch des französischen Volksfrontbündnisses zusammen. Fabius löste Mauroy ab. Zwei Jahre zuvor, während des WM-Turniers in Spanien, war die *équipe tricolore*, beflügelt vom Aufbruch der Linken, noch leichtsinnig ins offene Messer bundesdeutscher Konter gelaufen. Erst taktisch diszipliniert, trug die französische Spielwut 1984 ihren großen, längst verdienten internationalen Erfolg davon.

»Vergeßt die Technik nicht«, rief Otto Rehhagel dem nivellierten Mittelstand der obersten deutschen Kickerklasse am Ende der 80er Jahre zu. Doch die Hochstimmung der Europameisterschaft 1988 konnte in der Bundesliga 1989 nicht konserviert werden. Es gab keinen besseren Fußball, sondern nur einen Tiefstand an Torerfolgen und einen Rekord an Platzverweisen.

Als die Kölner Geißböcke im Juni 1989 auf heimischem Gelände die Meisterschaft verspielten, sollte es auch für den Kanzler bei der Europawahl gerade noch mal gut gehen.

180

Schließlich eilte nur zwei gesellschaftlichen Phänomenen in Deutschland der fragwürdige Ruf voraus, pausenlos Schwein zu haben: Kohl und dem FC Bayern! Es war die Zeit, da der böse Satz des jungen Bayern-Schnösels Effenberg kursierte: »Meister können eh nur wir werden, die andern sind zu blöd.«

Mit Prahlhans Christoph Daum wurden die letzten Energien einer Modernisierung der Union vergeudet. Gleichzeitig behauptete sich der einsilbige Heynckes bei Bayern in wahrer Kohl-Manier: »Moderat gegenüber dem Gegner; aggressiv, sobald seine Arbeit ins Zwielicht gerät.« *(Kicker)*

Rasch verblaßte auch Lothar Späths Reformimage. Deutlich wurden »Cleverles« Vorzeigeteam, dem biederen VfB, im UEFA-Cupfinale '89 gegen Neapel die Grenzen aufgezeigt. Dem schwäbischen Modell fehlte es an europäischem Flair.

In Bremen erlebte Späth im gleichen Jahr sein Waterloo, freilich nicht im Weserstadion, sondern auf dem Unions-Parteitag. Die Modernisierer mußten zurückstecken, die Rechten hatten langen Atem bewiesen und beträchtlich aufgeholt. »Totale Hingabe« und »restlose Einsatzbereitschaft« waren wieder einmal angesagt, eine »Klopper- und Kraftmentalität«. Schließlich galt die Regierung als stark gefährdet. Also bemühte der Teamchef keine postmaterialistischen Werte, sondern ewig Teutonisches: »Was das deutsche Volk beim Wiederaufbau nach dem Krieg geleistet hat, ist einmalig. Wir haben unseren Wohlstand nur erreicht, weil wir hart gearbeitet haben.«

Weltmeisterschaft und Wiedervereinigung

Als der Frankfurter Kabarettist Matthias Beltz zum Mauerfall die deutsche Geschichte dieses Jahrhunderts mit der
Chronologie eines Fußballspiels verglich, hatte er anscheinend die prophetische Spürnase des alten Herberger. Nach
Beltz' »Spielbericht« stürmten die Deutschen ab der 33.
Minute so wild drauflos, daß sie bei Kriegsende, also in der
45. Minute, vernichtend geschlagen den Rasen verlassen
mußten. Daraufhin sei der »Bundessepp« erschienen und
habe ihnen eingebläut: »Männer, laßt den Kopf nicht hängen! Jedes Spiel dauert 90 Minuten.«

In der Realität erzielten die Deutschen in jener ominösen
letzten Spielminute – 1990 – doch noch den spielentscheidenden Treffer, um als Sieger im Kalten Kriege vom Platz zu
gehen. Vergeblich hofften Kritiker dieser Entwicklung auf
einen französischen Zeitschinder, ein Catenaccio Andreottis
gegen den »Pangermanismus«, manche gar auf einen sowjeti-
schen Linienrichter wie jenen Tofik Bachramov, der es 1966
in Wembley nicht gut mit Deutschland gemeint hatte, als er
draußen an der Seitenlinie auf das dritte Tor gegen uns entschied.

Doch Franzosen können nicht auf Zeit spielen. Das hatten
sie 1982 in der Gluthitze von Sevilla nachdrücklich bewiesen, wo sie selbst einen 3:1-Vorsprung gegen Derwalls rampo-
nierte Schützlinge nicht über die Verlängerung retten konnten. Enttäuscht stellte man damals in der geschichtsbewuß-
ten französischen Presse fest, bisher hätten die Deutschen
zwar Schlachten, aber kaum Kriege gewonnen. Dieses
Schicksal sollte nunmehr gewendet werden. Im Kaukasus
hielt sich kein Bachramov auf.

Doch bereits beim ersten WM-Test 1990 erhielten die
Deutschen – zeitgleich mit den Polen-Irritationen des Kanzlers – bei den französischen Nachbarn in Montpellier einen
empfindlichen Dämpfer. Nicht untypisch für die bundesdeutsche Stimmungslage war hinterher sogar von »Einstel-

lungsdefiziten« und einer »lust- und hilflosen Truppe« die Rede. Und L'ÉQUIPE meldete trotzig: »Frankreich scheint nicht bereit zu sein, den Bissen zu früh aufzugeben.« Stolz war man dort auch auf jene 200 Flics, die »eine arisch verrepte Fangruppe in Kompaniestärke« *(TAZ)* mit brutaler Härte aus dem Stadion knüppelte. Dabei gab es 67 Verletzte, davon zwei mit Schädelbrüchen »und einen mit verlorenem Auge«, wie das Sicherheitsbulletin akribisch festhielt.

Während dessen schwoll die Arroganz bundesdeutscher Polit- und Fußballfunktionäre gegenüber der DDR von Tag zu Tag. Auf die Frage, ob er sich auch künftig Spiele in Dresden oder Leipzig ansehen würde, antwortete Teamchef Beckenbauer wegwerfend: »Was soll ich da? Die Besten kommen eh' hier rüber.«

Einer davon, Stürmerstar und Ex-SED-Mitglied Andreas Thom, mußte bei seinem ersten Heimauftritt im neuen Dreß von Bayer Leverkusen eine spezifische Form des Fußballanschlusses über sich ergehen lassen. Namentlich nur einen Konsonantenbogen vom Schalker Thon entfernt, wurde das große Ost-Talent von den Fans mit Vornamen »Olaf, Olaf!« gerufen.

Gnädiger gingen dagegen einige prominente Grüne mit altstalinistischen DDR-Aktiven um. Als Honecker TV-gerecht abgeführt wurde, zog Daniel Cohn-Bendit generös die grüne Karte und forderte »Freiheit für Honni« in der TAZ: »Wir wollen kämpfen, aber nicht hinterlistig nachtreten. Sogar im Fußball erhält man dafür die rote Karte.«

Derweil pflegten in der Enkel-SPD einige Westchauvis ihre Abgrenzungsattitüden. Dabei avancierte die neue Frankfurter Kulturchefin Linda Reisch mit ihrem Statement, sie würde »lieber nach Mailand als nach Erfurt« reisen, zur unfreiwilligen Prophetin des dritten deutschen WM-Titels. Das Herzstück des neuen Weltmeisters, Brehme–Matthäus–Klinsmann, stammte nämlich von Inter und gespielt wurde zumeist im Meazza-Stadion. Mit Spielern von Rot-Weiß Erfurt hätte es wohl zum erneuten WM-Sieg nicht gereicht.

Lange hielt sich der Widerstand der Stahlhelmfraktion in der Union gegen die Anerkennung der polnischen Westgrenze. Allen voran klagte etwa deren Länderrechtsaußen und Präsident des VfB Stuttgart, Mayer-Vorfelder, nach dem Weggang Jürgen Klinsmanns zu Inter Mailand: »Was wird aus der Bundesliga, wenn die Blonden über die Alpen ziehen und statt dessen die Polen, diese Furtoks und Lesniaks, spielen?«

Lafontaines erneute absolute Mehrheit an der Saar veranlaßte die FAZ zu einer bemühten fußballmetaphorischen Betrachtung. Seine »Vorlage« für die nächsten Spiele der SPD in den Ländern und im Bund sei der Sieg in einem Heimspiel gewesen. Demgegenüber begingen die Unionsmannschaften den Fehler, auf Gastspieler oder »Fremdlinge aus der Bundespolitik« zu setzen – wie zum Beispiel auf Töpfer an der Saar oder auf Blüm an Rhein und Ruhr.

Gerade letzterer, der Bonner Arbeitsminister, landete mit der Absicht, seine geringen Erfolgsaussichten in Nordrhein-Westfalen durch eine Landtagskandidatur des Fußball-Meistermachers Udo Lattek zu kompensieren, ein klassisches Eigentor. Selbst CDU-Revierchef Lammert nannte Blüms Wahlkampfcoup einen »unglaublichen Mißgriff« und »billigsten Populismus«.

Die Ulmer SÜDWEST PRESSE mokierte sich: »Was soll dieser Paradiesvogel aus der Kicker-Welt im Landtag von Düsseldorf?« Die Verpflichtung des Dribblers Pierre Littbarski für die Wiederwahl Richard von Weizsäckers in der Bundesversammlung hatte man sich als Renommiergag der notleidenden NRW-CDU gerade noch gefallen lassen. Mit dem Versuch, Lattek für einen der vorderen Listenplätze nominieren zu lassen, erntete Blüm nur Spott. Der Fußballcoach sei fehl am Platz, höhnte man beim WDR, habe er doch immer nur Meister gemacht und keine abstiegsbedrohten Teams gerettet. Gleichwohl fürchtete sich NRW-Favorit Johannes Rau eigenen Angaben zufolge vor einem »Bayern-München-Effekt« an der Urne.

Auf ewig unschlagbar

Normalerweise erringt die deutsche Nationalmannschaft im Zwanzigjahresrhythmus den WM-Titel: 1954 – 1974 – 199? Offenbar hatte es der Kanzler mit der Einheit derart eilig, daß auch die deutschen Elitekicker von Kohls Tempovorgabe beflügelt wurden und ihre Gegner ebenso forsch wie trickreich überrumpelten. Spötter unkten damals, sie hätten das Gesetz der Serie nur deshalb unterbrochen, weil sie den termingerechten Titel 1994 nicht auf einem Kunstrasen in den USA erringen wollten.

Als Richard von Weizsäcker am sonnigen Mittag des 8. Juli dem heiligen Rasen des Centre Courts von Wimbledon die kalte Schulter zeigte und statt dessen gen Rom jettete, trieb ihn sicher die größere Siegesaussicht, aber wohl auch staatsmännische Vorsicht. Denn Boris Becker schien gegen den Schweden Edberg schlechtere Karten zu haben als Beckenbauers DFB-Team gegen die dezimierten »Argies«. Man mußte auch vermuten, daß Weizsäcker die mutmaßlichen deutschen Sieger hernach nicht der körpernahen Vereinigungsfreude des bundesdeutschen Kanzlers überlassen wollte.

Weltmeisterschaften sind nun mal Präsidialsache. 1954 empfing Theodor Heuss die Berner Helden im Berliner Olympiastadion, um ihnen das Silberne Lorbeerblatt auszuhändigen. 1974 waren im Münchner Olympiastadion die neudeutschen Parvenues Walter Scheel und Franz Beckenbauer stilgerecht unter sich. 1990 teilte sich Richard von Weizsäcker die Siegerehrung wortkarg mit dem italienischen Staatsoberhaupt, wohl wissend, daß dieser bundesdeutsche WM-Sieg nicht zuletzt einer Dominanz von »italienisierten« Profis deutscher Bundesligaherkunft zu verdanken war. 1954 gaben fünf Lauterer den Ton an, 1974 waren es sechs Bayern und 1990 sechs »Italiener«, davon drei aus Mailand.

Dagegen schienen deutsche Finalniederlagen stets das undankbare Geschäft von alsbald abdankenden Kanzlern zu sein. 1966 fachsimpelte Kanzler Erhard noch kompetent über die Hereinnahme des im Finale so versagenden Emmerich; 1982 weilte Kanzler Schmidt beim deutsch-italienischen WM-Finale in Madrid. Doch das deutsche Team war verhaßt und seine Kanzlerschaft am Ende. Kohl dagegen erkannte sich 1986 als politischer Überlebenskünstler in den bundesdeutschen Duselfinalisten wieder.

Daß Weizsäcker die Ehrung der historischen letzten Fußball-Weltmeister aus der alten Bundesrepublik übernahm, war stilistisch durchaus angemessen, ließ doch die DFB-Elf all die Tugenden Revue passieren, zumindest in Ansätzen, die spielerischen wie die kämpferischen, die visionären wie die machiavellistischen, die über vierzig Jahre zum Erfolgskanon bundesdeutscher Fußballkunst gehörten.

Doch der Parteichefkanzler ließ solche demütigende Hintanstellung wie jene von Rom nicht ungestraft. Er habe mit ganzer Körpergewalt den Polizeikordon im römischen Olympiastadion durchbrochen, sei hilflos über den Rasen gewalkt, nach Spielern Ausschau haltend. Quasi immer im Gleichschritt mit dem »Tempo der Geschichte«, endete die Verfolgungsjagd in der Kabine, wo er den duschdampfgebadeten Siegeskickern seine Glückwünsche überbrachte, die grob wiederzugeben dem Reservisten Uwe Bein später nicht möglich war.

Demgegenüber erwies sich der sozialdemokratische Kanzlerkandidat Oskar Lafontaine als populistischer Überflieger, der die politische Renaissance nach seinem lebensgefährlichen Attentat TV-gerecht im Fußballstadion anmeldete. In Saarbrücken zelebrierte er seinen ersten öffentlichen Auftritt durch das Marathontor des Ludwigsparkstadions, als der heimische FC das erste Relegationsspiel um den Aufstieg in die Bundesliga bestreiten sollte.

Ebenso ließ er sich nach dem Turiner Elfmeterschießen gegen England im WM-Semifinale moderat kommentierend in Szene setzen. Dies sollte zu einem Ausgewogenheitsdisput im ZDF und zur bösen Notiz in der WELT führen, man habe wenigstens gehört, »daß es ihn wirklich noch gibt. Das stellt die Ausgewogenheit mit dem Kanzler wieder her«.

Daß die deutschen Fußballfans erstmalig Autocorsi und Fahnenmeer von italienischen Tifosi nachzueifern versuchten, löste damals in der TAZ eine zäh geführte Debatte aus. »Auf deutschen Straßen ist wieder was los«, schwelgte Axel Kintzinger mit einem historisch für überwunden geglaubten Sponti-Aktionismus. Endlich hätten sich die Massen von dem vereinsamten Besäufnis hinter der Glotze verabschiedet und »kollektiv im öffentlichen Raum gefreut«. Da wurde diffuses Massenspektakel mit wohlklingendem Praxisvokabular von einst geadelt, der bunte Jubel der Fußballfans als progressive Fortsetzung der Friedensbewegung verstanden.

Nicht nur der RHEIN-NECKAR-ZEITUNG kam dies höchst verdächtig vor: »Wenn Jubel und Vandalismus so verdammt nahe beieinanderliegen, dann stimmt meistens etwas mit dem Jubel nicht.« Nicht so »Deutschlands gescheitester Fußballfan« Walter Jens, der die Jubler ausdrücklich in Schutz nahm: »Schlimmer wäre es, wenn sie für Jagdflugzeuge oder Panzer wären. Die Fans freuen sich über Fußball und denken nicht über die deutsche Einheit nach.«

Daniel Cohn-Bendit nannte die Fahnenschwenker sogar etwas Wunderbares, »viel schöner als Kohl, die Wiedervereinigung und die Reichsnürnberger Parteitage«. So normal sind wir«, kommentierte die FRANKFURTER RUNDSCHAU selbst die vereinzelten Krawalle und Attacken auf AusländerInnen. Auch da unterschieden sich die Deutschen nicht mehr sehr von dem, was überall in der Welt geschähe.

Selbst die Grünen zeigten sich von deutschem Fußball tief beeindruckt. So erklärte Antje Vollmer zur Ratifizierung des deutsch-deutschen Staatsvertrages: »Wer den deutschen Fußballern in diesen Tagen zuschaut, der verliert – wie auch ich – irgendwie die Angst vor den Deutschen. Sie spielen nämlich nicht nur gut und erfolgreich; sie spielen auch irgendwie schön und irgendwie richtig emanzipatorisch.« Freilich konnte sie sich nicht zu einem dezidierten Siegeswunsch durchringen: »Wir Deutsche müssen nicht immer Weltmeister sein.« Woraufhin die SPD-Abgeordnete Matthäus-Maier, wohl auf ihren ersten Nachnamen verpflichtet, dazwischen rief: »Aber ab und zu doch.«

Im Siegesrausch prophezeite der Teamchef höchstpersönlich dem wiedervereinigten Fußball-Deutschland ewige Unschlagbarkeit:

»Wir sind über Jahre nicht mehr zu besiegen. Es tut mir leid für den Rest der Welt, aber es ist so.«

Freilich hatte DFB-Chef Hermann Neuberger noch bis zur WM in Italien alles getan, um die Bildung eines solchen Wunderteams hinauszuzögern. Im Gegensatz zum atemlosen Tempospiel des Kanzlers schien sich der oberste deutsche Fußballfunktionär auf eine Mauertaktik zu versteifen. Noch im November 1990 – also einen Monat nach Auflösung der alten DDR – wollte er wegen bestehender Bandenwerbungsverträge deutsch-deutsch kicken lassen. Das Los für die Qualifikation zur EM in Schweden 1992 hatte nämlich der sieggewohnten DFB-Equipe die flugs dahinsiechende DDR zum Gegner bestimmt. »Wir gegen uns« höhnte daraufhin BILD, während die FAZ dem national würdelosen Fußballkrämer die rote Karte präsentierte: »Der Vereinigungszug ist nicht zu bremsen, nicht einmal durch Hermann Neuberger.«

Und dennoch bewies auch der Vielgeschmähte gesamtdeutschen Spürsinn, als er den zur neuen Situation passenden Nachfolger Beckenbauers nominierte. Vogts, langjähriger DFB-Terrier, wurde als Deutschland-Berti rechtzeitig vor der ersten gesamtdeutschen Wahl inthronisiert. Manche unkten schon, in Wahrheit müsse er nicht Teamchef Beckenbauer, sondern Reichstrainer Herberger beerben, der 1938 nach der Annexion Österreichs vor der unlösbaren WM-Aufgabe stand, zwei mental völlig konträre Nationalteams zu vereinen. Die »scheiberlnden« Wiener und die deutschen Reichsrecken paßten erwartungsgemäß überhaupt nicht zusammen. Groß-Deutschland scheiterte bereits in der Vorrunde an der Schweiz.

Indes besagte der Vergleich Beckenbauer-Vogts wenig über die künftige Qualität eines mußmaßlich großen Fußball-Deutschlands. Im Gegenteil! Mit geradezu empirischer Penetranz behauptete sich seit Jahren eine eigentümliche Spieler-Trainer-Dialektik, wonach oftmals solche Trainer erstklassige Meistermannschaften formten, die zuvor während ihrer Spielerkarriere als Klopper, Eisenfüße oder Betonkicker ihr Unwesen in der Bundesliga getrieben hatten. Erinnert sei nur an Otto Rehhagel, Sepp Piontek oder den legendären Hennes Weisweiler, der auf die Frage, wem er als Oberliga-Mittelläufer des 1. FC Köln geähnelt habe, stets amüsiert zu antworten pflegte, er sei eher einer wie der Berti oder Luggi Müller als einer wie Netzer oder Wimmer gewesen.

Beckenbauer war als Spieler ein eleganter Visionär und als Trainer ein schmucklos agierender Zweckdenker; demgegenüber glich Vogts als Akteur einem beinharten Kanalarbeiter, der sich im Jugendtraineramt des DFB zu einem Entdecker kreativer Tugenden mausern sollte. Trainer kompensieren offenbar ihre Defizite als Spieler in besonderem Maße.

Das Leder der Geschichte

Der zähe Terrier kehrte also im rechten Moment zurück, als Deutschland wieder eins wurde und weniger die Eleganz des Franz als Bertis patriotische Kämpfernatur gefragt war. Eisern stritt er gegen das grassierende Bundesliga-Emigrantentum und für die glasklare Intonation des Deutschlandliedes von auserwählten Adlerträgern.

Doch alle Schulterschlüsse mit dem starken Kanzler konnten nichts an der Widerborstigkeit der benachbarten Dänen ändern: Dem eurofeindlichen Bürgervotum der Skandinavier gegen ein »deutsches Europa« folgte zur Europameisterschaft 1992 in Schweden der lockere Kickertriumph von Laudrup, Povlsen & Co. über die deutsche Erfolgsverwöhntheit. Schweden wurde zum Turnier der Obertaktierer. Der gallische Genius Platini hatte als Coach seiner *équipe tricolore* den letzten Hauch an Individualität genommen. Übrig blieben unkenntliche schwedische Arbeitsbienen, desorientierte Russen und devote Schotten, die sich für ihren gnädigen Sieg gegen die GUS zum Vorteil der Deutschen mehr über ein Bundesverdienstkreuz als über eine EM-Medaille zu freuen schienen. Wie zum Hohn auf das vereinte Europa landeten die dänischen Quereinsteiger im Finale.

Statt dessen kündigte sich die Wiederherstellung eines alten (antideutschen) Feindbildes an. Seit der kleine Berti das große Deutschland coachte, schien alles wieder wie früher. Erneut schien ein bundesdeutsches Schweinchen Schlau auf dem Rasen und hinter den Kulissen die Regie zu führen. Und ohne Kohlsche Pannen ging es auch dieses Mal nicht ab, wiewohl sich sein *muddling through* wieder einmal bis ins Finale durchsetzen sollte.

Vogts konnte nicht über seinen Schatten springen und gerierte sich in Schweden, als wenn er alle in Jahren erlebten Rückständigkeiten des DFB nochmals auf einen Schlag wiederholen wollte: der unprofessionelle Umgang mit vertragsfeilschenden Kickern, die gereizten Reaktionen auf kritische Journalisten, der falsche Kleinbürgerehrgeiz, ein angepaßtes Team von lauter Jasagern formen zu wollen. Wenn er dann noch vom »Charakter« seiner Mannschaft schwärmte und die Reporter über die deutsche Lektion eines »taktischen Computer- und Reißbrettfußballs« mit dem »Seziermesser« zu schwelgen begannen, dann schien wieder alles so wie damals bei Jupp Derwall.

Doch der einstige »Rasenmäher der Nation« bewährte sich als ebenso ergebener wie listiger Vasall seines großen Kanzlers. Unübertroffen seine Interpretation der Kohlschen »Steuerlüge«. Der Kanzler habe nicht gelogen, sondern das

Thema »geschickt umschwommen«. Umdribbelt sagte er nicht, denn das konnte der Berti nie.

Wer jedoch Vogts nach Schweden nur als kleinen Kohl-Zwerg oder rechtsgewendeten Blüm-Ableger verniedlichte, der sollte rasch eines Besseren belehrt werden. Berti schien weiterhin hart an sich gearbeitet zu haben – und nicht mehr nur in die eine Richtung! Göteborg sollte sein Godesberg sein, gleichsam seine innere Reform. In einem Interview mit dem ZEIT-Magazin präsentierte er sogar sein schwarz-grünes Gladbach-Trikot als politischen Gesinnungsdreß. Mayer-Vorfelder dürfte es nicht gern gehört haben, als Vogts erklärte:

»Blüm könnte auch in der SPD sein und wäre auch dort kein Rechter.«

Ein gewagtes Solo!

oder:

»Da gibt es einen Lafontaine, der eigentlich ein Linker ist... Der gilt nun in der SPD fast als Rechter, weil er die Gewerkschaften kritisiert.«

Ein gelungener Doppelpaß!

oder:

»Und am positivsten ist noch der Einfluß der Grünen.«

Hört, hört!

»Die haben wenigstens die anderen gezwungen, sich mit den Ökoproblemen zu befassen.«

Zeitgeistgerechtes Sicherheitsspiel!

»Bei allen Parteien gibt es fast nur Politiker, denen es bloß um Machterhalt geht und nicht darum, inhaltlich zu bewegen. Deswegen gehen auch immer weniger Leute wählen.«

Eine Bananenflanke Weizsäckers!

Doch Berti wäre nicht Vogts, wenn er dem gewagten Vorstoß nicht sogleich einen Alibipaß hätte folgen lassen. Vogts über Kohl:

»Wir haben einen Draht zueinander. Auch er bemüht sich, das Beste für unser Vaterland zu erreichen.«

Fouler Hund!

In der Bundesligasaison 1994 konnte Edmund Stoiber mit dem FC Bayern den dreizehnten Meistertitel bejubeln. Auch der Rekordmeister hatte unter Streibls bleierner »Amigo«-Zeit zu leiden gehabt und war die Jahre ohne Titel geblieben. Währenddessen trauerte SPD-Landeschefin Renate Schmidt um den abgestiegenen 1. FC Nürnberg. Ein bitterböses Omen für das Scharping-Wahlkampfteam?

Bisher schien es die Macht der politischen Fußballsymbolik nicht schlecht mit dem SPD-Herausforderer zu meinen: 1991, als der 1. FC Kaiserslautern nach Jahrzehnten bloß graumäusigen Treterdaseins in der Bundesliga erstmals wieder Deutscher Meister wurde, hatte Scharping zeitgleich eine über 40 Jahre während schwarze Dauerherrschaft in Rheinland-Pfalz beendet. Und Kaiserslautern hatte seinen letzten Titel drei Tage nach dem 17. Juni 1953 im Berliner Olympiastadion erkämpft. 1993 löste Scharping Björn Engholm als SPD-Chef ab, der wie eine trainingsfaule Diva über den Rasen geschlichen war, das Leder für die Galerie hätschelte und ansonsten nur Alibipässe spielte.

Damals – 1991 – soll der SPD-Ehrenvorsitzende, das Werder-Mitglied Willy Brandt, sogar mit dem Gedanken gespielt haben, den tüchtigen Bremer Manager Lemke anstelle von Engholms Favoriten Blessing zum Bundesgeschäftsführer im Erich-Ollenhauer-Haus zu machen.

Mit gemischten Gefühlen wurde die Breitseite des Engholm-Nachfolgers gegen den Bundestrainer aufgenommen: »Vogts sei ein Auslaufmodell – wie Kohl«, sagte Scharping bei SAT 1 im Vorfeld der WM '94. Für BILD schien dies wohl einem verräterischen SPD-Dolchstoß gleichzukommen: »Scharping beleidigt Berti.«

Dagegen freuten sich viele der bisherigen Kritiker Scharpings: Der Spitzenkandidat habe endlich einmal sein braves Angepaßtsein zurückgenommen und couragiert Biß und Flagge gezeigt. Denn für die heimische Fußball-Linke war das Maß des schwarzen Bekennermutes von Vogts voll, als dieser seine Schicksalsverbundenheit mit dem Kanzler noch vor dem Abflug in die USA formulierte:

»Er hat ein schweres Jahr vor sich, ich auch. Für beide kann es schlecht enden.«

Noch vor der WM '94 hatte der DFB eine schwere politische Niederlage erlitten, als er hartnäckig darauf bestand, trotz aller Bedenken politischer Ratgeber ein Länderspiel an Hitlers Geburtstag, dem 20. April, anzuberaumen. Vor dem zu erwartenden Zusammenstoß von deutschen Neonazis und englischen Hooligans schreckte zunächst die Hamburger Innenbehörde zurück. Doch der DFB verhielt sich störrisch wie eh und je und verlegte das Länderspiel von der Hanse- in die Hauptstadt. Berlin freute sich, bis der englische Fußballverband dem DFB mit seiner späten Absage einen schweren Korb verpaßte – man befürchtete, daß die Austragung der Europameisterschaft 1996 auf der Insel durch Ausschreitungen von Hooligans gefährdet werden könnte.

Hitler habe noch nach 50 Jahren ein Länderspiel verhindert, empörten sich hinterher einige Hardliner unter den deutschen Fußballfunktionären, die das Länderspiel offenbar auch als Polizeieinsatz wie in Wackersdorf hingenommen hätten. Während dessen ließ die TIMES keinen Zweifel daran, »jede Kritik in Deutschland, daß die Absage des Spiels Extremisten in die Hände« spiele, sei »fehl am Platz«. Schließlich müsse »Deutschland mit seiner brutalen und wachsenden Unterklasse von Neonazis aufpassen, nicht eine Plattform zu bieten für eine gewaltgeladene Demonstration extremistischer Stärke«.

Auf die englische Länderspielabsage hin ließ der Bundestrainer ein Ersatzspiel in den Vereinigten Arabischen Emiraten ansetzen, was auf Seiten der Münchner Titelaspiranten in der Bundesliga-Endphase zu schweren Verstimmungen führen sollte. Erstmals wurde das Verhältnis zwischen Berti Vogts und seinem glorreichen Vorgänger Beckenbauer ernsthaft beschädigt. Doch der DFB stand zu seinem Trainer.

Während Kohl sich mit US-Präsident Clinton zum Eröff-
nungsspiel gegen Bolivien traf, sollte sein Herausforderer
Scharping während des Spanien-Matches auf dem Hallenser
Parteitag seine Wiedergeburt erleben. Der angeschlagene
Spitzenkandidat griff beim Empfang der Presse tief in die
Kiste der *Bezze*-Nostalgie. Auch anno '74 in der Bundesliga
hätten seine Lauterer zur Pause 1:4 in Rückstand gelegen,
ehe sie zum legendären 7:4-Triumph über die Bayern ansetzen sollten.

Da röchelte die symbolische Kneifzange aber mächtig.
Hieß der Held von damals nicht Klaus Toppmöller, der nur
Wochen zuvor mit seinem jähen Trainersturz bei Eintracht
Frankfurt nach vielversprechendem Beginn eine andere
unfreiwillige Analogie zu Scharping nahezulegen schien?
Das 7:4 blieb eine regionale Bundesligasensation, denn weder
wurde Kaiserslautern damit Deutscher Meister, noch drib-
belte der kleine Star des Tages, Seppl Pirrung, in die Auswahl
Helmut Schöns.

Mit dem schwachen Vorrundenremis gegen Spanien konnten die Parteitagssozis von Halle ganz gut leben. Denn weder
waren Bertis Bäume an der Seite Kohls in den Himmel
gewachsen, noch bestand Anlaß zu linker Schadenfreude.
Und als Kandidat Scharping dann auch noch das Mikrophon
mit einer großen Rede bezwang, war es ganz so, als habe
gerade Sechzig die Bayern besiegt.

Der Kandidat tönte beifallumrauscht: Rau statt Herzog sei
genauso wünschenswert wie Rehhagel statt Vogts. Doch Kohl
sollte es im Oktober des WM-Jahres nochmals schaffen. Dank
einiger Überhangmandate blieb er im Amt. Die Genossen
hatten ihre Chance verpießt. Deshalb rüsteten sie zum Sturz
des Vorsitzenden. Rudolf Scharping war in Essen, der
Geburtsstadt Otto Rehhagels, zum SPD-Chef gewählt, aber in
Mannheim, der Geburtsstadt Seppl Herbergers, gestürzt worden. Jürgen Busche verglich daraufhin in der SÜDDEUT-
SCHEN ZEITUNG den SPD-Parteitag im Rosengarten mit
einer turbulenten Mitgliederversammlung bei Schalke 04.

Statt der erhofften Läuterung erlebte der deutsche Fußball in den USA ein WM-Debakel wie seit '78 in Córdoba nicht mehr. Zudem mußte erneut ein Kicker vorzeitig gehen, weil er den unzufriedenen Fans den »Stinkefinger«, seither auch Effe genannt, gezeigt hatte. Daraus wurde seitens des DFB der fragwürdige Schluß gezogen, deutsche Kicker sollten sich künftig mehr denn je auf deutsche Rasentugenden konzentrieren und nicht das zu spielen zu versuchen, was ihnen von Haus aus nicht gegeben sei.

Dabei bewies gerade das WM-Finale zwischen Brasilien und Italien, wie wenig tauglich völkerpsychologische Attribute noch sind. Die Annahme einer Verkörperung von »nationalstaatlichen Fußballkulturen« auf dem Rasen erwies sich erst recht als blanker Mythos – wie Detlev Claussen schrieb. Der so »lateinisch« spielende und in entscheidenden Situationen oft verzagende »Turbo« Möller entsprach eher einem alten italophoben Klischee. Umgekehrt hätte man den Kapitän der *Squadra Azzurra*, Franco Baresi, zum teutonischen Tugendbold küren müssen, nachdem dieser trotz einer gerade überstandenen Meniskusoperation im WM-Finale auflief, von Krämpfen geschüttelt 120 Minuten durchhielt und sich am bitteren Ende auch noch beim Elfmeterschießen in die Pflicht nehmen ließ.

Nachdem der siegestrunkene Beckenbauer zum WM-Titel 1990 noch ewige Unschlagbarkeit des wiedervereinigten Deutschland versprach, hatte Nachfolger Vogts erst recht triumphiert, als sukzessive fast alle Italien-Legionäre in die Bundesliga zurückkehren sollten. Dies lag freilich mehr an der strengen Ausmusterungspraxis in Italien als an einer neuen Attraktivität der Bundesliga. So erlebte Vogts mit seinen überalterten Rückkehrern in den USA seine WM-Pleite, auf die wiederum die sattsam bekannten Einstellungstests folgten, die zeigen sollten, wer bis zum Umfallen kämpfen kann und selbst auf albanischen Äckern noch hingebungsvoll zu rackern versteht. Doch auf der Suche nach Charakterdarstellern war Vogts zunächst nur bei Sammer fündig geworden.

»Abgerechnet wird zum Schluß!« verbat sich der Bundestrainer 1996 vor der EM in England peinliche Fragen nach den Niveauunterschieden zwischen der römischen Gala von Juventus Turin und Ajax Amsterdam in der Champions League und dem Berliner Gipsfußfinale um den DFB-Pokal drei Tage danach.

Daß ausgerechnet ein Absteiger deutscher Pokalsieger wurde, konnte in Zeiten virulenter Standortdebatten seine gesellschaftspolitische Symbolik nicht verfehlen; um so mehr, als es sich beim 1. FC Kaiserslautern nicht nur um des Kanzlers Lieblingsverein, sondern mehr noch: um den Inbegriff deutscher Wertarbeit auf dem Rasen handelte, welche so beträchtlich ins Gerede gekommen war.

Am lange unbezwingbaren Betzenberg schienen sich alle auswärtigen Negativklischees über das kampfbetonte deutsche Nachkriegskicken zu bewahrheiten – vom »Sensen-und-Sichel«-, dem »Panzer«- oder »Roboter«-Fußball. Die Techniker der Liga gerieten in der Pfalz regelmäßig zu verzagten Fatalisten, die darüber spotteten, daß dort die Uhren anders gingen, vor allem diejenigen vieler Schiedsrichter, da sie den anrennenden Einheimischen häufig genug siegbringende Nachspielzeiten gestatteten.

Als die Lauterer in der ersten Saison nach der deutschen Einheit Meister wurden, schien dies dem Kanzler volkspädagogisch höchst willkommen zu sein, die Wiederaufbautugenden der 50er Jahre waren wieder gefragt. Doch es wurde nichts aus den »blühenden Landschaften«, und die ewigen Stehaufmännchen des FCK stiegen erstmalig ab.

Daß der FCK dennoch die Karlsruher im 96er Pokalfinale schlug, wurde in Bonn auch politisch gedeutet. Denn ebenso wie Kohl war auch KSC-Fan Kinkel in Berlin dabei. Aber er konnte auch als klarer Favorit seinem Kanzler kein Haar krümmen. Zu seinem 60. Geburtstag im gleichen Jahr schenkte KSC-Präsident Schmider dem Außenminister wenigstens ein Häßler-Trikot.

Abstürzende Legenden

Mit der Main-Diva Eintracht Frankfurt verabschiedete sich eine weitere Legende aus der obersten deutschen Spielklasse. Der Bundesliga-Evergreen war von Anfang an dabei, schaffte aber nie den Meistertitel, ja nicht einmal die Vizemeisterschaft.

Eintracht Frankfurt charakterisierte auf dem Rasen jene Spannung der Stadt, die sich zwischen Metropolitanem und Äppelwoi-Provinzialität abspielt. Meist blieb der Verein hinter seinen enormen technischen Möglichkeiten zurück. Das hohe spielerische Potential stand häufig in krassem Gegensatz zu den Tabellenplätzen, auf denen die Eintracht herumdümpelte. Es schmerzte, den späten Jürgen Grabowski als künstlerischen Alleinunterhalter der gesamten Liga im unwürdigen Kampf um letzte UEFA-Pokalplätze scheitern sehen zu müssen. So gab es lange in der Bundesliga kein frustrierenderes Geschäft, als Anhänger von Eintracht Frankfurt zu sein.

Endlich, 1980, spielte sich die Mannschaft erstmals international frei. Wallmanns geschicktes Stadtregiment schien schlummernde Geister geweckt zu haben. Doch der internationale Höhenflug sollte sich als so flüchtig erweisen wie der postmoderne Schein der neuen Fassaden in der geschönten City.

Zu Beginn der 90er Jahre verspielten die Riederwälder gleich zweimal die begehrte Salatschüssel wegen vereins- bzw. mannschaftsinterne Querelen. Der 92er Titel wurde am letzten Spieltag beim Absteiger in Rostock leichtsinnig vergeigt, während in der Saison danach Toppmöllers Team die Liga zunächst spielerisch verzauberte, sodann aber einen üppigen Punktevorsprung vergab. Mit Jupp Heynckes, einem Hardliner aus der Weisweiler-Schule, sollte die Eintracht endlich solide werden und die Frucht ihrer Fußballkünste einbringen. Doch rasch stellten sich neue Katastrophen ein: Der Vereinspräsident geriet in den Sumpf des Frankfurter Rotlichtmilieus, drei Stars – darunter die sagenumwobenen Afrikaner Yeboah und Okocha – leisteten sich eine spektakuläre Arbeitsverweigerung gegenüber dem autoritären Coach, ein anderer Spieler wurde sogar vorübergehend verhaftet.

Als Treuhandsanierer der Eintracht scheiterte Heynckes, indem er die Bestätigung seiner Amtsautorität mit dem Verlust seiner besten Spieler bezahlen mußte. Mit ihm strandete auch der rot-grüne Frankfurter Magistrat. Was 1989 Modell werden sollte, endete im sozialdemokratischen Milieukrieg. Aber auch Charly Körbel und OB Petra Roth konnten ihr Versprechen soliderer Verhältnisse nicht einlösen.

In München stürzte mit Otto Rehhagel eine weitere treudeutsche Fußball-Legende. Sein Wechsel an die Isar wurde zunächst als biederes Rührstück eines Nesthockers gehandelt, der seine Erfolgskarriere nicht etwa bei Juve oder Barca, Milan oder Real, sondern bei der ewigen Konkurrenz im eigenen Lande ausklingen lassen wollte. Bevor er im roten Bremen von der Fahne ging, biederte er sich noch beim schwarzen Kanzler an, um bei seinem neuen Arbeitgeber keine Zweifel an seiner politischen Einstellung aufkommen zu lassen. Gattin Beate wollte gar ihre Negativerfahrungen mit der bremischen Schulpolitik beim bayerischen Kulturchef Zehetmair einbringen. Doch alle Servilität half nichts. Mit dem Ruf des Medienmuffels hätte Deutschlands beste Traineradresse sicher leben können; nicht dagegen mit der Entzauberung seiner stolzen Wertarbeit als Stümperei.

Selten hinterließ ein Meisterschaftsfinale wie jenes von 1996 einen faderen Nachgeschmack. Konzept und orientierungslos dümpelten die Konkurrenten vor sich hin. Boxer hätte man aus dem Ring genommen.

So drängte sich im Dauerduell Bayern – Borussia kein würdiger Meister auf. Die WELT frotzelte, ob denn überhaupt jemand den Titel '96 verdient habe. Und in der FRANKFURTER RUNDSCHAU hieß es: »Es gibt nur drei gute

Mannschaften in der Liga, und die spielen schlecht. Armes Deutschland.«

Beim spielerischen Siechgang der Liga behielt Michael Zorc die Kapitänsmütze auf. Mit Schalke 04 berappelte sich die königsblaue Liga-Skandalnudel als unkenntliches Team von »kreuzbraven Kanalarbeitern« und landete ohne große Spiele und Spieler auf dem dritten Platz.

Bezeichnend, daß sich BVB-Präsident Niebaum nach mäßiger Borussen-Leistung in der Rückrunde sogar gezwungen sah, seinen gerade errungenen zweiten Titel zu relativieren: »Eine Meisterschaft der Nerven«, d. h. wenig spielerischer Glanz, viel Medientamtam.

Selbst als strahlender UEFA-Cupsieger über Girondins Bordeaux konnte sich Franz Beckenbauer das Schwärmen über die spielerische Brillanz der unterlegenen Franzosen nicht verkneifen:

»Wenn man die technisch feinen Franzosen sieht und dann unsere Holzfüß’, dann weißt du, wie weit der Weg zum schönen Fußball noch ist.«

Der Fußball-Standort Deutschland hatte an Attraktivität eingebüßt. Ebenso wie in der Wirtschaft wurde über technische und taktische Schwächen, Nachwuchsprobleme, Ausbildungsdefizite, mangelnde Flexibilität und nachlassende Wettbewerbsfähigkeit geklagt.

Nach Jahren satter Selbstgenügsamkeit grassierte im deutschen Vereinsfußball die große Verunsicherung. Denn trotz der medial inszenierten Selbstfeier der Bundesliga fanden die anderthalb Stunden der Wahrheit noch immer im Europacup statt. Nachdem deutsche Meister (Bayern und Dortmund) und Pokalsieger (Werder und Gladbach) gleich zweimal in Folge an Hollands Herrlichkeit – Ajax und Feijenoord – scheiterten, blieb auch den Gesundbetern des deutschen Vereinsfußballs das stinkende Selbstlob von »Europas spielstärkster Liga« im Halse stecken. Deutsche Mannschaften verbreiteten seit Jahren international keinen Schrecken mehr. Selbst Spitzenvereine aus kleinen europäischen Ligen boten der Bundesliga-Elite spielend Paroli.

Vergeblich hofften die deutschen Vereine noch Mitte der 80er Jahre darauf, in der Rolle der Kriegsgewinnler des britischen Hooliganismus die Pokale der suspendierten Liverpooler abstauben zu dürfen. Statt dessen setzte der Boom der italienischen Großvereine ein. Uli Hoeneß heftete sich an die Fersen Berlusconis und Agnellis, ohne den Brenner je überschritten zu haben.

Doch die italienische Verschwendungssucht hatte nunmehr auch die Vereine in eine Krise gestürzt, von der freilich zunächst weniger die deutschen als die französischen und holländischen Spitzenklubs profitieren sollten. Seitdem hechelten aufgeschreckte deutsche Vereinsbosse dem Modell Ajax hinterher, während ihre Trainer bereits vergeblich an einer flexiblen Viererabwehrkette anstelle der »altdeutschen Notgemeinschaft aus Libero und Vorstoppern« *(FAZ)* laborierten.

Was wunder, daß Beckenbauer auf die Schnapsidee kam, künftig eine erweiterte Euro-League einzurichten, in der Traditionsvereine wie Real oder Benfica und natürlich der FC Bayern, auch ohne Titel, automatisch teilnehmen könnten. Mit dem verbalen Overkill der Privaten – Motto: »Hat hier jemand schlechte Laune?« wurde aber die Liga weiterhin schön gepusht, »fasziniert von der eigenen Nabelschau« *(FAZ)*. Die Bundesliga kursierte nur noch als Schuppen aus ewigen Talenten und ausgemusterten Internationalen.

Doch »abgerechnet wird zum Schluß«, wie der Bundestrainer befand, wohl wissend, daß das internationale Standing der deutschen Nationalmannschaft schon immer dem der Bundesligavereine im Europacup weit voraus war. Auch vor der Europameisterschaft in England glaubte er, daß seine Adlerträger den Reputationsverlust wieder wettmachen würden, den der bundesdeutsche Vereinsfußball im internationalen Geschäft verbaselt hatte. Eine auf sich selbst konzentrierte deutsche Elite schien in den Augen des DFB noch immer mehr zu bewegen als die multikulturellen Vereine der Bundesliga in der Champions League oder im UEFA-Cup.

Der Star ist die Mannschaft

Allen Unkenrufen zum Trotz fand Berti Vogts in England bei der EURO '96 tatsächlich jenen Faden der Geschichte wieder, nach dem »es ein Schicksal gibt, das immer gut für den deutschen Fußball ausgeht«. Damals, zur EM '84, als Derwalls moralisch lädierte Equipe die Vorrunde nicht überstand, feierte die französische LIBÉRATION hämisch das Ende des »deutschen Fußball-Monsters«.

England erlebte die rasche internationale Auferstehung der deutschen Nationalmannschaft nicht in der von Vogts zunächst verhießenen ästhetischen Variante, sondern als urdeutsche Kampf- und Notgemeinschaft, der anderswo keiner mehr zutraute, noch einen Blumentopf zu gewinnen: »Die deutschen Tugenden haben hier wirklich gegriffen«, verklärte der Bundestrainer den steinigen Weg zum erneuten EM-Titel nach sechzehn Jahren: Kampf, Disziplin, ehrliche Arbeit – »sich gequält, geopfert zu haben für die Mannschaft«, so Vogts, »das ist Klasse!«

Kein Wunder also, daß in der Lazarett-Elf des DFB mit einer bis dato grauen Bremer Maus namens Eilts der Nützliche und nicht der Geniale zum Prototyp des deutschen Spiels avancierte. Mit Zweikampfstärke und Entschlossenheit, Blutgrätsche und Brechstange spulten die Deutschen geradlinig das ab, was sie zuverlässig können, während sich die gefälliger kickende Konkurrenz heillos verzettelte:

- Als »Talcott Parsons des Weltfußballs« *(SÜDDEUTSCHE ZEITUNG)* wollte Arrigo Sacchi die ruhmreiche *Squadra Azzurra* zum ganzheitlichen Organismus umfunktionieren. Doch der Rationalität des Spiels mangelte es daran,

»innerhalb des einstudierten Systems das Überraschende zu tun« *(Taz)*. Gegen die Deutschen führten die Italiener Sacchis Schematismus ad absurdum, indem sie den Gegner an die Wand spielten – freilich ohne eine zwingende Torchance.

- Auch Frankreichs favorisierte »Techno-Taktik« zelebrierte nur eine moderne Variante von Sicherheitsfußball, technisch versiert und taktisch geordnet, mit ansehnlichen Ballstaffetten im Mittelfeld, aber ohne viel Aufregung vor dem gegnerischen Tor. Da kam wenig Glanz in die taktische Hütte. Das Mitleid mit der ausgeschiedenen *équipe tricolore* verdankte sich allenfalls einer wehmütigen Reminiszenz an den Platinismus.

- Einen Spieltag lang feierte England seine Auferstehung als Fußballnation. Mit klugem Paßspiel und glänzender Raumaufteilung mutierten Gascoigne & Co. gegen Holland von einer Horde asozialer Trunkenbolde zum paradigmatischen Dreamteam eines Fußballs 2000. Doch am Ende reichte es 1996 nicht einmal in Wembley zum Finale.

- Hollands reicher Fundus an talentierten Spielern genügte nicht, um zu reussieren. »Auf der Suche nach Ajax' verlorengeganger Leichtigkeit« *(Die Welt)* entwickelte das Oranje-Ensemble mehr jugendlichen Hochmut als gefährlichen Offensivgeist.

- In einem Team von »Tricksern, Tretern und Künstlern« verdarben sich die kroatischen Neulinge alle anfänglichen Sympathien. Mit »chauvinistischer Besoffenheit« *(Frankfurter Rundschau)* läßt sich – Fußballgott sei Dank – keine EM mehr gewinnen.

- Auch die Kicker aus dem Süden Europas vermochten keine erbauliche Botschaft zu vermitteln. Spaniens »ordentliches Arbeiten im Blaumann« *(Bela Rethy, ZDF)* verfehlte das Gesellenstück beim Elfmeterschießen. Und Portugals brotloses Ameisenkicken vermochte sich auch dieses Mal nicht aus Eusebios langem Schatten herauszuspielen.

Blieben also am Ende – neben einem obligatorischen Überraschungsgast, diesmal aus Tschechien – nur noch die deutschen Ärmelaufkrempler, Bertis »Eisenmänner« und »Knochenarbeiter«, Kämpfer und Rackerer mit Herz und Leidenschaft bis zur Hingabe des letzten Aufgebots im Finale. »Klassische Deutsche in perfekter Harmonie«, titelte DAILY MAIL treffend nach dem ersten Gruppenspiel gegen die Tschechen.

Dabei traten bei der EURO '96 in England nahezu alle Mannschaften unter dem deutschen Copyright an: »Der Star ist die Mannschaft«; freilich mit dem feinen Unterschied, daß die Konkurrenz darunter nur die Suspendierung von oftmals spielentscheidenden Egozentrikern verstand, während Deutsche mit dieser Formel an die Stilart ihrer großen Fußballerfolge in der Vergangenheit zu erinnern pflegen.

So verlor sich das französische Sicherheitssystem ohne Eric Cantona an der Strafraumgrenze; und ohne den aufmüpfigen Edgar Davids wies Hollands Mittelfeld ein Loch auf; Sacchi ließ Baggio und Vialli zu Hause schmollen und führte im Turnier die Rotation gegen aufkommende Starbildung ein. Die kollektive Mannschaftsbeschwörung von England verdeutlichte einmal mehr, wie sehr Egotrip und Starkult die Schallgrenze des Betriebsfriedens erreicht hatten. Davon profitierten am meisten die Deutschen, deren »Quertreiber«, Matthäus und Basler, ohnehin nur Reservisten gewesen wären.

Deutschland triumphierte im ersten EM-Turnier mit 16 Teilnehmern nach altem WM-Modus. Dennoch wies auch diese EM nur wenig Glanzlichter auf: viel Defensive und Verlängerung, dröges Ballgeschiebe ohne Spielwitz, schematischer Angsthasenfußball.

Kein Zweifel: die EURO '96 mit Deutschland als Sieger war spielerisch längst nicht so stark wie die EURO '88 mit Deutschland als Gastgeber. Die Geschichte der Europameisterschaften wies ohnehin nur wenige echte Höhepunkte auf: Netzers 72er Sternstunde, Platinis heimischer Triumph '84,

Oranjes Sturmlauf in deutschen Landen, zuletzt der Dänen-coup nach Lust und Laudrup. Ansonsten teilweise unansehn-liche Turniere, wie jene 1980 in Italien oder 1992 in Schwe-den, mit oftmals nur mäßigem Zuschauerinteresse und stän-dig wechselndem Reglement.

Auch die Deutschen haben sich bei Europameisterschaften nicht nur wacker ins Finale vorgekämpft, sondern mitunter größere Böcke geschossen als bei WM-Turnieren:

- 1968 die Jahrhundertblamage gegen Albanien in der Vor-runde, mit Overath *und* Netzer im Mittelfeld, aber auch mit Meyer statt Müller im Sturm. »Jetzt muß Merkel ran!« ließ BILD zur damals wilden 68er-Zeit den Ruf nach dem starken Mann erschallen.
- Hätte der allseits bewunderte »Haki« Wimmer den Elfer von Belgrad 1976 in die Wolken geschossen, wäre es für viele eine menschliche Tragödie gewesen. Doch selbst im Nationaldreß durfte sich Uli Hoeneß schon damals des schenkelschlagenden Spotts sicher sein.
- Schön-Nachfolger Jupp Derwall stürzte 1984 zur EM in Frankreich. Der Katalane Antonio Maceda beendete die kurze Erfolgsära einer durch eigenes Verschulden übel beleumundeten Nationalelf.
- Doch auch der nobilitierte Beckenbauer konnte nach einer schwerblütig errungenen Vizeweltmeisterschaft trotz des Heimvorteils 1988 nicht reussieren. In Hamburg erlebte Jürgen Kohler sein Waterloo gegen Marco van Basten. Beckenbauer hatte den Gipfel als Trainer noch nicht erklommen.

Denn in Deutschland bedarf es nicht nur mehrerer Anläufe, um Kanzler zu werden, sondern wenigstens dreier Turniere, um als Bundestrainer – respektive Teamchef (!) – einen Titel zu erobern. »Es geht nicht um den Schönheitspreis; man muß weiterkommen.« Der Kanzler sprach's in Old Trafford, und Berti Vogts klang es wohl in den Ohren. Denn die Deutschen hatten gerade gegen Italien die »schwächste Leistung seit zwanzig Jahren« gezeigt, so Vogts' früherer Teamkollege Günter Netzer: »Keine Ansätze für kreatives Fußballspiel«, sondern Schadensbegrenzungskicken war angesagt: eine Mauer bilden und den Ball wegschlagen.

Doch die Wahrheit eines Turniers wird nicht nur nach einem Spiel geschrieben. Die Kritik schien überzogen, der altlinke Antifaschismus gegen das deutsche Kampfspiel aufgebracht. Man hatte sich mittlerweile an die konzentrierten Pflicht- statt Glanzleistungen gewöhnt. Der Ballzauber der frühen 70er galt inzwischen als nachkriegsdeutsche Ausnahmeerscheinung. Die Serie deutscher Fußballerfolge gründet sich indes auf eine andere als auf ästhetische Kontinuität.

Schon als Kohl 1984 in Frankreich zum ersten Mal eine deutsche EM-Equipe besuchte, kalauerte er, daß draußen im Lande immer nur gegen etwas demonstriert würde (damals gegen die Strafbefreiung der Flick-Spendensünder). Er sei aber gekommen, um *für* die deutsche Nationalmannschaft zu demonstrieren. In Old Trafford wiederholte er sein Sprüchlein und zündete damit gleichzeitig eine polemische Leuchtkugel gegen die Gewerkschaften, die drei Tage zuvor ihre Großdemo gegen den Kanzler und sein Sparpaket (»Kohl muß weg!«) veranstaltet hatten. Welch entwaffnende Souveränität im Umgang mit dem Gegner: In Bonn empfing er Labours Shooting-Star Tony Blair, und in Manchester marschierte er zuerst in die Kabine der ausgeschiedenen Azzurri! Gleichzeitig präsentierte er sich als Schutzpatron des lange so unterschätzten Bundestrainers.

Dieser saß ebenso trotzig die Zeit der Häme aus wie sein Kanzler. Nach der Verbissenheit von '94 bescheinigte man ihm nunmehr allerorten einen »elastischeren Führungsstil«, schien es ihm doch gelungen zu sein, »die Ego-Schweine alle unter einen Hut zu bekommen«, wie ein Sänger der *Prinzen* nach einem Besuch in Mottram Hall anerkennend lästerte.

An Kohls glückhaften Erfolg erinnerte auch, wie der Coach seiner Störenfriede in der Mannschaft ledig wurde:

Matthäus redete sich um Kopf und Kragen, und Basler endete als Trainingsopfer. Was Kohl und Vogts nach dem Triumph von Wembley via ZDF vom Stapel ließen, klang wie ein Aufruf zum *Mut zur Erziehung* – allen tugendzerstörerischen 68ern zum Trotz.

So hielt der Kanzler seinem Volk von Krankfeierern als Musterbeispiele an »Gemeinschaftsgeist« Klinsmann und Helmer vor. Der kleine Vogts hatte also doch noch seine große Nationalmannschaft hinbekommen.

Und Kohl gelang im Jahr seiner Rekordkanzlerschaft die so lange angestrebte Symbiose mit dem Bundestrainer und dem deutschen Fußball. 1984 in Frankreich – anderthalb Jahre nach der Kanzlererringung – begann sein unaufhaltsamer Marsch durch die Stadien, Camps und Kabinen. Zwischen Derwalls Debakel '84 und Vogts Triumph '96 bearbeitete Kohl das deutsche Leder so intensiv, bis es ihm in Wembley wie nach einer geheimen Regie zu gehorchen schien.

Deutschland als Fußball-Europameister: so stark, so unangefochten und doch so stilarm wie der Kanzler, hart wie Helmer, zäh wie Ziege und nachtretend wie der Coach! Aus notorisch Schadenfrohen wurden zudem wundersamerweise Klinsi-Chöre.

Hatte die geistig-moralische Wende zu guter Letzt doch noch stattgefunden – zumindest symbolisch: in Bertis schlichter Rasenwelt voller schmerzüberwindender Charakterdarsteller?

Halten wir nochmals fest: Kohls Vorgänger berührten die Fußballszene höchst unterschiedlich. Adenauer delegierte das »Wunder von Bern« an den Staatssekretär im Innenministerium. Sein fußballbesessener Nachfolger Erhard verpaßte während der WM '66 in England seine Kanzlerschaft vor dem Bildschirm. Brandt ließ sich während des ersten SPIEGEL-Gesprächs nach seiner Kanzlerwahl die Zwischenresultate des legendären WM-Qualifikationskrimis gegen Schottland reinreichen. Beim 3:2 fragte er: »War's Uwe?« Irrtum, Libuda war's. Helmut Schmidts Startbonus – der zweite deutsche WM-Titel nach achtwöchiger Kanzlerschaft – war nach '74 rasch verzehrt. Zwischen Giscard und Battiston vollzog sich sein unvermeidlicher Abstieg: Hoeneß' Wolkenelfer (1976), die Schmach von Córdoba (1978) und Fußball-Deutschlands Sittenverfall im Jahr des Kanzlersturzes waren die Signale in der Welt des Fußballs.

Die geistig-moralische Wende war also auch auf dem Rasen angesagt, doch Kohls erster Auftritt bei der EM-Equipe in Frankreich sollte sich zunächst noch als Fehlschlag erweisen. Die Rasenwende nahm dennoch ihren Lauf. Seit Beckenbauer sangen Nationalkicker das Deutschlandlied, redeten Trainer pausenlos von Charakterstärke und Aufopferung. Für seine Spontanfraternisierung mit der deutschen Rumpfelf '86 im WM-Finale von Azteca mußte er manches rüde Tackling in der Presse einstecken, zumal die stilistischen Vergleiche zwischen seiner mediokren Art von Politik und der unansehnlichen Spielweise der DFB-Equipe nur so ins Kraut schossen.

Doch Kohl gab nicht auf, zumal sich bald darauf die glückliche Koinzidenz ergab, daß im Jahr seines turnusgemäßen EU-Vorsitzes die EURO im eigenen Lande stattfinden sollte. Der Turnus meinte es gut, aber nicht das Turnier. Bei der EURO '88 versagte ausgerechnet sein kämpferischer Komparativ, Kohler, im Duell gegen die Holländer. Von da an ging's bergauf. Auch die Fußballhistorie sollte es fortan gut mit dem bemühten Kanzler meinen.

Als der Teamchef 1990 das deutsche Erfolgsjahr komplettieren sollte, konnte Kohl endlich den Gleichschritt des Fußballs mit dem von ihm angeschlagenen »Tempo der Geschichte« gewärtigen. Im römischen Olympiastadion suchte ein Mann seine Mannschaft.

Zum Dank an den Kanzler der Einheit gebar ihm der DFB einen würdigen Sohn als Beckenbauer-Nachfolger. Erst jetzt konnte er sich so recht als guter Onkel des deutschen Fußballs in Szene setzen, und er erklärte schon bald auch den nationalen Kicksport zur Chefsache und Bertis Wohl zu sei-

ner Herzensangelegenheit. Nach der US-Pleite der DFB-
Equipe mußte er alle Überredungskünste aufbringen, um seinen beleidigten Rasenspezi zum Bleiben zu motivieren.

Dieser bedankte sich auf seine Weise für das Vertrauen,
indem er die Nationalmannschaft in England zur Keimzelle
einer geistig-moralischen Wende umfunktionierte. Eine deutsche Notgemeinschaft auf dem Rasen feierte ihre internationale Auferstehung durch Tugendoptimierung, Duselstau und
Ästhetikverzicht. Zwischen Old Trafford und Wembley
wurde aus dem Gemütstandem Kohl/Vogts endlich auch ein
Erfolgsduo. Was beim geschwächten Derwall scheitern
mußte, mit Beckenbauer einem Stilbruch gleichgekommen
wäre, schaffte Kohl mit seinem Adoptivsohn Vogts: eine
Erfolgssymbiose aus Politik und Fußball, Kanzler und Trainer. Endlich konnte der massive Kohl dem kleinen Vogts
einen Teil seiner schier unermeßlichen Fortüne übertragen.

Zum Dank verklärt Vogts seitdem die Nationalmannschaft
als deutschen Sonderweg gegen das in Europa grassierende
Liganeugründungsunwesen: »Sie wird immer des Deutschen
liebstes Kind sein.« Seit mit dem Bosman-Urteil »die Flut der
Ausländer kommt«, registriert der Bundestrainer denn auch
sorgsam den prozentualen Anteil nichtdeutscher Bundesligaprofis, um der Entfremdung teutonischen Tugendkickens
Einhalt zu gebieten. Doch Kohl brauchte Vogts in England
nicht gegen Europa, sondern gegen die Lohnfortzahlung im
Krankheitsfall.

Renaissance im Kohlenpott

Der Erfolg kannte keine Grenzen, als BVB und Schalke 04 den Europacup holten. In Dortmund am Borsigplatz wurde gejubelt wie damals beim Fall der Berliner Mauer; Schalker und Borussen fraternisierten nach einer langlebigen Erzfeindschaft; Bayern München inserierte Glückwünsche in westdeutschen Gazetten, und Maskotte Charly Neumann herzte im ZDF-Sportstudio den scheidenden Kaiser nach der alten Melodie »Ungeküßt sollst du nicht schlafen geh'n«.

Auf den Rasen von Mailand und München tummelten sich die jubelnden Spielerfrauen wie im Rahmen eines familienkompatiblen Unterhaltungsprogramms. (1974 mußten die Gattinnen beim Bankett noch draußen bleiben, als Schöns Truppe Weltmeister wurde. Damals für die siegreichen Müller und Grabowski ein letzter Grund, das DFB-Trikot nie mehr überzustreifen.)

Nur Uli Hoeneß hatte auch diesmal den Mund zu voll genommen. Jeder Rülpser an der Säbener Straße sei für die Journaille relevanter als Borussias Abschneiden in der Champions League, tönte er noch ein paar Wochen vor Old Trafford. Dünkelhaft fügte Vize Rummenigge nach dem Dortmunder Bundesligagipfel hinzu, Bayern sei ein Club für Europa und Borussia wohl eher für die darbende Ruhrregion bestimmt. Das alte Muster: die Bayern von Welt gegen den provinziellen Bundesligarest! Doch, gemessen am neuen Revierzauber, war die 14. Deutsche Meisterschaft des Münchner Großvereins nicht viel mehr als ein Routineereignis. An der Isar mußte man doppelt schlucken, denn Schalke bekam den Cup aus München geschickt, und Dortmund wurde er in München überreicht.

Wenn der »Ruhrmythos rumpelt« *(FRANKFURTER RUND-SCHAU)*, geht es nicht mehr ums Münchner Rasen-Rossini, sondern um ein Stück deutscher Tiefe. Dortmund für Deutschland – mit Kohlers Blutgrätsche!

»Der Wille ist unsere stärkste Waffe«, mußte selbst Beckenbauer die Schalker Sensation von San Siro neidlos aner-
kennen.

München leuchtete nicht, sondern wurde überstrahlt vom
kompletten Triumph des Ruhrpotts, für den es ambivalente
Erklärungen gab: auf der einen Seite das Sonderwegsdenken
des Völkerpsychologen Vogts von »den deutschen Tugenden« sowie andererseits die Sehnsucht der Vereine nach Nor-
malisierung, Modernität und Konkurrenzfähigkeit. Zäh und
konzentriert arbeitete man bei Assauer/Niebaum & Co. am
Abbau professioneller Defizite und traditioneller Chaos-
strukturen. Genauso zäh wurde vielerorts versucht, den
erfolgreich fightenden Kohlenpott zur Schatzkammer einer
unbeugsamen Stehaufmentalität zu stilisieren.

Schalke mit all seinen Triumphen und Widersprüchen ist
das Beispiel *par excellence*. Nach einer Volkszählung von
1890 waren 81,8 Prozent der Einwohner Gelsenkirchens pol-
nischer und masurischer Herkunft – das Ruhrgebiet galt als
»Polackenvolk«. Doch die legendären Szepan und Kuzorra
strebten »auf Schalke« eher einen bürgerlichen Arbeiterklub
als die Zugehörigkeit zur sozialdemokratischen oder kommunistischen Arbeitersportbewegung an. Jene privilegierten
fußballspielenden Bergarbeiter eroberten während der Nazi-
Zeit sechs deutsche Meistertitel.

»Gezaubert haben sie, mit verblüffender Intuition, mit ent-
zückender Leichtigkeit, mit jenem Schuß Genialität, den
kein Gegner durch gediegene Taktik oder gewuchtete Kraft
kompensieren konnte«. *(Hans-Josef Justen)*

Die braunen Machthaber bedienten sich der Erfolge der
»Knappen« für ihre Volksgemeinschaftsideologie. Sporthisto-
riker attestierten dem Schalker Siegeszug im Dritten Reich
»eine geradezu symbolische Bedeutung« für die damalige
Zeit. Schalke sei »aus der Tiefe des Volkstums« gekommen –
das Revier wurde Deutschland. Das blonde Idol Szepan

erwarb noch im November 1938 ein »arisiertes« Kaufhaus am Schalker Markt, während seinem masurischen Schwager und Teamkollegen Kuzorra dröhnende Nazi-Sportideologie in den Mund gelegt wurde.

Mit einem Abseitstor von »Penny« Islacker in der 85. Minute des Meisterfinales begann 1955 die Ruhrgebietsherrschaft im kickenden Nachkriegsdeutschland. Wild protestierten damals die Mannen um Fritz Walter gegen den Siegtreffer von Rot-Weiß Essen, doch die Lauterer Ära war abgelaufen.

Der erfolgreichste deutsche Vereinsfußball wurde während der Wirtschaftswunderjahre im Kohlenpott gespielt. Im »Pütt«, wo sich die Herzkammer des ökonomischen Wiederaufstiegs befand, ging auch die Fußballentwicklung rascher vor sich als anderswo in der neuen Republik. Die Revierkicker stellten zwischen 1955 und 1958 den Deutschen Fußballmeister – mit Rot-Weiß Essen um Helmut Rahn, Borussia Dortmund um Adi Preißler und Schalke 04 um Berni Klodt. Sogar Westfalia Herne mit Hans Tilkowski mischte bei deutschen Endrundenspielen kräftig mit, Schwarz-Weiß Essen wurde als Zweitligist Deutscher Pokalsieger, und die Spielvereinigung Erkenschwick stellte mit Horst Szymaniak eine zentrale Figur während der Herberger-Ära.

Fußball im Kohlenpott entwickelte sich zur Überlebenshilfe und zum Medium von Realitätsflucht. »Der einzige Weg war der Fußball. Auf der Straße. Vor der Schule und nach der Schule nur Fußball gespielt – wie die Verrückten«, so der Essener Bergarbeitersohn Otto Rehhagel.

Doch das Ruhrgebietskicken brachte nicht nur reinen Kampfsport, sondern auch unvergessene Individualisten hervor: Rahns Geschosse und Emmerichs linke Klebe, Libudas Slaloms, Lippens' Tänze und Burgsmüllers Trickkiste.

Walter Jens nannte Rahns Hang zum Eskapismus einen »Hauch von Antizipation, ein Hinweis auf nicht eingelöste Versprechen: Boß Rahn macht wieder einmal, was er will. Leider darf er es nur auf dem Spielplatz. Boß müßte man sein – aber nicht allein im Spiel!« *(In: Harig/Kühn).*

Umgekehrt durften prominente Revierkicker des Spotts aus der Isarmetropole sicher sein: Dietz wurde von Beckenbauer als »Blinder«, Abramczik von Breitner als »Dummi« oder Rehhagel von Lattek als »verklemmter Junge« belächelt. Im Kohlenpott mußte man 32 Jahre auf den nächsten deutschen Meistertitel seit 1963 und die allererste Bundesligameisterschaft warten. »Leuchte auf, mein Stern Borussia«, erst 1995 war es soweit: »In keiner anderen Bundesligastadt, den Erzfeind aus Gelsenkirchen vielleicht augenommen, gibt es eine derartige Konzentration auf den Fußball«, analysierte BVB-Historiker Schulze-Marmeling. Fußball und Psyche seien nicht zu trennen, fußballfreie Zonen kaum auszumachen, das gelb-schwarze Trikot ein werktäglich akzeptiertes Kleidungsstück. Und SPD-Bundesgeschäftsführer Müntefering aus dem westfälischen Neheim-Hüsten fügte augenzwinkernd hinzu:

»Die Hälfte des demokratischen Sozialismus besteht aus Tauben, Kleingärten und Fußball.«

Seither sind Sozialkitsch und Ruhrgebietsfolklore wieder in. »Die letzte Meisterschaft des Herzens« wurde Borussias Titelgewinn 1995 genannt.

Schalke lebte immer mit seinen Widersprüchen als eher bürgerlicher Arbeiterklub. Hier begingen Kassierer und Präsidenten wegen finanzieller Unregelmäßigkeiten Suizid. 1971 war Schalke Hauptakteur im Bundesliga-Bestechungsskandal. Günter Siebert setzte seinen Verein einem permanenten Wechselbad aus frisierten Bilanzen und bedrohten Lizenzen aus. Noch bis 1995 galt Schalke als Liga-Skandalnudel, von der man nach dem Finanzspektakel um den Privatklinikbesitzer Eichberg die Nase gestrichen voll hatte. Schalke geriet zum Synonym für permanenten Volksbetrug an den treuesten Fankurven der Republik. Doch mausgrau und grundsolide kehrten die Königsblauen in die deutsche Fußballelite zurück.

Mit den imposanten europäischen Erfolgen der Knappen und Borussen durfte sich Vogts erneut bestätigt fühlen. Zum Stahlkonflikt und Zechensterben siegten Dortmund und Schalke für die kämpfenden Kumpel. Die Ruhrgebietskicker kämpften sich als wahre Notgemeinschaften in die europäischen Finals, so recht nach dem Geschmack des postteutonischen Tugendwächters vom Niederrhein:

»Meine Gratulation an das ganze Ruhrgebiet.«

Mit solchem Kommentar zum Schalker Sensationstitel beförderte sich der Fußballtrainer zum Fußballkanzler, verfehlte aber den regionalistischen Kern der königsblauen Fußballherrlichkeit: »Ich bin froh, daß der UEFA-Cup in Deutschland bleibt.«

Dabei stand Schalke auf dem Index seiner Registratur, Ausländeranteile in der zweiten Bundesliga-Halbzeit zu ermitteln. Wegen zu geringen Deutschtums in der Mannschaft – bei Schalke kicken zu viele auswärtige Nationalspieler! – mied Vogts eine Zeitlang das Gelsenkirchener Parkstadion.

»Das Glück ist immer deutsch«, kommentierte schon EL PAIS nach dem ersten Auswärtssieg der Borussen bei Atlético Madrid. Berti Vogts fügte beim Semifinalmatch in Manchester apodiktisch hinzu, Deutsche verlören nicht in Old Trafford. Als sogar die Karriere des schrägen Cantona an Kohlers magnetischer Sohle enden sollte, konnte eigentlich nichts mehr schiefgehen.

Schalkes Olaf Thon lieferte dazu anderenorts am Abend in San Siro die passende Erklärung:

»Das Schicksal wollte es so.«

Dagegen krittelte man unter linken Liebhabern eines spielerisch anspruchsvollen Kicks, Utopie müsse wohl gänzlich aus dem westfälischen Wortschatz gestrichen werden. Der knappe Kampferfolg Borussias beim französischen Meister in Auxerre kam nur nach biederer Hausmannskost zustande. Doch das Anspruchsdenken legte sich mit der Finalerwartung. Sozialromantische Fußballbegeisterung, eine Sympathiewelle mit den Underdogs, ließen alle spielerischen Standards von einst vergessen, an die TAZ-Kommentator Wiglaf Droste nach dem Sieg Borussias in Manchester hämisch erinnern sollte: Den Dortmunder Schlachtruf »Ruhrpott« hätte er gerne hin und wieder durch »Pol Pot« ersetzt gesehen, denn: »Der Mann hätte dem Gewürge von Manchester ein schnelles Ende bereitet.«

Doch plötzlich war von »brillanter Maloche« die schwelgerische Rede. Denn Solidarität mit den vermeintlich Schwachen war angesagt. So avancierten knorrige Typen vom Schlage eines Yves Eigenrauch oder Jürgen Kohler zu den eigentlichen Vätern des Erfolgs. Schalkes Außenverteidiger wirkte wie ein forscher Freizeitkicker, mit dem sich jeder Fan im Stadion anstandslos identifizieren konnte.

Ebenso stilgerecht hatte Dortmunds Vorstopper zu seiner Vertragsunterzeichnung am Borsigplatz die schwarz-gelbe Ballonmütze geschwungen:

»Auch ich fühle mich als Arbeiter.«

FAZ-Autor Dirk Schümer decouvrierte das regionale Identitätsgehabe im krisengeschüttelten Pütt als reines »Kunstprodukt«:

»Wie kann das mit einem BVB gelingen, dessen Millionenverdiener angeblich die Ruhrgebiets-Arbeiterschaft hochhalten?«

Der Widerspruch zwischen Geschäft und Folklore wurde vor einem Jahr besonders deutlich, als Matthias Sammer, der sächsische Feuerkopf, vom Jung-Siegfried zum abgefeimten Stollen-Yuppie abstürzte: Der *adidas*-Werbeträger fremdelte mit seinen *Nike*-Kumpels und wollte plötzlich beim ökonomisch kommoderen Erzrivalen in München schnüren. In den feuchten Augen der vielzitierten »Menschen in der Region« grenzte dies an Verrat. Wie ein leibhaftiger Uwe Seeler war Sammer losgesprungen, um als schlechtes Double des unreifen Möller zu landen.

Noch vor der Stunde des größten Triumphes bewiesen die kolportierten Querelen beim BVB, daß auch der hochprofessionell geführte Revierklub an die Grenzen seines folkloristischen Charmes gestoßen ist. Am Ende seiner äußerst erfolgreichen Modernisierung war Borussia Dortmund ein völlig normaler Spitzenverein geworden – mit all seinen Gefährdungen durch die Zwänge des Geschäfts, dem Mediengezänk wie bei den Bayern, dem Aderlaß wie bei Ajax oder den Spielerrevolten wie bei Milan.

Daneben verwandelte Rudi Assauer am Schalker Markt den krisenverwöhnten Verein in ein seriöses Fußballunternehmen. Ohne Stars und Allüren reüssierte eine Mannschaft zum minimalistischen Kampfbündel. Der Größte – Olaf Thon – glänzt durch Bescheidenheit, der Schütze – Marc Wilmots – ist privat ein Wohltäter, das umworbene Talent – Mike Büskens – ein Nesthocker, der beim Kündigungsgespräch sentimental wurde. Die Besten zählten nicht einmal zum Stamm der Nationalmannschaft.

Derweil war in Bochum mit dem UEFA-Cupteilnehmer VfL ein neues Hätschelkind aus dem Ruhrgebiet herangewachsen. Nach der langjährigen Identifikation mit der existenzgefährdenden Abstiegsbedrohung scheinen nunmehr rosigere Zeiten anzubrechen. Die Ruhrmaus war nicht mehr grau, hieß Wosz und tanzte für die Galerie. Selbst der Bochumer Schauspielchef Leander Haußmann gestand anerkennend, lieber zu Toppmöller als ins Theater zu gehen. Peschel statt Palitzsch. Fußball sei »eine Form der Massenkunst, die wir nicht erreichen«. Er könne als massenverbindendes Element auch für demonstrierende Stahlarbeiter und Kohlekumpel »eine durchschlagende Waffe« sein.

Doch trotz der Fußball-Hochzeit gab es gelbe Karten für

die Politiker. Möllemann verhalf der Schalke-Schal nicht zum Sprung ins FDP-Präsidium beim Wiesbadener Kongreß der Liberalen; Blüms Rolle als Dortmunder Arbeiterführer erinnerte eher an seine Aachener Meriten im Karneval; und Landesvater Johannes Rau konnte trotz Riedle & Ricken die Diskussion um seine Nachfolge nicht verhindern. Als neuer Kandidat präsentierte sich in San Siro TV-Reporter Werner Hansch, »die Stimme des Ruhrgebiets«, beim feierlichen Verlesen des Glückwunschtelegramms aus der Staatskanzlei. Das hätte selbst Wolfgang Clement nicht besser gekonnt.

Jürgen Leinemann
(Herberger-Biograph; SPIEGEL-Reporter in Berlin)

Vogts, Kohl & Herberger – Fußball aus der Tiefe der Zeit

Geredet hat er schon lange wie sein Vorbild, von Ordnung und Disziplin, von Fleiß und Strebsamkeit. Bei der Beschwörung der deutschen Tugenden weiß er so feierlich zu gucken wie »der Alte«, »die Machenschaften des Geldes« geißelt er mit ähnlich alttestamentarischem Zorn. Nun fängt er auch noch an, seine Spieler im Zeitalter von Fax und Handy, Internet und E-Mail ganz vorgestrig mit Briefen zu behelligen, teilt schwarz auf weiß dem lieben Mario mit, daß er total unzufrieden sei mit den Leistungen nach der Europameisterschaft, mit sportlichen Grüßen, wenn nicht gar mit kameradschaftlichen, Dein Bundestrainer.

Kann es sein, daß Berti sich mausert zum Seppl der 90er Jahre? Daß Hans Hubert Vogts sich als Josef Herberger der Jahrtausendwende versteht?

216

Das ist natürlich wieder so eine journalistische Albernheit, über die ein gradliniger Typ wie Berti Vogts allenfalls gequält lächeln kann, wenn überhaupt. Wahr ist erstens, daß er Sepp Herberger schon angebetet hat, seit er 1954 auf der Kegelbahn im niederrheinischen Büttgen am Fernseher miterleben durfte, wie der Mannheimer und seine Männer für uns alle die Weltmeisterschaft gewannen. Da beschloß der achtjährige Hans Hubert, Fußballspieler zu werden.

Wahr ist zweitens, daß all dieses preisende Gerede über den Hans Hubert Vogts von heute, der mit 96 Länderspielen für Deutschland und 419 Bundesligaspielen für Borussia Mönchengladbach einst Weltmeister war und zweimal Fußballer des Jahres, keineswegs dem Berti persönlich gelten kann: »Das ist nicht die Beschreibung des Trainers Berti Vogts«, sagt der Trainer Berti Vogts, »das ist die Beschreibung der Deutschen, die nach 1945 angefangen haben, Deutschland mit Fleiß, Strebsamkeit und Arbeitsamkeit aufzubauen. Ich brauche nichts aufzubauen. Aber insgesamt sollten wir Deutschen uns auf diese Tugenden besinnen und nicht ständig herummäkeln. Uns geht es verdammt gut.«

Das gilt natürlich nicht zuletzt für ihn selbst, denn drittens ist auch richtig, daß der Bundestrainer seit dem Erfolg bei der Europameisterschaft in England anders wahrgenommen wird: »Ich habe jetzt einen Titel gewonnen, jetzt auf einmal hat das Wort des Trainers eine ganz andere Bedeutung, auch wenn der Trainer mit dem Glück des *Golden Goal* im Endspiel gegen die Tschechen zu einem Titel gekommen ist. Darüber wundere ich mich schon.«

Berti ist Deutschland. Deutschland hat Glück gehabt. Glück haben auf Dauer nur Tüchtige wie Herberger 1954 – in seiner unfreiwillig anmaßenden Bescheidenheit kann es Vogts mit dem »Chef« der ersten deutschen Nachkriegsweltmeister wohl aufnehmen.

Tatsächlich ist keiner seiner Nachfolger dem Sepp Herberger so ähnlich gewesen, wie es Berti Vogts ist, den »der Alte« kurz vor seinem Rücktritt sogar noch ein einziges Mal selbst trainiert hat. Wie Herberger ihn da gemustert hat, wie er sozusagen durch Handauflegen die körperliche und emotionale Befindlichkeit des Jugend-Nationalspielers Vogts erfaßt hat – das hat den tief beeindruckt.

Sepp Herberger mochte solche, die ihm ähnlich waren. Berti war mit seinen 1,68 Metern nur drei Zentimeter größer als »der Chef«. Er hatte – wie Herberger – früh unter dem Verlust der Eltern gelitten. Ohne den Fußball, mit dem er es bitter ernst meinte – gerade weil das Spiel für ihn immer Sport blieb –, wäre »der Berti« so wenig wie der »Seppl« zur Berühmtheit gelangt.

Für die Echtheit solcher Typen hatte Herberger ein feines Gespür. Berti hätte damals sein Mann sein können, wäre er nicht noch ein Junge gewesen. Er wurde es nachträglich, immer im Dienste der Mannschaft.

Zu einer Zeit, als sich das Rackern und Wühlen schon zu legen begann im westlichen Nachkriegsdeutschland, als die feineren Lebensformen auch auf dem Fußballplatz Anhänger zu finden begannen, da sichelte Berti, der Kämpfer und nimmermüde Arbeiter an sich selbst, mit seinen Beinscheren den Weg frei für die Fußballergenies der goldenen 70er Jahre. Vogts war derjenige, der dem Raum die Tiefe gab, aus dem Günter Netzer mit siegreich fliegendem Blondhaar ins Rampenlicht kam. Ein bißchen glich er Liebrich, ein bißchen Eckel, ein bißchen Kohlmeyer – kurz: all jenen Recken in der Herberger-Elf, die am schnellsten vergessen waren, obwohl gerade sie das Deutschland der Adenauer-Jahre am trefflichsten verkörpern – bis heute.

In Vogts leben ihre Tugenden weiter. Kleinbürgerlich ist er, und »unheimlich stolz, ein Deutscher zu sein«. Ein starker Staat, eine heile Familie, harter, aber sauberer Wettbewerb bestimmen seine Vorstellung von Gemeinsinn und Zusammenleben. Immer positiv – der Wertekatalog aus dem Leben eines christlichen Pfadfinders ist emotional fest in Vogts verankert.

So ist der junge Berti aufgewachsen, so hat er Erfolge

erzielt, die den Werkzeugmacher-Gesellen mit einer fast kindlich frommen Dankbarkeit erfüllen. Und heute bewertet der deutsche Nationaltrainer nach diesen Gesichtspunkten Welt und Menschen. »Mit mir«, glaubt Vogts, »können sich viele Leute identifizieren, weil sie sich sagen: Der hat sich alles erarbeitet. Der kämpft. Sie sind selbst Arbeiter. Und ich weiß, was es heißt, an der Werkbank zu arbeiten. Im Grunde tue ich heute auf dem Fußballplatz noch dasselbe: Ich feile an dem Stück, bis es endlich hinhaut.«

Das hätte auch Sepp Herberger – dem freilich die Ausbildung an der Werkbank fehlte – von sich sagen können. Und wie »der Alte«, dessen großes Lebensziel es war, Lehrer zu werden, sieht auch Vogts seinen Job als Trainer sowohl pädagogisch als auch moralisch. Heute ist eben der Fußballtrainer, was früher Friedrich Schiller war – Erzieher des Menschengeschlechts.

Das ist immer ein schweres Los gewesen, und auch Vogts ist nicht begeistert über den Nachwuchs, der ihm zur Verfügung steht. Kinder, die »sich fremd fühlen in ihrem eigenen Körper«, und »Wohlstandsjünglinge«, die sich nicht quälen wollen.

Das klingt vertraut, doppelt vertraut. Sepp Herberger hat ganze Aktenordner mit vernichtenden Analysen über den Verfall durch Verwöhnung gefüllt. Und noch ein anderer kann lange Abende mit Klagen über die geistige, seelische und körperliche Verfettung seiner Landsleute füllen – Helmut Kohl.

Kohl und Herberger, Herberger und Vogts. In ihrer Begeisterung für den Alten von der Bergstraße, der im nostalgischen Blick auf die 50er Jahre verschmilzt mit dem Alten von Rhöndorf, haben sich die beiden Bundeschefs gefunden. Die Adenauer-Zeit verklärt sich zur geistigen Heimat. Aus ihrer Bewunderung für die Person Sepp Herberger, ihrer knabenhaften Schwärmerei für die Kameradschaft der Fußballer und einer fast hymnischen Bejubelung des Wirtschaftswunders speist sich die vergoldete Erinnerung an ein

Leben, das angeblich so überschaubar und einfach war wie ein Kinderbuch.

Der Bundeskanzler, der selbst einmal dem Ball nachlief, hat Josef Herberger verehrt. Als der Alte an seinem 80. Geburtstag im Schloß von Mannheim ein letztes Mal zu Lebzeiten gefeiert wurde, da war der »schwarze Riese«, wie sich Kohl damals als junger Ministerpräsident von Rheinland-Pfalz gern nennen hörte, mit dabei. Und zwanzig Jahre später, während einer posthumen Herberger-Feier zu dessen 100. Geburtstag am selben Ort, da saß Berti Vogts neben dem Kanzler, der Herberger pries, als sei er eine Art männliche Trümmerfrau der Bundesrepublik Deutschland gewesen.

Was für ein Wandel. Im Jahr 1954, zu Herbergers hoher Zeit, hatten sich noch kein Kanzler oder Bundespräsident, ja, nicht einmal ein einziger Minister, getraut, was inzwischen Brauch ist – auf der Tribüne im Stadion die Identifikation mit der Fußballnation zu suchen, sich symbolisch zum Mitsieger zu erklären und den Trainer und sein Team zu herzen.

Nie hat Herberger dem bewunderten Konrad Adenauer die Hand geschüttelt, sehr zu seinem Bedauern. Vogts und Kohl sind dafür in seinem Geiste zu einer Männer- und Wertsymbiose zusammengewachsen, die beide für ihre Zwecke instrumentalisieren. Vogts stilisiert Fußball für den DFB und den ehrgeizigen Egidius Braun zur Gesellschaftspolitik hoch. Kohl biedert seine Politik dem Fußballvolk an. Beide nutzen die Herberger-Idylle zur mentalen Entsorgung einer bedrohlichen, widersprüchlichen, hektischen Gegenwart. Sie reden wie »der Seppl« und urteilen in seinen schlichten Kategorien. Was rechts ist und was links, was recht und was schlecht, das scheint ihnen sonnenklar.

Im Alltag eines Politprofis wie Kohl, der es gewöhnt ist, mit doppeltem Boden zu sprechen, hinterläßt der Herberger-Kult keine Irritationen. In der Beurteilung Berti Vogts' aber führt er zu folgenschweren Festlegungen.

Denn wer heute noch so raunt und rauscht wie eine treudeutsche alte Eiche, wer im Profizeitalter noch so rührend

220

redlich im Jugendleiterstil über Fußball redet wie der Bundestrainer, wer zudem so blauäugig aussieht, wie er guckt – der ist abgestempelt. Schnell wird der Kindername Berti, gegen den sich Vogts nie gewehrt hat, zum diffamierenden Etikett: Wer Berti heißt, trägt lebenslang geistig kurze Hosen.

Dieses Vorverständnis, von den meisten Medien in einer Mischung aus Dumpfheit, Häme und Zynismus stereotyp erneuert, unterbindet schon im Ansatz differenzierende Nachfragen. Veränderungen und Entwicklungen, Brüche und Widersprüche kommen gar nicht erst in den Blick. Die Schablone filtert jedes wirkliche Verständnis aus.

Keiner hat sich so bitter über solche »Zeitgeistverwalter« beklagt wie der Schriftsteller Martin Walser, der einmal in der alten Bundesrepublik als Linker galt und nun bei Linken als Nationalist verschrien ist: »Jede Diskussion wird nur noch mit solchen Platzanweisungen bestritten, und inhaltlich muß überhaupt nichts mehr gesagt werden.«

Einmal Berti, immer Berti. Im Fußball haben sich alle Experten daran gewöhnt, daß die Begriffe »Linksaußen« oder »rechter Läufer« keine Realität mehr beschreiben. Doch der Fußballtrainer Berti Vogts bleibt für viele, was »Birne« Kohl einmal war – ein automatischer Zünder für Lachsäcke.

Nicht, daß der Bundestrainer über jeden Spott erhaben wäre. Es hat schon seine komischen Seiten, wenn Hans Hubert Vogts bei Länderspielen vor den Werbewänden der Sponsoren mit sorgenvoller Stimme sagt: »Wir sollten uns alle wieder mehr zum sportorientierten Fußball hinwenden und nicht nur zum Geschäft.«

Das meint er so. Für den unterschwelligen Zynismus einer solchen Szene hat Berti Vogts keine Ader. Er sagt, was er denkt, was er fühlt. Was hat der optische Hintergrund damit zu tun? Der Deutsche, würde Vogts sagen, liebt klare Verhältnisse, »Sachen« – wie es DFB-Pressesprecher Wolfgang Niersbach ausdrückt –, »die ganz klar richtig sind oder ganz klar falsch.«

Er ist eben Idealist. Das mag für viele Spieler und ihren Anhang, die den Sinn des Lebens allein »kohlemäßig« einschätzen, vor allem provozierend sein. Es ist auch bewundernswert. Und rührend. Diese Haltung macht Berti Vogts zu einer romantischen Figur – einer Art Don Quichotte des Fußballs.

Warum man das nicht merkt? Die einfältige Schablone vom Heimatkicker Berti blendet solche Widersprüche zwischen idealistischem Anspruch und kargem Alltag aus. Das tut nicht nur Vogts Unrecht. Das versperrt auch genau jene gesellschaftlichen Einblicke, die der Vergleich zwischen Fußball und richtigem Leben ermöglichen soll.

Denn daß der Trainer Vogts nur noch wenig gemein hat mit dem »doofen Berti« von einst, wie er es selbst ausdrückt, daß er »total umgedacht« hat und »inzwischen ein kritischer Mensch« ist – das ist genauso wahr, wie es stimmt, daß er sich selbst treu geblieben ist.

Tatsächlich hat das Leben den früh verwaisten Schustersohn vom Lande so unerbittlich gehärtet, daß er bis zur Spitze der deutschen Kickerelite vorstieß. Daß Gott mit dem Tüchtigen ist, hat er Berti Vogts tätig offenbart. So reifte der alte Berti heran, der schlichte harte Hund, Herbergers Enkel.

Anschließend aber hat das Schicksal ihn so heftig getreten, daß er ums Nachdenken nicht herumkam, wollte er nicht zerbrechen. Mit seinem Scheitern als Kapitän der Fußball-Nationalmannschaft bei der WM in Argentinien 1978 fing es an. Es folgten schwere Verletzungen mit monatelanger Aussicht, als Sportkrüppel durch den Rest seines Lebens zu hinken. Seine Frau Monika, eine ehemalige Lufthansa-Stewardeß, die immer auf dem Boden blieb, hat ihm damals geholfen und ist mit ihm seither durch die Welt gereist. Und zwar dahin, wie er den Jet-set-Globetrotter Beckenbauer spöttisch wissen läßt, »wo es keine Golfplätze gibt«.

So wuchs ein anderer Vogts heran, ein wacher, kritischer unbeugsamer Berti, der politische Positionen vertritt, die dem Unternehmerflügel der Christenunion das Blut in den

Adern gefrieren lassen dürfte: »Wir können doch heute als Industriestaat nicht sagen, wir nehmen, nehmen, nehmen, damit die Deutsche Bank die stärkste der Welt wird.«

Das ist der Vogts, der weiß und ausspricht, »daß im brasilianischen Regenwald, der Lunge der Welt, Hunderte von Hektar abgebrannt werden, nur um den Holzpreis künstlich hochzuhalten«. Das ist der Nationaltrainer, der am liebsten seinen Job hingeworfen hätte, als er deutsche Neonazis in Polen antisemitische Parolen grölen hörte. Vor dem Spiel seiner Mannschaft gegen Israel – wo er eine Zeit im Kibbuz verbracht hat – nötigt er den jungen deutschen Spielern einen Besuch in der Shoa-Gedenkstätte Yad Vashem ab – was später ihr Zweikampfverhalten beeinträchtigt.

Hans Hubert Vogts – einst Inbegriff des dumpfgläubigen Rechten – ist heute nicht mehr für die Todesstrafe. Nicht mehr, seit er Vater ist: Wer Leben in die Welt gesetzt hat, weiß, daß er kein Recht hat, Leben zu nehmen.

Ist er etwa in Wahrheit gar kein Kohl-Freak? Doch, doch. Daran läßt er nicht rütteln. Aber Joschka Fischer schätzt er auch. Und eine schwarz-grüne Koalition kann sich Vogts sehr wohl vorstellen. Die Arbeit von Greenpeace lobt er, und für den südafrikanischen Präsidenten Nelson Mandela hegt er eine tiefe Bewunderung.

Vom Spießer keine Spur: Dieser Berti Vogts unternimmt Abenteuerreisen nach Alaska oder auf die Galapagosinseln. Im November, wenn am Niederrhein trübe Regentage auf die Rübenfelder drücken, fährt er nach New York, um seine Depressionen zu bekämpfen. »Mit einem Wort«, staunt der Talkmaster Roger Willemsen, »Berti Vogts ist nicht nur der bei weitem kosmopolitischste Bundestrainer der deutschen Fußballgeschichte, er widerspricht völlig dem kleinformatigen Bild, das lange von ihm im Umlauf war, ja, sogar dem Urbild des Deutschen, der seinen Fußball wie seine Freizeit als eine Bodenoffensive organisiert.«

So ist es. In seinem politischen Selbstverständnis ist Berti Vogts keineswegs bei seinem Vorbild Herberger steckengeblieben. Und doch will es ihm nicht gelingen, diese Tatsache öffentlich glaubhaft zu machen.

Nicht einmal sein Bild als Fußballer vermag Vogts überzeugend aufzubessern. Für seine Kritiker wie für seine Fans bleibt er der ewige »Terrier«, obwohl er über quirlige afrikanische Mannschaften, wie z. B. Kamerun, deren Rochaden ihn an Volleyball gemahnen, schier in Verzückung gerät: »Ich bin verliebt in Techniker.«

Er hat das ernstgemeint, der Trainer Hans Hubert Vogts, als er zu Beginn seiner Laufbahn als Coach der Nationalmannschaft versicherte, einem Rasenmäher wie Berti würde er in seinem Team keine Chance geben, »der Typus ist nicht mehr gefragt«. »Hechelfußballer« waren ihm ein Greuel, »primitive Kraftmeier« wollte er nicht haben.

Aber sechs Jahre später wurde der Bremer Dieter Eilts, ein Berti der neunziger Jahre, zu seinem Lieblingsspieler bei der Europameisterschaft in London. Spätestens nach der gescheiterten Weltmeisterschaft in den USA 1994 hatte er umgeschaltet. Plötzlich fand er: »Alle wollen Stars sein und da spielen, wo es nicht weh tut. Früher hatten wir nie Probleme im Defensivbereich. Aber jetzt will keiner mehr die defensive Position im Mittelfeld übernehmen, weil diese Arbeit nicht anerkannt ist.«

Und auch das war ihm ernst. Also erhöhte er den Druck. Zwanzig »Millionarios« zu bewegen, wie er sagt, das ist ein schwerer Job. Er redet wenig mit den Spielern. Er entscheidet allein über die Aufstellung. »Früher habe ich jedem Spieler zu erklären versucht, warum er nicht spielt. Das tue ich nicht mehr, weil es sinnlos ist. Die glauben ihren sogenannten guten Freunden mehr als dem Trainer«, sagt Vogts. Er klingt ärgerlich und resigniert zugleich.

Die Spieler reagieren verunsichert, doch überzeugt von Bertis Härte sind sie keineswegs. Dazu äußert er sich zu widersprüchlich und zu halbherzig. Wer gilt denn nun – Berti, der Gütige? Oder Berti, der harte Hund? Immer redet der eine Berti so, als gäbe es den andern nicht. Dialektik ist seine Sache nicht, seine Denke ist *jaja* oder *neinnein*. Das Leben aber verlangt ihm Handeln ab, und das ändert sich mit den Umständen.

So entsteht die paradoxe Situation, daß ausgerechnet Vogts, der im Fußballgewerbe als ein besonders gradliniger, ehrlicher und akribisch genauer Mann gilt, in ein Glaubwürdigkeitszwielicht gerät. Er kuscht weder vor BILD noch vor Franz Beckenbauer und seinen Bayern. Keinem steht er für Millionen-Honorare exklusiv als Kommentator zur Verfügung. Als der sich mächtig aufspielende SAT 1-Sportchef Reinhold Beckmann vorwurfsvoll irritiert ist, weil der Bundestrainer einer Gala seines Senders fernbleibt, sagt Vogts nur: »Das amüsiert mich.«

Daß gerade dieser kleine Kämpfer, der für seine Überzeugung mit branchenunüblichem Mut eintritt, der nicht kungelt und nicht Geld rafft, trotzdem Mißtrauen und Argwohn weckt, liegt an seinem falschen Verständnis von Authentizität. Berti Vogts will auch da ganz er selbst sein, wo er im öffentlichen Scheinwerferlicht eine Rolle zu spielen hat.

Immer und unter den unterschiedlichsten Umständen will er unverstellt und ehrlich sein. Das ist aber weder möglich noch klug – und schon gar nicht gradlinig. Also, was denn nun, Berti? Techniker oder Kämpfer? Die »Platzanweiser« von *ran* bis BILD haben leichtes Spiel, ihn immer wieder auf die Schablone vom »eigentlichen« Berti zu reduzieren.

Keine Frage, im Umgang mit den Medien war ihm Sepp Herberger über, wäre es wohl auch noch heute. Der »Bundessepp« ist ja in Wahrheit auch viel kantiger, widersprüchlicher und ungeselliger gewesen, als es die Legende weismachen will. Gewiß, auch Herberger hat es sich gefallen lassen, daß die respektable Haßliebe der Nation gegen Ende seines Lebens umschlug in eine sentimentale Schwärmerei: Er gab seinen harmoniesüchtigen deutschen Fans, deren Fußballbegeisterung er liebte, deren Sachverstand er jedoch verachtete, jenen pfiffigen Kauz, den sie in ihm sehen wollten. Aber er verwechselte sich nie selbst mit dieser Volksausgabe.

Sepp Herberger hat immer gewußt, daß Fußball zwar ein Spiel mit einfachen Regeln ist, daß aber keineswegs schlichten Geistes sein muß, wer es beherrscht.

Das ist auch Berti Vogts geläufig. Und es fehlt ihm ja auch weniger an Selbstvertrauen als an der Fähigkeit, es angemessen auszudrücken. Die Journalisten würden sich noch wundern, hat Vogts in den USA vorausgesagt: »Ich werde jedenfalls nicht mehr tagtäglich da oben auf der Bühne sitzen und allen Geschichten von den Brüdern Grimm erzählen.«

Täte er es nur. Denn je weniger er Märchen auftischt, je mehr er die Dinge beim Namen nennt, desto ähnlicher wird er der widersprüchlichen Wirklichkeit dieser Welt im Umbruch. Tatsächlich symbolisiert Berti Vogts schon jetzt mehr Zeitgeist, als ihm selbst und den meisten seiner Beobachter bewußt ist – die inzwischen sprichwörtliche »neue Unübersichtlichkeit« hat ja vor den Toren der Fußballstadien nicht haltgemacht. Doch lächelt er noch immer allzu entschuldigend, wenn er Dinge anspricht, »die auch unpopulär sind, die einigen nicht gefallen«. Zum Beispiel, daß der deutsche Fußball nicht schon deswegen gut ist, weil er Erfolg hat.

Sein Leben lang hat auch Franz Beckenbauer so geredet, hat heute dies gesagt und morgen das. So widersprüchlich wie sein Nachfolger Berti ist »der Franz« immer gewesen, allerdings viel lustiger. Deshalb hießen seine Ungereimtheiten Entertainment, und er wurde zum »Kaiser« im Fernsehzirkus. Sein früherer Assistent aber, der vom Fußball gewiß nicht weniger versteht, bleibt mit all seinen ungelenken und zaghaften Emanzipationsversuchen an der Beharrungskraft der Berti-Schablonen hängen.

In Wahrheit ist das allen recht. Wer will schon einen anderen Berti als den schlichten, einen eigenständigen gar? Ein Zufall ist es nicht, wie dem Hans Hubert Vogts immer von allen Seiten zugleich seine Entscheidungskraft weggeredet wird, mal fürsorglich, mal höhnisch. Weder DFB-Präsident Braun noch die Spieler sowie die Mehrheit der Sportjournalisten sind willens, von ihrem bequemen Klischeebild zu lassen, das den ewig simplen Berti, Kohl-Freund obendrein, als treudeutschen Jugendwart abstempelt.

Gerhard Schröder
(seit 1990 Ministerpräsident von Niedersachsen)

Fußball global – Fußball regional

An große Erfolge ist der deutsche Fußballfan gewöhnt: Drei Weltmeisterschaften stehen schließlich auf der Haben-Seite; und auch drei Europameisterschaften, zuletzt die 1996 in England errungene. Und wie selbstverständlich gehen alle davon aus, daß sich Deutschland für die Weltmeisterschaft 1998 in Frankreich qualifiziert und dort seiner Favoritenrolle gerecht wird. Ich auch.

Wenn Norbert Seitz dies alles analysiert und dabei die »nahtlose Übereinstimmung« zwischen der jeweiligen Fußballkultur und der politischen Kultur feststellt, so kann ich ihm nur zustimmen. Doch solche Übereinstimmungen spiegeln sich – in kleinerem Maßstab – auch in der Fußball-Bundesliga wider.

Da ist *Borussia Dortmund*, eine Mannschaft, der, trotz brillanter Einzelspieler wie Andreas Möller oder Julio Cesar, das Image der »Malocher-Truppe« aus dem Ruhrgebiet anhaftet; Fußball als ehrliche Arbeit sozusagen. Mit dieser Einstellung des Ärmelaufkrempelns sind sie 1994/95 und 1995/96 Deutscher Meister geworden. Nicht zufällig, denn Ärmel aufkrempeln ist auch im Wirtschaftsleben angesagt. Daß die streikenden Kohlekumpel vom BVB unterstützt wurden, ist eine schlichte Selbstverständlichkeit gewesen. Der 2:0-Arbeitssieg der Borussia gegen den VfL Bochum, den ich in der abgelaufenen Saison miterleben durfte, hat mich in dieser Einschätzung bestätigt.

Bayern München hingegen macht für mich eher den Eindruck einer High-Tech-Truppe. Dem Minimalismus im Spiel entsprechen hohe Medienpräsenz und eine durchorganisierte Vermarktung. Gelegentlich trägt die Mannschaft als Ausgehanzug bayerische Lederhosen, und so unterstreichen die aus aller Welt – global – zusammengekauften Spieler ihre »Heimatverbundenheit«. Daß mein Kollege Edmund Stoiber im Aufsichtsrat der Bayern sitzt, entspricht angesichts dieses Images seinem Politikstil.

Die Überraschungsmannschaft der vergangenen Saison aber war für mich *Bayer Leverkusen*. Am letzten Spieltag der Saison 1995/96 gerade noch dem Abstieg entkommen, spielten sie mit um die Meisterschaft. Der Bayer-Konzern als *global player* setzt sich mit seiner Mannschaft also auch am Standort Deutschland durch.

Auch auf dem Fußballplatz nimmt die Internationalisierung der Märkte ihren Lauf. Wie das Kapital, so ist auch das »Human-Kapital« Fußballspieler frei und weltweit beweglich geworden. Das Bosman-Urteil hat die allerletzten Schranken eingerissen. Euro und Europaliga sind zwei Seiten einer Medaille; und selbst eine Weltliga ist keine Utopie mehr.

Ob die Fans das alles goutieren werden, das bleibt für mich eine offene Frage. Schon heute ist doch eine gewisse Übersättigung an den zahllosen Live-Übertragungen und der Berichterstattung über den an jedem Wochenende dreigeteilten Bundesliga-Spieltag zu konstatieren. Es kann gut möglich sein, daß der Erfolg des Medienprodukts Fußball ihn selber ruiniert.

Gegenbewegungen zeichnen sich in Ansätzen bereits ab. Immer mehr Zuschauerinnen und Zuschauer gehen zu den Spielen der zweiten und der dritten Liga. Hier finden sie »originaleren« Fußball; können sie sich mit ihren Mannschaften – selbst, wenn sich auch in diesen Spieler aus der

228

halben Welt tummeln – noch eher identifizieren. Den rasanten Aufschwung, den meine Mannschaft, den *Hannover 96*
nach dem Abstieg in die Regionalliga in der Zuschauerresonanz ebenso wie in der Beliebtheit nahm, ist das beste
Beispiel.

Man kann das wieder in politische Zusammenhänge stellen. Der Globalisierung auf der einen Seite entspricht ein
starkes Denken und Handeln in regionalen Strukturen auf
der anderen Seite. Oder auf den Fußball zurückgewendet:
Weit weg für den Fan wird es die (Fernseh-)Europaliga geben,
die die fußballerische Kultur prägt; aber sie wird als Unter-
bau starke, von ihren Regionen getragene Mannschaften
haben müssen, mit denen sich die Fans identifizieren und
solidarisieren können.

Herbert Riehl-Heyse
(Leitender Redakteur der SÜDDEUTSCHEN ZEITUNG)

Doppelspitze nach bayerischer Art

Das Prinzip der Doppelspitze hat in Bayern, anders als in
der altrömischen Republik, keine lange Tradition, was aber
nichts daran ändert, daß es auch hier überaus erfolgreich
angewandt wird. Bis vor ein paar Jahren noch war Bayern
streng hierarchisch gegliedert, gab es nur oben und unten,
Spitzen und Senken, Könige und Vasallen; die Könige hießen
zuletzt übrigens meist Franz. Erst nach Franz Josef Strauß
und Franz Beckenbauer (und Franz Sackmann, einem CSU-
Funktionär, der einige Jahre Präsident von 1860 München
war) wurde dann alles anders: Der Freistaat Bayern wird
inzwischen beherrscht von Stoiber/Waigel, der TSV 1860

(den wir ansonsten hier aber vernachlässigen wollen) von Wildmoser/Lorant, und der FC Bayern von... Da stocken wir nun ein wenig; die Dinge sind wohl doch zu kompliziert, als daß man sie über einen Kamm scheren dürfte.

Versuchen wir es also noch einmal von vorne, diesmal mit der gebotenen Differenzierung. Zum Vorsitzenden Strauß ist dem langjährigen Beobachter, offengestanden, sowieso niemals zuerst das Wort »Spitze« eingefallen; dafür erinnerte der Mann zu sehr an eine Dampframme, mit beträchtlicher Einschüchterungswirkung auf Freund und Feind; rein phänotypisch war er mehr eine Mischung aus Gerd Müller und Katsche Schwarzenbeck, allerdings mit dem Kampfgewicht der beiden zusammengerechnet. Andererseits hat Strauß einmal gesagt, konservativ zu sein bedeute, »an der Spitze des Fortschritts zu stehen«, und es war schon klar, wen er damit gemeint hatte: sich selbst natürlich, einen, der gleichzeitig in allen Strafräumen der Welt gebraucht wurde, am Kap der guten Hoffnung und in der Lazarettstraße zu München und am Steuerknüppel seines Flugzeugs, woselbst er bei den mitfliegenden Mannschaftskameraden nicht wenig Angst und Schrecken verbreitete.

Beckenbauer war in seiner Spielanlage immer ein Stück eleganter als Strauß. Aber unentbehrlich war auch er bei seinen weltweiten Auftritten zwischen dem Olympiastadion zu München, dem Giants Stadium von New York und den Bayreuther Festspielen, wo er an der Hand seiner ersten Frau immer wieder auch mit Franz Josef Strauß zusammentraf, der sich genauso wenig für Wagner interessierte. Der Unterschied zwischen den beiden Anführern: Beckenbauer wurde alles, was er je werden wollte, inklusive zweimal Weltmeister. Strauß wurde nicht einmal Deutscher Meister, konnte aber immerhin Beckenbauer bei seinen Steuerproblemen manchmal ein bißchen helfen.

Als Strauß dann gestorben war, und Beckenbauer in Kitzbühel lebte, entstanden Lücken, riesige, gähnende Löcher, in denen sich erst einmal alle möglichen Lückenbüßer zu profilieren versuchten: Streibl und Schwabl, Jürgen Warnke und Jürgen (»Kobra«) Wegmann, dem die Welt den unsterblichen Satz verdankt, erst habe er kein Glück gehabt, dann sei auch noch das Pech hinzugekommen. Der Satz hätte auch von Bernd (»Haudrauf«) Protzner stammen können, nur daß er dann nicht so gut formuliert gewesen wäre.

Man wird ohne weiteres sagen können, daß es seine Zeit gedauert hat, bis – nach dem Rückzug der Großen – im Lande wieder eine gewisse Ordnung zu erkennen war. Einige Spieler (Mandanten-Freund Gauweiler, Weißbier-Freund Scholl) waren in gewisse Vorkommnisse verwickelt und landeten vorübergehend auf der Tribüne; andere schossen zu wenig Tore und mußten dafür, wie Labbadia, nach Bremen oder, wie Sportskamerad Tandler, in den Vorstand von Linde. Irgendwann, wie gesagt, etablierten sich endlich die Doppelspitzen – Waigel und Klinsmann, Stoiber und Matthäus. Lauter Spitzenleute, auch wenn sie keineswegs immer Spitze spielten und nicht alle gleichmäßig lange in München bleiben mochten, sondern schon mal nach Italien flüchteten.

Von solchen Besonderheiten abgesehen, wird man auch sonst schwer bestreiten können, daß es gewisse Unterschiede durchaus gibt zwischen dem FC Bayern und dem Freistaat Bayern, auch wenn Edmund Stoiber in beiden eine wichtige Rolle spielt: Insbesondere verfügt der Fußballclub über einen sehr viel solideren Haushalt als der Staat, was im wesentlichen damit zusammenhängen dürfte, daß der Handel mit Stoiber-Trikots und Waigel-Bettwäsche bisher noch nicht richtig in Schwung gekommen ist.

Interessanter sind aber zweifellos die Gemeinsamkeiten. Unbestreitbar ist, daß – trotz gelegentlicher Rückschläge – von beiden Institutionen immer wieder erstaunliche Wahlsiege und Meisterschaften eingefahren werden (wobei es der FC Bayern insofern leichter hat, als er in extremen Notfällen immer wieder auf Beckenbauer zurückgreifen kann, was im Falle Strauß nicht so gut möglich ist). Unbestreitbar sind ferner gelegentliche Unstimmigkeiten innerhalb der jeweiligen

Erfolgs-Spitzenduos, die auch der Öffentlichkeit nicht verborgen bleiben, wenn beispielsweise Stoiber mit Uli Hoeneß um 10 000 Mark wettet, daß Waigel niemals die Maastricht-Kriterien »punktgenau« erfüllen wird. Besonders auffällig ist in diesem Zusammenhang das allgemeine Interesse aller Protagonisten für das jeweilige Eheglück des anderen Spitzenmannes. Näheres über den Mitspieler Theo W. und die Sportskameradin Irene würde man in Stoibers Tagebuch finden, das aber unverständlicherweise noch nicht veröffentlicht ist.

Apropos Veröffentlichung: Besonders viele Gemeinsamkeiten sind zu erkennen beim Umgang der jeweiligen Doppelspitzen mit der bayerischen, insbesondere der Münchner Presse. Die Grundregel dabei heißt, daß alle Spitzenleute intensiven Umgang mit jeweils unterschiedlichen Zeitungen und darin wieder mit einzelnen Journalisten zu pflegen haben, wofür sie nach jedem Spiel mit besonders guten Noten bei der Spielerbewertung entschädigt werden – oder eben auch nicht.

Manche Beziehungen sind noch ein wenig intensiver. Weil sich eine bestimmte Beziehung beim FC Bayern besonders gut bewährt hat, bemüht sich die BILD-Zeitung sicherem Vernehmen nach neuerdings um einen Exklusiv-Kolumnistenvertrag mit dem bayerischen Ministerpräsidenten; angedacht ist, daß er jeden Mittwoch nach der Kabinettssitzung mit einer Kolumne im Blatt wäre, in der er vollkommen frei und unbeeinflußt kommentieren dürfte, warum seine Mannschaft am Vortag großartig aufgespielt hat, oder warum mit einem bestimmten Staatssekretär nie im Leben ein Spiel gewonnen werden kann. (Auch ein Vertrag mit Premiere steht angeblich kurz vor der Unterzeichnung, erste Reportageversuche bei einem privaten Münchner Rundfunksender wären insofern vielversprechend, als der Reporter Stoiber den jeweiligen Spielstand genauso tadelsfrei hat wiedergeben können wie sein Kollege Waigel, der das Lokalderby ebenfalls reportierte, frei und unbeeinflußt aus der Sicht von 1860 München, wo er Mitglied ist.)

Alle Münchner Zeitungen wünschen sich im übrigen von allen bayerischen Spielern regelmäßige Stimmungsberichte aus Kabine und Kabinett. Sportsfreunde, die sich dazu nicht bereit erklären sollten, müssen mit scharfer, aber natürlich immer fairer Kritik rechnen, wenn sie das nächste Mal, nach einer guten Gesetzesvorlage, am leeren Tor vorbeistolpern. Noch ist das System nicht bis in alle Details ausgefeilt. Das liegt daran, daß das Prinzip der Doppelspitze in Bayern noch keine sehr lange Tradition hat.

Hubert Kleinert
(Publizist; Ex-MdB von Bündnis 90/Die Grünen)

Abstieg am Main

Vor Jahresfrist war's, als das Unfaßbare seinen Lauf nahm. Die stolze Eintracht aus Frankfurt, seit Jahrzehnten auch bekannt als »launische Diva vom Main«, mußte den bitteren Weg in die Zweitklassigkeit antreten. Nach einer ganzen Serie von an Arbeitsverweigerung grenzenden Darbietungen einer ebenso hochmütigen wie desolaten Kickertruppe, die sich bis zum Schluß so präsentierte, als sei sie eigentlich davon ausgegangen, daß ein Team aus Frankfurt gar nicht absteigen könne, folgte im Frühjahr 1996 der Rauswurf aus der deutschen Eliteliga. Ein Rauswurf, den am Ende niemand recht bedauern mochte, hatten sich doch die Frankfurter Balltreter fast widerstandslos in ihr Schicksal ergeben. Wo bei anderen der Abstiegskampf neue Kräfte mobilisiert, konnte in Frankfurt davon keine Rede sein. Kaum jemand, der auch nur versucht hätte, sich gegen ein unziemliches Schicksal aufzulehnen.

Was blieb, war das nackte Entsetzen einer konsternierten Fußballanhängerschaft, die mit solch jähem Absturz nie gerechnet hatte. Der Verfasser dieser Zeilen, dem über die Jahre die notorische Neigung der Riederwälder zum Verpassen von Meisterschaftschancen die eigentlichen Rätsel aufgab, hatte noch im Winter 1994 in der ZEIT so geurteilt: »Und es wird weiter knirschen und krachen und hin und wieder ein mittleres Beben geben... Die Eintracht wird bei all dem nicht absteigen, aber sie wird auch nicht Meister.« Nun also galt das alles nicht mehr.

Norbert Seitz verdanken wir die frühe Einsicht, daß die Eintracht auf dem Rasen »oft durch die Spannung zwischen metropolitanem Anspruch und Äppelwoi-Provinzialität« bestimmt gewesen sei. Das hohe spielerische Potential habe vielfach in krassem Gegensatz zu den hinteren Tabellenplätzen gestanden. Meist sei der Verein hinter seinen Möglichkeiten zurückgeblieben. Und er schlußfolgerte schon im Einheitsjahr 1990: »Begeisternd wie frustrierend spiegelte die Eintracht stets jene ambivalenten Eindrücke wider, die das größenwahnsinnige Metropölchen Frankfurt bei weitgereisten Leuten erweckt.«

Tatsächlich galten die frühen Arbeiten zur Eintracht der Erklärung des Wechselbalgphänomens. Warum die Eintracht einmal schwärmerische Bewunderung, schon am Samstag darauf wieder Frust und Enttäuschung gebar, das schien ein fußballerisches Forschungsproblem, das uns aufgegeben war. Warum die Eintracht Beiträge zur Fußballgeschichte vor allem durch Rekorde an verpaßten Gelegenheiten lieferte, das war das Rätsel. Schließlich hatte niemals zuvor in der Bundesligageschichte ein Herbstmeister einen Sechs-Punkte-Vorsprung am Ende noch verspielt (Eintracht 1993/94) oder am Finaltag den fast sicheren Meistertitel noch durch eine Niederlage bei einem Absteiger wieder herausgerückt (die Eintracht in Rostock 1992). Und keine andere Spitzenmannschaft hatte sich je mit solcher Regelmäßigkeit bei Reisen zu potentiellen Abstiegskandidaten aus den Kellerregionen der

Tabelle als generöser Punktelieferant herausgestellt. So, als wollten die Frankfurter Balltreter damit demonstrieren, daß sie Erfolge bei schwächeren Gegnern eh nicht interessierten, die nicht als satisfaktionsfähig galten.

Das waren die Fragen, und es schien spätestens nach 1991 evident, den von Charly Körbel damals entdeckten »Frankfurt-Bazillus« in den Erklärungszusammenhang einzubringen. Tatsächlich ließ sich zeigen, wie das Unstete der Frankfurter Kickerdarbietungen über die verschiedenen Spielergenerationen hinweg aus dem Charakter einer Stadt herauswuchs, der als Amalgam aus schneller Mark, ungezügeltem Genuß und spontihaftem Selbstverwirklichungsradikalismus am ehesten charakterisierbar schien. Geduld sei dieser Stadt wesensfremd, und deshalb fehle stets die Zeit zur allmählichen Reifung einer Mannschaft – so das Fazit des schon zitierten ZEIT-Features vom Dezember 1994. Wo der Börsenspekulant die Kohle jetzt, die Yuppies schnellen Genuß und die Spontis sowieso alles, und zwar subito, wollten, könnten wohl virtuose Solisten, nicht aber fußballerische Sekundärtugenden gedeihen. Ohne Sekundärtugenden aber bleibe nur der Rausch des Augenblicks und die Erbauung am Talent.

So gelang ein Stück Erklärung, bei der freilich ein unterschwelliges Kompliment noch immer mitschwang. Eine Hochbegabtentruppe, die lieber gelegentlich glänzen als dauerhaft zweckrational-biedere Durchschnittskost anbieten wollte – das mochte man noch als selbstgenügsame Macke von Künstlernaturen durchgehen lassen, denen es reichte, hin und wieder zu zeigen, daß eigentlich viel mehr möglich gewesen wäre. Aber läßt sich damit auch das Debakel vom Frühjahr 1996 erklären? Jenes würde- und charakterlose Entschwinden aus der Eliteliga?

Selbstkritisch muß der Verfasser eingestehen, daß er, wie andere, die Gefahren jener postmodernen Vorherrschaft des schönen Scheins und der Unterschätzung fußballerischer Sekundärtugenden, die zum festen Bestand des Frankfurter Fußballcharakters geworden sind, zwar gesehen, aber doch gehörig unterschätzt hat. Dieser Fußballcharakter schafft nämlich nicht nur ein Klima der Selbstüberschätzung und der mangelnden Bereitschaft zum Mannschaftsspiel. Er disponiert nicht nur zu selbstverliebter Inszenierung von Solisten. Noch folgenreicher ist, daß er auch keine Bedingungen für die Bewältigung von Rückschlägen und die Mobilisierung kämpferischer Gegenwehr in akuten Gefahrensituationen schafft. Nur so ist zu erklären, wie aus dem zeitweisen Abrutschen in der Tabelle nicht die Mobilisierung neuer Kräfte werden konnte, sondern ein fast apathisches Absacken ohne ernsthafte Auflehnung gegen ein lange Zeit immer noch abwendbares Schicksal. Diese Eintracht jedenfalls hatte zu kämpfen nicht gelernt. Und nichts mehr zuzusetzen, als dann schließlich nur noch der Kampf etwas hätte retten können.

Weil über die Jahre der postmoderne Primat der Inszenierung galt, weil handwerkliche Fußballtugenden geringgeschätzt wurden und mannschaftliche Disziplinierungszwänge nicht wirkten, konnte ein Terrain entstehen, das in der Gefahrensituation den geraden Durchmarsch nach unten möglich machte. In einer Zeit der Häufung fußballspielerischer Nulldiäten eigentlich eher schlimm, führt das Beispiel der Eintracht auf ebenso eindrucksvolle wie erschreckende Weise vor, wohin die hochnäsige Geringschätzung des schnöden Fußballarbeitens führen kann. Der Abgang von Jupp Heynckes, mit dessen Verpflichtung der Absturz eingeleitet wurde, war da paradigmatisch.

Es mag sein, daß die Eintracht auch ein Opfer Frankfurter Verspätungen beim kulturellen Paradigmenwechsel nach der Einheit wurde. Während man sich am Main noch in den genußsüchtigen Achtzigern wähnte, wo Selbstverwirklichung alles und Pflicht- und Akzeptanzwerte nichts galten, hatte sich der Wind ja längst gedreht. Wo schon die gewandelten Zeiten dafür sorgten, daß es mit der radikalen Ablehnung der alten Tugenden nicht mehr so weit her war, hatte der neuerliche Wertewandel Frankfurt erst mit erheblicher

Verspätung erreicht. Allzulange hatten hier toskanapilgernde Weißweintrinker das Sagen gehabt.

Natürlich ist es jammerschade, daß der Verein der Grabowskis und Hölzenbeins, der Steins und Möllers, der Beins und Yeboahs nun in Meppen, Gütersloh und Zwickau auflaufen muß. Natürlich werden, ja, müssen wir alle hoffen, daß es einen Weg zurück geben wird. Natürlich gehört der dreimalige Cupsieger und UEFA-Cupgewinner von 1980 in die Erste Liga.

Aber die Eintracht hat in den letzten Monaten schon merken müssen, daß dieser Weg dornenreich ist und nur über charakterliche Umbauten führt. Mit der Attitüde divenhafter Selbstüberhebung ist in der Zweiten Liga nichts zu holen. So konnte es auch niemanden wundern, daß sich die Frankfurter schwerertaten als die Lauterer.

Immerhin hat die Eintracht den Abstieg auch aus der zweiten Klasse verhindern können. Es scheint, als habe man dabei in Frankfurt sogar das Kämpfen gelernt. Was dem ehemaligen Spitzenstürmer Heynckes nicht gelungen war: Der frühere Durchschnittskicker Ehrmantraut scheint es tatsächlich hinzubekommen.

Ob die Eintracht auf diesem Wege eines Tages wieder in die Spitze zurückkehren kann – man muß es hoffen, mag es freilich ein bißchen auch bezweifeln. Jetzt ist die Einsicht leicht, daß es zuerst um die Kultivierung von Sekundärtugenden geht. Schließlich wäre anders in der Zweiten Liga gar nichts zu bewegen. Aber ob diese Art Fußball auf die Dauer überhaupt zu Frankfurt paßt, muß noch offen bleiben. Schließlich galten die Frankfurter schon zu den Zeiten eines Alfred Pfaff und eines Richard Kreß als pomadig und eher verliebt ins Schön- als ins Gewinnspielen. Im Waldstadion wurden die Kunststückchen eines Augustine Okocha stets lieber gesehen als fußballerische Knochenarbeit. Warum sollte das anders sein, wenn die schmerzliche Erfahrung der Zweiten Liga einmal hinter den Frankfurtern liegt?

Vielleicht schaffen sie es, die Eintrachtler, aber nur, um danach wieder in jene Selbstüberhebung zurückzufallen, die der Diva vom Main eben erst das Genick gebrochen hat. Irgendwie würde das passen zum Charakter dieser Stadt. Ich zweifle, ob hier altsozialdemokratische Tugenden wie in Bremen oder der nüchterne Geschäftssinn eines Uli Hoeneß wie in München jemals werden prägend sein können. Deshalb sei am Ende doch wieder eine Prognose riskiert: Die Eintracht wird es schaffen. Sie wird eines Tages wiederkommen. Aber sie wird ihren fußballerischen Charakter dauerhaft kaum abstreifen können. Und deshalb stets gefährdet bleiben.

Volker Finke
(Trainer des SC Freiburg)

Der SC Freiburg:
Ein kurzer Blick zurück nach vorn

Der Sport-Club Freiburg ist abgestiegen. Nicht im ersten, nicht im zweiten, dem angeblich schwersten Jahr eines Aufsteigers, sondern im vierten Jahr der Zugehörigkeit zur Bundesliga.

Der Abstieg bedeutet meiner Ansicht nach keineswegs das Scheitern eines Konzepts, womit ich natürlich nicht sagen will, daß keine Fehler gemacht wurden. Aber bevor ich etwas zu den vergangenen Jahren des SC Freiburg anmerke, sei ein Hinweis auf die Gesamtsituation in der Eliteklasse des deutschen Fußballs gestattet.

Es gibt fünf oder sechs Vereine, die in jeder Saison den Anspruch haben müssen, ganz oben mitzuspielen, selbst wenn sie es nicht jedesmal laut sagen, auch wenn es nicht jedesmal gelingen mag. »Oben« bedeutet nicht nur Ruhm, sondern vor allem Geld, das Geld aus den internationalen Wettbewerben. Der Rest der Liga darf mittun, für Farbtupfer sorgen oder die eine oder andere Überraschung. Natürlich wird es immer wieder eine Mannschaft geben, die plötzlich in der Nähe der Spitze auftaucht, obwohl sie dort nicht hingehört, ebenso wird hin und wieder eine Spitzenmannschaft in bedrohliche Abstiegsnähe geraten.

Jener Rest spielt mit in einem seit der Einführung der Drei-Punkte-Regelung immer häufiger turbulenten Auf und Ab. In der Bundesliga, so habe ich es nach unserem dritten Jahr einmal gesagt, liegen zwischen Platz 4 und Platz 17 nur ein paar Zentimeter. Wenn man das unterschätzt, wird es richtig gefährlich. In der Saison 1996/97 hatte der Karlsruher SC, der sich für den UEFA-Cup qualifizierte, gerade mal zwei Siege und drei Unentschieden mehr auf dem Konto als der FC Hansa Rostock, der die Saison als Fünfzehnter beendete.

Es liegt eng beieinander, und auch ohne viel falsch zu machen kann ein Verein wie der SC Freiburg auf einem Platz landen, der den Abstieg bedeutet. Diesmal hat es uns erwischt. Wieviel sich in mehr als vier Jahren verändert hat in Freiburg, zeigt ein kurzer Rückblick auf das Jahr 1993. Drei Monate vor dem Aufstieg des SC Freiburg in die Erste Liga erschien in der sogenannten Zeitgeist-Illustrierten TEMPO eine Reportage, die den Titel trug »Und Freiburg hat den Blues«. Der Autor Arno Luik gab sich keineswegs als ein unkritischer Beobachter oder gar Befürworter der Idylle, als die so viele damals die Situation in Freiburg sehen wollten. Er nannte es das »selbstgefällige Birkenstocksandalen-Biotop Freiburg« und registrierte Fans des Sport-Clubs, die darüber klagten, daß sie nun bald auf der Stehplatztribüne nicht mehr ihren Liegestuhl aufklappen könnten.

In keinem direkten Zusammenhang damit steht ein Konflikt, der sich ebenfalls im Jahr unseres Aufstiegs ereignete, als die Notwendigkeit offenbar wurde, das nur 15 000 Zuschauer fassende Dreisamstadion zu vergrößern. Der Plan für eine Sitzplatztribüne wurde unter ökologischen Gesichtspunkten mehrfach revidiert und letztlich reduziert, damit der »Höllentäler«, ein Wind, der frische Luft in das aerodynamisch ungünstig gelegene Freiburg bringt, weiter ungehindert wehen konnte. Als die im Jahr darauf umfänglich ausgebaute Haupttribüne schließlich mehrere Meter höher in den Himmel ragte als jene umstrittene, interessierte das beinahe niemanden mehr angesichts des Wunsches, möglichst vielen Freiburgern die Chance zu geben, Spiele ihres Vereins zu sehen, und der Begeisterung, die in der Stadt herrschte.

Ich will damit natürlich nichts gegen Umweltschutzbedenken sagen, im Gegenteil – immerhin hat der Verein beispielsweise seine Tribünendächer mit Sonnenkollektoren ausgestattet –, sondern nur daran erinnern, daß Prioritäten sich manchmal verdammt schnell ändern können. In der Politik, im Fußball, im Leben.

Mit dem Bild, das von dem Verein gezeichnet wurde, hatten Luiks übertreibende Äußerungen (wie andere im SPIEGEL usw.) insofern zu tun, als die Mannschaft damals tatsächlich sehr schnell als Projektionsfläche diente für Sehnsüchte zahlreicher Fußballanhänger im ganzen Land, daß es in dem Geschäft, zu dem das Spiel zweifellos geworden ist, noch Raum geben möge für das andere, was immer dieses andere exakt sein mag. Ich halte allerdings nicht viel von einer Begrifflichkeit, die mit politischen Kategorien operiert, wie »linker Fußball« und »rechter Fußball«. Zum anderen war das, was wir in Freiburg versuchten, nicht als ein Modell gedacht. Es war weder Planspiel noch Laborversuch, um allen mal zu zeigen, wie man es richtig macht. Selbstverständlich jedoch steht ein Konzept hinter unserer Arbeit, ein Konzept aber, das sich im organisatorischen wie im sportlichen Bereich an den gegebenen Realitäten orientiert, sie aber als veränderbar begreift. Eine Politik des Machbaren, wenn man so will, die aber auf Phantasie und Kreativität basiert, unter der Maßgabe: »Alles ist möglich«. (Dergleichen nach einem Abstieg gesagt, ruft natürlich Spötter auf den Plan, und man selbst läuft Gefahr, wahlweise als Idiot oder Großmaul dazustehen. Aber sei's drum.)

Unsere Mannschaft im Jahr des Aufstiegs, zu der niemand zählte, den man als Star hätte bezeichnen können, stand für den Fußball als kollektives Unternehmen. Kollektiv nicht als nivellierende Zusammenballung einzelner, sondern als eine Gruppe von Individuen, in der jeder die Stärken des anderen fördert und die Schwächen des anderen auffängt. Dazu muß er beides kennen, dazu muß man einander beobachten und sich austauschen. Es ist ein System, in dem Funktionsbezeichnungen wie »Leitwolf« und »Wasserträger« nicht vorkommen. Man kann damit unheimlich viel zusätzlich aus einer Mannschaft herausholen. Das setzt aber voraus, daß man sich gegenseitig auf dem Trainingsplatz nicht nur als Konkurrent wahrnimmt. Eine Mannschaft kann sich einen zwölften Mann auf dem Platz schaffen, wenn jeder absolut bereit ist, seinen Kollegen zu helfen, und gleichzeitig überzeugt ist: Die Kollegen arbeiten mit derselben Einstellung für ihn. Wenn das verwirklicht ist, dann hat man einen zwölften Mann, und die Gegner denken nach dem Schlußpfiff: Irgendwie hatten die einen mehr. Diese Einstellung ist bei uns in der Saison unseres Abstiegs verlorengegangen.

Auf dem Etikett, das unserer Art, Fußball zu spielen, bald verpaßt wurde, stand »Erlebnisfußball«, um ihn abzugrenzen gegen das, was man »Ergebnisfußball« nannte, wobei allerdings leicht vergessen wird, daß jene Spielweise selbstverständlich genauso dem Erfolg verpflichtet ist. Nicht aus Jux sollen Kurzpässe gespielt und die Positionen gewechselt werden, sondern weil man sich auf diese Weise viele Torchancen erarbeiten kann.

Als wir in der Saison 1995/96 einen Stürmer wie Decheiver holten, versuchten wir, unser Konzept mit den neu hinzugewonnenen Qualitäten zu kombinieren. Das war, solange es Erfolg brachte, wunderbar. Aber als es ein paar Wochen

lang schieflief, sagten die einen: Das ist auch gar nicht unser
Spiel. Und die anderen: Aber wir haben damit Erfolg
gehabt. Diese Disharmonien wiederum rührten meiner
Ansicht nach zum Teil daher, daß es schwierig war für manche aus der Mannschaft, die 1994/95 dritter geworden war,
mit dem Erfolg und dem anschließenden Tief umzugehen.
Auf die drei Neuen, die wir im Herbst holten – Decheiver,
Sutter, Jurcevic – fokussierte sich leider insbesondere das
Medieninteresse. Unzufriedenheiten, Gefühle des Gekränkt-
seins, Mißgunst waren die Folge. Und wenn dann zwei Elfmeter an den Pfosten und Spiele durch die überflüssigsten
individuellen Fehler knapp verloren gehen, dann kann es
einen runterziehen.

Sabine Leutheusser-Schnarrenberger
(FDP-MdB; 1992–95 Bundesjustizministerin)

Beim FC Starnberg

Sieg oder Niederlage bei der Deutschen liebstem Kind, dem
Fußball, bedeuten überschwengliche Freude oder große
Trauer. Wahlsiege oder -niederlagen lösen dieselben Reaktio-
nen aus; Fußballsiege sind Anlaß euphorischer Ansprachen.
Wahlsiege werden von staatstragenden Reden begleitet.

Politiker tummeln sich bei Fußballvereinen, keine Weltmeisterschaft ohne eine Politikerdelegation.

Holt der FC Bayern München den Titel Deutscher Fußballmeister, wird das auch mit als ein Sieg der bayerischen
Staatsregierung in den Medien dargestellt – die Welt im Freistaat Bayern ist in Ordnung!

Es läßt sich gut mit Fußball Politik machen, nicht nur bei

Weltmeisterschaften, auch auf kommunaler Ebene. Aber es gibt auch die andere Seite: örtliche Fußballvereine, die sportlich erfolgreich sind, oder auch einmal nicht, aber die sich für vielleicht noch wichtigere Dinge einsetzen, etwa für Jugendarbeit im Fußballclub.

Der Club bei mir zu Hause, der FC Starnberg, ist noch ein echter Amateurverein und besteht jetzt fünf Jahre. Natürlich spielt er in der Bayernliga und gibt jedes Jahr sein Bestes im Aufstiegskampf in die Regionalliga.

Der FC Starnberg hat natürlich, wie jeder andere Verein, auch echte Probleme, nämlich finanzielle. Da werden – wie in der großen Politik zum Stopfen der »Haushaltslöcher« – gute Ideen, Verbündete und Sponsoren gebraucht!

Aber während in Bonn zur Zeit die Regierung sich redlich müht, in der laufenden zweiten Halbzeit alle Reserven zu mobilisieren, um endlich das erlösende Siegtor zu schießen, fielen dem Rechtsaußen der CSU zum Beispiel mit der Neubewertung der Goldreserven nur stark abseitsverdächtige »Rettungsaktionen« ein.

Da kam man in Starnberg schon auf bessere Ideen. Natürlich muß eine Großveranstaltung her, nirgendwo kann man besser seine Kontakte knüpfen, seine Bekanntheit weiter ausbauen! Wenn man dazu dann ordentliche »Stürmer« ins Rennen schickt, ein oder zwei bekannte Künstler als »Verteidiger« verpflichtet und seinen Politiker als »Sturmspitze« gewinnt sowie Presse, Rundfunk und Fernsehen nicht vergißt, müßte doch etwas zu machen sein! Und – sollte es in der normalen Spielzeit noch nicht zum sofortigen Sieg reichen, muß man im Sport und in der Politik auch mal eine Niederlage einstecken können, gilt doch die Devise: »Nicht aufgeben, sofort weiterkämpfen und so in der Verlängerung dann doch noch den Sieg erringen!«

Als Wahl-Starnbergerin drücke ich natürlich dem FC Starnberg die Daumen und hoffe, daß es bald mit dem »Sprung« in die Regionalliga klappt. Meiner Unterstützung kann sich der Club sicher sein.

Thomas Helmer/Matthias Franck
(Helmer ist Mannschaftskapitän des FC Bayern München; Franck arbeitet als freier Publizist in Düsseldorf und ist gemeinsam mit Helmer Partner von Heinze & Partner, Beratungs- und Betreuungsgesellschaft für Bundesligaprofis.)

Stollen im Kopf oder:
Wer was verändern will, mischt sich ein

Fangen wir mit dem Äußeren an. Der Ball ist rund, nahtlos ist er nicht. Anders als in der Politik kann man einen Ball, dem die Luft entwichen ist, wieder aufpumpen. Ist damit schon der Gegenbeweis angetreten, daß die Übereinstimmung zwischen Fußball und Politik keineswegs nahtlos ist? Betrachtet man die einzelnen Ledersechs- und Fünfecke auf dem Ball, dann erinnert es an Flickschusterei und damit wieder ein wenig an Politik. So haben wir ein weiteres Argument gefunden, daß, auch wenn Politik und Fußball nicht in Deckung gebracht werden können, sie doch zumindest verwandt scheinen. »Ich red' ja bloß und sag' ja nix«, sind die Entschuldigungen der Worthülsenproduzenten, die zu allem und jedem ihren Senf beisteuern müssen. Politiker und Fußballer sind Interviewkönige. Der Fußballer sagt auf jede Frage »Ja, gut«, und der Politiker startet jede Antwort mit »Lassen Sie mich zunächst einmal folgendes sagen«. Das Fernsehen macht es vor, wir quatschen uns zu Tode. Der tägliche Talkmüll paßt in keinen Stiefel, und wenn es ginge, würde ich mir die Schienbeinschoner am liebsten in die Ohren stopfen. Es fällt durch reden kein Tor, und auch die Politik kann durch Gequatsche nur wenig Punkte erzielen.

Und doch, wie wollen wir uns verständigen, wenn nicht durch reden. Die Politiker diskutieren in den Parlamenten, halten Reden, wir hören zuweilen Standpauken. Die Gespräche in den Halbzeitpausen gehören nicht zum unterhaltsamsten Teil, den der Fußball zu bieten hat. Richtig sicher sind wir nur noch unter der Dusche. Nach dem Brausen und frisch geföhnt sieht vieles anders aus.

Auf der Tribüne sitzen Politiker, die gerne ihre Volksverbundenheit demonstrieren. Sie sind häufiger bei Feiern als bei Niederlagen zu Gast, und manche versuchen, einen freundschaftlich zu erdrücken. Männerschweiß verbindet.

Der Ball ist rund und hat sowenig Kanten. Greifen wir nun auch noch ins Innere der Gummiblase, dann fällt einem natürlich das alte Bild ein, daß viele das Wasser nicht halten können und sich über Kollegen auslassen, obwohl sie besser über sich selbst nachdenken sollten. Ich rede, also bin ich.

Die ständige Medienpräsenz, auch da mag es Parallelen zur Politik geben, schafft auf der einen Seite eine auf den ersten Blick angenehme Aufwertung seiner Sache, seiner eigenen Person. Ständig baumeln einem Mikrophone und Kameras vor der Nase, auch dann, wenn man selbige gerade gestrichen voll hat, weil wir uns über uns selbst oder über den Schiedsrichter geärgert haben.

Fußball zu spielen ist ein verdammt angenehmer Job, weil man mit den Füßen und dem Kopf sein Geld verdienen kann.

Es ist verführerisch zu glauben, man sei bedeutend. Wie lange ist denn das Verfallsdatum einer guten Flanke, eines guten Passes, eines Tores, vielleicht abgesehen davon, daß manche besondere Ereignisse in immer wiederkehrenden Statistiken auftauchen. Nein, es ist schwer, seine eigene Bedeutung richtig einzuschätzen, weil man glaubt, man sei so bedeutend wie der Bundeskanzler, und die Meniskusprobleme seien mindestens ebenso ernst zu nehmen wie die Krise im Nahen Osten oder auf dem Balkan.

Unsere oft hingerotzten Äußerungen, untermalt mit abfälligen Gesten aus der Wut heraus, werden für aufzeichnungswürdig gehalten, so daß sich das Gefühl einstellt, hier werden Nebensächlichkeiten aufgeblasen und in fette Schlagzeilen gegossen. Ursprung und Interpretation klaffen kilometerweit auseinander.

Ich weiß, es gehört zum Geschäft, d. h. wir gehören zum Geschäft, und wir sind in gewisser Weise gezwungen mitzuspielen. Das zwingt zur Selbstkontrolle, das zwingt zur Bescheidenheit, damit man nicht vor lauter »Bedeutung« eines Tages nicht mehr laufen kann. So sind die Marktgesetze, und wir sind auf dem Markt. Transfers gibt es auch in der Politik. Noch jüngst wechselten ehemalige DDR-Bürgerrechtler in das Lager der CDU, sicherlich ohne Handgeld, aber mit ihrem Mandat. Das geht im Fußball nicht, wir können nicht den Liberoposten einfach in den anderen Verein mitbringen. Wir werden verkauft und gekauft, bekommen Handgelder oder Ablösesummen, ein Umstand, der uns noch ein wenig von den Politikern unterscheidet – obwohl, vielleicht hätte die SPD gerne Norbert Blüm und die CDU Joschka Fischer, und die Grünen würden sich vielleicht über Jürgen Möllemann freuen? Aber Ablösesummen? Na, vielleicht winkt ein Pöstchen? Unser Joker soll der Paragraph 11 sein. Er kann aber auch leicht zum Schwarzen Peter werden, wenn man wegmöchte, aber bleiben muß. Die Politik hat keinen solchen Paragraphen. Sie droht mit den Bänken in der letzten Reihe, uns droht die Tribüne. Beide Akteure können aber nicht mehr aufgestellt werden. Es ist verführerisch, die Vereinssituation mit der einer Partei zu vergleichen.

Halten wir den Ball flach. Das In-der-Öffentlichkeit-Stehen hat neben der Befriedigung eigener Eitelkeit auch andere gute Seiten. Nicht nur, weil man im Restaurant immer einen Platz bekommt, nein, man kann Popularität natürlich auch in den Dienst von gesellschaftlich wichtigen Aktionen stellen. Daß die Situation der Kumpels an Rhein und Ruhr meinen früheren Verein Borussia Dortmund mehr beschäftigt und beschäftigen muß als den FC Bayern, liegt auf der Hand. Ich finde es richtig, daß die Spieler sich auf die Seite ihres Publikums stellen, wenn Tausende von Jobs drohen verloren zu gehen, gerade, wenn man selbst nicht von einem drohenden Rausschmiß betroffen ist. Farbe bekennen, die schwache Seite stärken, sich einmischen, ohne sich von einer anderen

Seite vereinnahmen und instrumentalisieren zu lassen. »Wer schweigt, macht sich mitschuldig«, war mal der Slogan einer Kampagne von Amnesty International. Das heißt aber nicht, daß wir das Fußballfeld jetzt mit dem Rednerpult, mit der Kanzel, mit der Protestbühne tauschen sollten. Wir sind nur beschränkt interventionsfähig. Aber wir dürfen nicht mit Scheu und Scheuklappen durch die Gegend ziehen und uns nur mit der Tabelle und den Börsenkursen beschäftigen, auch wenn das je nach Stand durchaus befriedigend sein kann.

Der Sport, der Fußball ist in diese Gesellschaft integriert. Er wird von Millionen wahrgenommen, registriert, die sich mitfreuen, die mitleiden, ja, sich zum Teil mit ihrem Verein identifizieren.

Wir sollten dort Vorbild sein, wo wir die Experten sind: auf dem Platz. Wir können Fairneß und Ehrlichkeit praktizieren. Wer traut sich, dem Schiedsrichter, der auf den Elfmeterpunkt gezeigt hat, anzuzeigen: »Referee, der hat mich nicht gefoult«? Wer schießt einen Elfmeter bewußt am Tor vorbei, weil ein Spieler der Gegenseite den Ball nach einem Zuschauerpfiff irrtümlich in die Hand nahm? So geschehen bei einem Kreisligaspiel. Wir sollten uns auf dem Rasen engagieren, aber müssen wir deshalb gleich aggressiv zur Sache gehen, bolzen, treten und grätschen auf des Gegners Knochen? Und so ist es kein Wunder, wenn die Sportreporter von »Nahkampf«, von »Zweikämpfen« und von »mangelnder Aggressivität« sprechen und somit das Vokabular eines Kriegsberichterstatters einsetzen. Das schreibt sich leicht, im Spiel vergißt man viel. Wie sieht es in unserem Verein selbst aus? Wird der Kampf um die elf Plätze hinterfotzig, mit Ellbogen und Tricks geführt, oder sind wir doch in einem fairen Wettbewerb? Schwärzen wir den Mitspieler bei der Presse an, geben wir intime Details weiter?

Daraus erwächst Verantwortung. Mit dieser Verantwortung umzugehen ist nicht einfach. Junge, hochbezahlte Spieler können schnell die Bodenhaftung verlieren, weil Markt-

wert und Persönlichkeitsentwicklung in einem krassen Miß-
verhältnis stehen. Das verleitet dazu, sich selbst zu wichtig
zu nehmen und alles andere um sich herum als lästige Be-
gleiterscheinung zu betrachten. Das kann im Extremfall zum
völligen Realitätsverlust führen, weil der gutdotierte Vertrag
als Rundumsorglospaket empfunden wird und man selbst
nun zum Nabel der Welt geworden ist. Das gilt nicht für
alle. Viele bekommen, auf der Bank sitzend, erste Läh-
mungserscheinungen. Hinterbänkler wissen, daß man auch
im Schatten gut überwintern kann.

Einige aber, die das Glück hatten, zu den ständig Gefrag-
ten zu gehören, die neben Ruhm und Anerkennung auch
einen sozialen Aufstieg verzeichnen konnten, sollten sich
daran erinnern, wie es gewesen ist, als es für sie das größte
sportliche Glück war, auf einem Rasenplatz zu spielen.

Dies ist die Politik, die ich vertrete. Sie ist keine Parteipoli-
tik, aber sie ist parteiisch. Sie wendet sich gegen die Diskriminierung von Ausländern, gegen die vermeintlichen Fans,
die dunkelhäutige Fußballspieler mit Grunzlauten begleiten
müssen. Hier, am Rande des Rasens, und darüber hinaus
müssen wir Farbe bekennen. Rassismus und fremdenfeindli-
che Parolen sind nicht mit Sport zu vereinen. Ich will auch
keinen Fan, der mir zujubelt und zu Hause Frau und Kinder
prügelt.

Welche Möglichkeiten haben wir also? Wir können wählen, aber reicht das? Verpflichtet uns nicht unsere Popularität, aus dem Schatten herauszutreten, sich von jeglicher
Gewalt zu distanzieren, egal, welche Begründung der Ge-
walttäter anführen mag? Unser politisches Engagement,
mein Engagement kann nur ein gesellschaftspolitisches sein.
Da ist noch viel zu tun, geschehen ist auch schon was.
Allein, klare Bekenntnisse reichen nicht. Ich kann mir vorstellen, daß wir uns für einzelne Projekte stark machen, die
überschaubar und überprüfbar sind. Ein Beispiel wäre: der
Verkauf einer Obdachlosenzeitung, die finanzielle Förde-
rung von Projekten, die Menschen ohne Obdach wieder eine

Wohnung geben und in einem nächsten Schritt wieder Arbeit.

Kranke, behinderte, geschlagene und mißbrauchte Kinder brauchen unsere Unterstützung, unsere Hilfe, auch weil wir wissen, daß aus Opfern wieder Täter werden können, wenn wir es nicht schaffen, diesen Kleinen eine Welt anzubieten, in der es Spaß macht zu leben.

Für jemanden, der wie ich im Moment auf der Sonnenseite des Lebens steht, ist dies die Politik, die ich mir als Sportler vorstellen kann. Es sind nur kleine Schritte, kleine Handreichungen, kleine Gesten, die möglichst ohne Kameras und Mikrophone laufen sollten. Es sei denn, daß es den Lautsprecher braucht, damit jeder erfährt, daß der Fußball nicht außerhalb der gesellschaftlichen Wirklichkeit angesiedelt ist. Vielleicht haben wir es da besser als die Politik, weil wir uns schnell aus der Verantwortung stehlen können, denn wir sind nicht für die Arbeitslosenrate, für gesellschaftliche Mißstände in die Pflicht zu nehmen.

Wer aber was verändern will, muß sich einmischen und darf nicht wegsehen. Es kann nicht bei Eintagsfliegen bleiben, die der Gewissenserleichterung dienen. Es braucht den langen Atem und manchmal erneutes Luftholen.

Und am Ende stellen wir fest: Der Ball hat die beste Kondition.

Literatur

Baring, Arnulf: *Machtwechsel*. Die Ära Brandt-Scheel, Stuttgart 1982.

Beckenbauer, Franz: *Ich. Wie es wirklich war*, München 1992.

Becker, Robert: *Uwe Seeler und seine goldenen Tore*, München 1960.

Biermann, Christoph: *Wenn du am Spieltag beerdigt wirst, kann ich leider nicht kommen*. Die Welt der Fußballfans, Köln 1995.

Bölling, Klaus: *Die letzten 30 Tage des Kanzlers Helmut Schmidt*. Ein Tagebuch, Hamburg 1982.

Böttiger, Helmut: *Kein Mann, kein Schuß, kein Tor*. Das Drama des deutschen Fußballs, München 1993.

Böttiger, Helmut: *Günter Netzer – Manager und Rebell*, Frankfurt a. M. 1994.

Bohrer, Karl Heinz: *Wembley*. Nachruf auf die schönen Verlierer, in: Harig/Kühn, a.a.O.

Bohrer, Karl Heinz: *Die drei Kulturen*, in: Stichworte zur ›Geistigen Situation der Zeit‹, 2. Band, hrsg. von Jürgen Habermas, Frankfurt a. M. 1979.

Bohrer, Karl Heinz: *Emotion am Nachmittag*, in: FAZ., Juni 1982.

Botzat, Tanja/Kiderlen, Elisabeth/Wolff, Frank: *Ein deutscher Herbst*. Zustände, Dokumente, Berichte, Kommentare, Frankfurt a. M. 1978.

Breitner, Paul: *Ein offenes Gespräch mit einem Spieler, der seit Jahren mit Eigentoren Punkte sammelt*, in: Playboy, Oktober 1976.

Breitner, Paul: *Ich will kein Vorbild sein*, München 1980/81.

Breitner, Paul/ Schroeder, Bernd (Hrsg.): *Kopf-Ball*, Berlin, Frankfurt a. M., Wien 1982.

Das Spiel ihres Lebens. Deutsche Fußballer erkämpfen die Weltmeisterschaft, Göttingen 1954.

Dramatische Fußballkämpfe gegen Herbergers tapfere Elf, Göttingen 1958.

Eppler, Erhard: *Ende oder Wende.* Von der Machbarkeit des Not-wendigen, Stuttgart, Berlin, Köln, Mainz 1975.

Fußball-Weltgeschichte, hrsg. von Karl-Heinz Huba, München 1984.

Fußball-Weltmeisterschaft 1970, hrsg. von Ernst Huberty und Willy B. Wange, Köln 1970.

Glaser, Hermann: *Kulturgeschichte der Bundesrepublik Deutsch-land.* Zwischen Grundgesetz und Großer Koalition 1949–1967, München, Wien 1986.

Harder, Ben: *Schiedsrichter ans Telefon,* Bielefeld, Hannover 1984.

Harig, Ludwig/Kuhn Dieter (Hrsg.): *Netzer kam aus der Tiefe des Raumes.* Notwendige Beiträge zur Fußball-Weltmeisterschaft, München 1974.

Hoeneß, Uli: *Der Elfer von Belgrad,* in: Breitner/Schroeder, a.a.O.

Hortleder, Gerd: *Die Faszination des Fußballspiels.* Soziologische Anmerkungen zum Sport als Freizeit und Beruf, Frankfurt a. M. 1974.

Jens, Walter: *Vorbei die Eimsbütteler Tage,* in: Harig/Kühn, a.a.O.

Jens, Walter: *Herberger und Barbarossa,* in: ders., Momos am Bild-schirm 1973–1983, München 1984.

Jens, Walter: *Fernsehen – Themen und Tabus,* Momos 1963–1973, München 1973.

Jungwirth, Nikolaus/Kromschröder, Gerhard: *Die Pubertät der Republik.* Die 50er Jahre der Deutschen, Frankfurt a. M. 1978.

Justen, Hans-Josef: *Schalke 04,* in: Breitner/Schroeder, a.a.O.

Leinemann, Jürgen: *Sepp Herberger.* Ein Leben, eine Legende, Ber-lin 1997.

Maier, Sepp: *Ich bin doch kein Tor,* Hamburg 1980.

Meisl, Heribert: *Fußball-Weltmeisterschaft 1962,* München 1962.

Mikos, Lothar/Nutt, Harry: *Als der Ball noch rund war.* Sepp Her-berger – ein deutsches Fußballeben, Frankfurt a. M. 1997.

Minetti, Bernhard: Fußball und Theater, in: Breitner/Schroeder, a.a.O.

Mitscherlich, Alexander und Margarete: *Die Unfähigkeit zu trauern.* Grundlagen kollektiven Verhaltens, Frankfurt a. M. 1967.

Müller, Albrecht (in Zusammenarbeit mit Hermann Müller): *Willy wählen '72.* Siege kann man machen, Annweiler 1997.

Pflüger, Friedbert: *Richard von Weizsäcker.* Ein Portrait aus der Nähe, Stuttgart 1990.

Rahn, Helmut: *Mein Hobby – Tore schießen,* München 1959.

Sabartes, Jaume: *FC Barcelona.* Zwischen Sport und Politik, Berlin 1987.

Schmid, Carlo: *Erinnerungen.* Bern, München, Wien 1979.

Schröder, Ulfert: *Ein stolzer Hügel von gediegener Bürgerlichkeit,* in: FAZ, 28.12.1983.

Schümer, Dirk: *Gott ist rund.* Die Kultur des Fußballs, Berlin 1996.

Schulze-Marmeling, Dietrich: *Der gezähmte Fußball.* Zur Geschichte eines subversiven Sports, Göttingen 1992.

Seeger, Karl (Hrsg.): *Was große Sportler erlebten,* Offenbach/M., Frankfurt a. M. 1963.

Seitz, Norbert: Wir sind halt doch *das* Volk, in: *Alles Banane.* Ausblicke auf das endgültige Deutschland, hrsg. von Arthur Heinrich und Klaus Naumann, Köln 1990.

Siegler, Martin: »Sie hören an der Geräuschkulisse, daß ein deutscher Angriff rollt«, in: Götz Eisenberg/Hans-Jürgen Linke (Hrsg.), *Fuffziger Jahre,* Gießen 1980.

Städtler, Thomas: *Die großen und kleinen Stars.* Mythen und Märchen des Fußballs (II), in: Die Zeit, 16. Mai 1986.

Valérien, Harry (Hrsg.): *Fußball-WM '86 Mexiko,* München 1986.

VIII. Fußball-Weltmeisterschaft England 1966, hrsg. von der Bertelsmann-Sportredaktion in Zusammenarbeit mit dem Sport-Informations-Dienst (sid), Gütersloh 1966.

Walter, Fritz: *3:2 – Die Spiele zur Weltmeisterschaft,* München 1954.

Walter, Fritz: *So habe ich's gemacht.* Meine Fußballschule, München 1962.

Walter, Fritz: *Der Chef – Sepp Herberger*, München 1964.

Weisweiler, Hennes (Hrsg.): *Fußball-Weltmeisterschaft 1974*, München, Gütersloh, Wien 1974.

Woldt, Jürgen: *Heldenepos (subjektiv)*, in: Breitner/Schroeder, a.a.O.

WZ. Westdeutsche Zeitung 25. Juni 1973, in: *So ein Tag... Die Spielberichte über die legendären Spiele von Borussia Mönchengladbach von 1965 bis 1986*, Köln 1986.

QUERKOPF

heißt der kleine, kompakte Bücher-katalog, den Sie mit dieser Karte anfordern können. Er gibt Auskunft über den »**Verlag mit der Fliege**«, der zu den wenigen noch konzern-unabhängigen Publikums-Verlagen der Republik zählt.

Unser Anspruch ist es, vielseitig interessierten Menschen mit einem »Programm ohne Scheuklappen« anspruchsvolle Unterhaltung, intelligent präsentiertes Wissen und funkelnden Witz in allen Spielarten zu bieten.

Unsere Bücher gibt es im Buchhandel. Den **QUERKOPF** schicken wir Ihnen gern **kostenlos**.

Diese Karte einfach lesbar mit Ihrem Absender versehen, frankieren und zur Post geben.

(Anforderung per Fax unter der Nummer: 069/25 60 03-30)

Eichborn im Internet: http://www.geist.de/eichborn/VERLAG-D.html

Ja,
ich möchte den QUERKOPF gern haben.

Meine Anschrift lautet:

Name, Vorname

Straße

Land PLZ   Ort

Unsere beiden Lieblingsbücher:

Der grosse Boss
Das Alte Testament
Unverschämt fromm neu erzählt
von Fred Denger

Eichborn

19,80 DM

Der Junior Chef
Das Neue Testament
Lammfromm neu erzählt
von Michael Korth

Eichborn

16,80 DM

ANTWORT

Eichborn Verlag

Kaiserstraße 66

D-60329 Frankfurt

Die 80-Pf-Marke